U0861121

共享住宿：理论与实践

徐菲菲　著

東南大學出版社
SOUTHEAST UNIVERSITY PRESS
·南京·

图书在版编目（CIP）数据

共享住宿：理论与实践 / 徐菲菲著. -- 南京：东南大学出版社，2025.5

ISBN 978-7-5766-1040-6

Ⅰ. ①共… Ⅱ. ①徐… Ⅲ. ①旅馆—服务业—产业发展—研究—中国 Ⅳ. ①F726.92

中国国家版本馆 CIP 数据核字(2023)第 253920 号

共享住宿：理论与实践

Gongxiang Zhusu：Lilun Yu Shijian

著　　者：徐菲菲
出版发行：东南大学出版社
社　　址：南京四牌楼 2 号　邮编：210096　电话：025 - 83793330
出 版 人：白云飞
网　　址：http://www.seupress.com
电子邮件：press@seupress.com
经　　销：全国各地新华书店
印　　刷：广东虎彩云印刷有限公司
开　　本：700mm×1 000mm　1/16
印　　张：17.75
字　　数：348 千字
版　　次：2025 年 5 月第 1 版
印　　次：2025 年 5 月第 1 次印刷
书　　号：ISBN 978 - 7 - 5766 - 1040 - 6
定　　价：58.00 元

责任编辑：刘庆楚　责任校对：子雪莲　封面设计：徐菲菲　咸子明　责任印制：周荣虎

序　言

共享经济是近些年出现的新生事物，伴随着移动互联网技术的发展和智能手机的不断普及，以及第三方支付技术的发展和广泛应用，共享经济蓬勃发展，对生产、生活各个领域的影响与日俱增。在共享经济中，个人、组织或者企业，通过互联网信息技术为基础的信息服务平台分享闲置的实物资源或认知盈余，以低于传统服务交换的成本完成交易并获得收益。

共享经济商业模式自出现以来便展示出了巨大的发展潜力。截至2023年，全球共享经济市场规模为1 971.2亿美元。其先驱者优步（Uber）和爱彼迎（AirBed and Breakfast，简称Airbnb）在不到5年的时间内从初创企业发展出数十亿美元的估值（Cheng，2016）。共享经济已成为商业领域最具影响力的现象之一（Qiu et al.，2020；Yang & Mao，2018）。

共享住宿（又称P2P住宿，Peer-to-peer Accommodation）是共享经济的重要表现形式和共享经济增长的重要贡献者，也是推动我国服务业结构优化的新动能之一。国家信息中心数据显示，2018年我国共享住宿市场交易规模约165亿元，2015—2018年共享住宿收入年均增速约45.7%，是传统住宿业客房收入的12.7倍。Airbnb作为最具代表性的共享住宿平台，在200多个国家和地区和近10万个城市拥有超过560万套房源。Airbnb通过在线平台将拥有闲置房屋的个人或公司与寻求住宿的顾客联系起来（Akarsu et al.，2020；Petruzzi et al.，2019）。Airbnb提供了家庭设施，并为消费者提供了融入当地文化的机会，显著改变了消费者的行为模式（Buhalis et al.，2020；Sthapit et al.，2020）。共享住宿是一把双刃剑，带来机遇的同时也为地区发展带来了挑战。一方面，共享住宿可以增加目的地的住宿接待能力，为当地居民获取经济收入，为消费者提供独特的住宿体验(Dolnicar, 2019; Belarmino & Koh, 2020)；另一方面，共享住宿的无序扩张造成旅游服务设施的压力增大，长租房源减少，租金上涨，生活成本提高，社区安全受到威胁，贫富差距加大等一系列负面影响。此外，共享住宿还被控诉由于税收、缺乏监管等方面的不公平竞争对传统酒店造成了威胁(Gutiérrez et al., 2017; Yang & Mao, 2018)。

共享住宿的快速发展及其巨大的影响引起了学界和行业的广泛关注。共享住宿也成为国际旅游研究的新热点。近些年，《旅游研究期刊》(*Journal of Travel Research*)等主流国际旅游期刊纷纷推出共享住宿的专刊，专门讨论这一新现象。共享住宿的迅猛发展和时空演化对城市旅游业产生怎样的影响更是现代旅游地理学需要解决的重要科学问题之一。如何有效监管以减轻其负面影响，又在一定程度上保障这一新兴市场业态的活力，成为目前全球各国政府在不同程度上面临的问题。一些欧美国家已经采取立法和行政措施控制Airbnb的无序扩张(Yang & Mao, 2018)。

只有全面了解共享住宿的内涵和特征，以及共享住宿的时间发展历程和空间演化规律，才能对共享住宿带来的积极和消极影响做出合理的评价，才能对共享住宿进行科学合理的监管。

本书旨在深入探究共享住宿的内涵、特征、产品特色、顾客体验、房东动机、时空分布及其演化规律，通过全方位、多视角、多案例比较，剖析共享住宿在不同层级、不同区域的发展规律，以期为共享住宿这一新兴事物的合理发展提供理论依据和科学指导。全书通过13个章节，深入探讨和回答以下科学问题：1)共享住宿的内涵、特征及其与民宿有怎样的区别和联系？共享住宿相关研究现状如何？2)共享住宿可以提供什么样的住宿体验？城市和乡村的共享住宿体验有何异同？3)共享住宿的时空分布和影响因素通常有哪些？4)共享住宿与酒店是否一定存在竞争关系？5)哪些因素影响共享住宿的价格？共享住宿在城市内部和区域层面呈现出什么样的规律？6)乡村共享住宿房东创业动机是什么？

目　录

第一章

绪　论

1.1　研究背景

1.1.1　共享住宿的广泛影响

共享经济是近年来商业领域最具影响力的现象之一(Yang & Mao, 2018)。共享住宿作为共享经济在旅游和住宿行业中的成功应用领域，成为非标准住宿行业的重要组成部分。共享住宿在城市中的迅速发展既为消费者带来了不同于传统酒店住宿的独特体验，也促进了周边社区的消费者数量增加，同时伴随着旅游收入的增加，对社会经济发展产生积极影响，共享住宿在空间层面的迅速扩张也重塑了城市空间功能布局和商业景观建构。

共享住宿成为共享经济的支柱产业之一，国际上最大的共享住宿平台爱彼迎(AirBed and Breakfast，简称：Airbnb)自 2008 年创立以来迅速发展，目前已经覆盖近 10 万个城市，涉及 200 多个国家和地区，拥有超过 560 万套房源。Airbnb 已经成为伦敦、纽约等国际性大都市中的主要变革力量之一。国外学者的研究表明，Airbnb 的迅速发展对传统酒店行业产生了重要影响，特别是影响到了服务于旅游者的酒店的收入和绩效(Benítez-Aurioles, 2019; Stors, 2020)。通常，酒店建设是一项长期的战略投资，其选址决策必须考虑到劳动力获取、土地利用类型、区域规划和集聚等因素(Fang et al., 2019; Garcia-López et al., 2020)，然而 Airbnb 在地理位置和供应方面比酒店更加灵活(Domènech & Zoğal, 2020)。因此，在某种程度上，Airbnb 取代了传统住宿，因为它更容易在已建成地区扩展(Gutiérrez et al.，2017)，其住宿位置靠近旅游景点，更能满足消费者需求(Gil & Sequera，2020；La et al.，2021)。

与传统的标准酒店住宿不同，共享住宿致力于提供更加真实的本地体验(Guttentag et al.，2017)，共享住宿的发展以居民自有的闲置房源为基础，因而共享住宿房源拥有更高的性价比、更完善的厨房等房屋设施，以及区位优势(Sthapit & Jiménez-Barreto，2018；Guttentag，2019)。因此共享住宿对具有文化体验动机、寻求独特体验、深度游，以及群体出行的客人有着较高的吸引力(Volgger et al.，2018)。从共享经济商业模式兴起之初的伦理追求层面来讲，共享住宿的服务宗旨和经济组织形式必然能够使这一全新事物与传统酒店形成明显的区别，即共享住宿的发展建立在以数字技术革新发展的 Web 2.0 技术的基础之上，共享住宿在经济行为之中嵌入了即时互惠、“想象的社群意识”和关怀他人的世界主义的价值和情感。这就意味着共享住宿在实践本质上带有促进经济收入公平分配、促进资源有效利用、促进人与人之间建立亲密情感和信任关系等积极的经济、环境和社会影响。Airbnb 的诞生意味着住宿空间从作为不可分割资源的二级共享成为一种“消费者直接面向房东”的一级共享(王宁和莎拉，2020)。人们赋予消费和空间以新的意义，即从“我是我占有的”占有式消费转向“我是我分享的”以资源循环利用为核心的可持续消费。

共享住宿在我国社会经济发展中也越来越扮演着重要的角色。大城市的共享住宿房源不断扩张和升级，小城市、城镇乃至乡村之中也慢慢出现了共享住宿的产品。共享住宿作为一种新业态、新模式成为促进地区经济发展的重要推手。随着经济的发展和消费需求的增加，整个旅游和接待行业也经历了转型和升级，住宿行业质量的提升成为中国所有住宿业供给方的发展重点。消费者追求更高的性价比和更加独特的住宿体验，而共享住宿的供给迎合了人们的需求，特别是年轻消费者的选择。对于现在正处于转型期的中国城市，尤其是那些拥有庞大人口数量的头部城市经历着飞速的发展和变化，表现在城市的行政区划、规划要素、商业核心和功能分区等方面在十几年间甚至几年间就会经历着翻天覆地的变化。转型期的城市发展迎来了共享住宿这种革命性的产物，在某种程度上调和了固定的商业土地与快速上涨的旅游住宿需求之间的矛盾。因此，在中国城市转型发展的背景下，共享住宿作为新事物新业态，不仅可以通过利用闲置住房实现城市空间资源的再分配，成为一种环保和资源节约型的经济业态，而且还在城市之中通过灵活的空间利用方式扮演着调节供需矛盾的角色。因此，从宏观角度来看，共享住宿的发展对城市更新和空间重塑具有重要影响。

1.1.2 共享住宿的空间扩张

城市是共享住宿扩张的重点场域，城市共享住宿的扩张改变了在数字化和信息技术推动下的城市资源管理和空间演变规律。从城市的住房资源的角度，共享住宿的出现意味着城市建成空间资源的再利用和再分配，是对城市内部空间和功能的重构，内含一种人本主义的新的城市空间生产和空间实践。此外，共享住宿的空间布局深受城市发展方向与政策的影响，相比于传统酒店更具有空间法则的敏感性。传统酒店的选址与建造往往属于企业的决策，需要很长时间，且一旦建成便很难更改；而共享住宿的空间分布具有高度的灵活性，经营者可以在自住和出租之间灵活地更改和选择，因此共享住宿能够更为迅速地改变城市的空间和功能分布。那么，这种以自发性、分散性和非标准化为特征的共享住宿与以组织化、规模化和标准化为特征的传统住宿有着迥异的空间演变逻辑，是否就意味着新的产业组织空间规则的诞生？在城市中，共享住宿与传统住宿在空间分布中拥有某些共性还是说加入了某些新的元素？不同的共享住宿形式在不同城市中也拥有某些空间法则吗？这些问题还有待进一步探讨。

众所周知，酒店的区位理论研究较为成熟，已经形成了体系化的理论总结（Yang et al.，2014）。例如，除野（Yokeno）提出的单中心模型指出土地利用的环形结构，表明酒店区域位于离最中央商务区最近的地区（Yokeno，1968）。集聚模型考虑了外部性对住宿行业的影响（Freedman & Kosová，2012）。而酒店与共享住宿既有一定的相似性，也有一定的差异性（Blal et al.，2018）。一方面，酒店与共享住宿具有极大的相似性，酒店的区位分布理论模型对识别共享住宿的空间分布规律存在借鉴意义。另一方面，影响酒店集群的因素，如商业土地资源、劳动力等可能不适用于共享住宿空间分布。因此，研究分析传统酒店的区位分布理论模型是否对共享住宿的空间分布有理论解释力具有重要的意义。

Airbnb的空间分布引起了国外研究者的广泛关注(Fang et al.，2020；Gil & Sequera，2020；Gutiérrez & Domènech，2020)，国外的研究成果对Airbnb在国际性大都市的空间布局进行了充分的探索，其中城市尺度的研究占据主流，包含了对于Airbnb空间研究的近70%(Guttentag，2019)。而国内的共享住宿空间研究起步较晚，对共享住宿在国内城市的时空演变规律缺乏系统的研究，对影响共享住宿空间分布的诸多因素的认识也存在不足。基于共享住宿产生的广泛影响以及国内共享住宿研究成果的不足，本书从概念辨析、消费者体验、不同空间尺度上的时空演变规律、房东动机等不同视角对共享住宿进行综合系统的研究，以期能够对这一新事物有更为全面的认识和了解，为后续的学术研究和相关行业实践奠定基础。

1.2 研究意义

本书聚焦于旅游和住宿行业的新业态新模式，研究共享住宿的理论内涵、时空演变、顾客体验、房东动机等问题。以下内容将分别从理论和实践两个方面对本书的研究意义进行阐述。

1. 理论意义

第一，在总结以往学者对共享经济和共享住宿的概念界定的基础上，对共享住宿的内涵及特征进行总结，从供给方、需求方、产品、平台四个角度对民宿和共享住宿进行对比。通过对相关概念的辨析，厘清共享住宿与传统民宿的本质差异，并为相关学者对概念的理解和运用提供理论基础。

第二，根据对国内外城市中共享住宿的时空演变特征分析，将单中心模型、历史旅游城市模型、集聚模型等传统酒店的经典区位理论模型拓展应用到共享住宿空间分布特征研究中；将地理学第一定律和地理学第二定律应用于共享住宿空间分布的影响因素研究之中，深入了解共享住宿在不同空间尺度上的分布规律及演化机制。

第三，将赫茨伯格(Herzberg)所提出的双因素理论与派恩(Pine)和吉尔摩(Gilmore)提出的体验经济理论模型运用到共享住宿这一新的研究场域，从而对城市和乡村共享住宿中顾客体验的研究注入新的理论视角。

第四，将马斯洛(Maslow)的需求层次理论和获得感运用到乡村共享住宿房东的研究当中，在乡村振兴国家战略背景下对认识乡村居民创业和乡村产业发展提供理论基础。

2. 实践意义

第一，本书基于对共享住宿空间分布特征的研究，对城市空间规划与共享住宿的监管政策提供具体建议。具体而言，共享住宿在热门景点和市中心的过度聚集可能会给当地居民生活带来负面影响和导致地区的“绅士化”。因此，在共享住宿快速扩张的背景下，要加强共享住宿与城市规划的衔接，推动共享住宿空间布局的合理发展，引导共享住宿空间格局逐渐向多中心发展，进一步优化城市空间功能结构。

第二，本书对乡村地区共享住宿的发展有重要实践意义。共享住宿呈现出从城市向周边城镇、乡村下沉的趋势，应利用好共享住宿对乡村产业发展的促进作用，通过政策宣传、财政补贴和相关培训，引导村民出租闲置房屋，从而实现核心区旅游流的分流，推动乡村产业转型，助力乡村振兴战略发展。其次，对于乡村地区共享住宿创业者（房东）的不同生计策略和经营模式的分析，不仅对共享住宿创业者的经营管理策略有参考价值，而且为发展乡村旅游和共享住宿的政策制定提供了思路和启示。

第三，本书对共享住宿房源的经营管理和价格制定提供了具体的实践建议。首先，通过对保健因素和激励因素的区分，指出家庭体验、友好的房东态度和良好的主客互动是获得高水平的顾客满意度、忠诚度和良好口碑的关键因素。其次，消费者对共享住宿产品的感知体验不再局限于对产品特征和服务质量的理性认知，还融入了审美体验和情感流露，因此满足消费者的审美需求和情感需求成为经营成功的重要因素。最后，对共享住宿房源价格规律的探究为房东经营管理提供了重要的实践启示，表明房东应该从单纯的房屋所有者角色转变为住宿服务的经营者角色。可以采取提供更多的身份验证信息、更快的回复速度、关注清洁度评分等具体措施实现共享住宿价格溢价。

1.3 创新之处

本书以共享住宿这一住宿业领域的新业态为研究对象，对共享住宿的理论内涵、顾客体验、时空演变、房东动机与行为进行系统综合的探索性研究，以期丰富国内共享住宿的相关研究，从多方位视角加深对共享住宿发展及其影响的理解。本书的创新点如下：

1. 界定共享住宿的概念特征并辨析共享住宿与民宿的内涵和外延。学界和业界常将共享住宿和民宿两个概念混用，二者虽同为新兴住宿业态，但其概念和特征之间存在着明显的区别与联系。本书在辨析共享住宿与民宿的相同点与不同点的基础上，指出相较于传统民宿，共享住宿具有产品多样化、平台中介化、动机多元化、经营手段技术化等特征，从而为基本概念使用提供理论引导。

2. 利用可视化知识图谱分析方法解释共享住宿领域的国际研究成果的研究态势和前沿热点。共享住宿是国际旅游和酒店研究的热点，《旅游研究年鉴》(*Annals of Tourism Research*)、《旅游研究杂志》(*Journal of Travel Research*)等主流国际旅游期刊纷纷推出共享住宿的专刊讨论这一新现象，而国内对共享住宿的研究尚处在起步阶段。本书从作者、机构、国家、学科、关键词方面分析国际研究成果的演化趋势、主题内容与热点前沿，为国内相关研究提供知识基础和方向参考。

3. 基于国际和国内的实证研究揭示共享住宿的顾客体验的核心维度和要素，对从业人员提高经营能力和顾客满意度具有重要实践意义。本书结合大数据文本分析法和传统定性访谈分析方法揭示共享住宿的体验要素，从赫茨伯格的双因素理论视角提出共享住宿的激励因素和保健因素，从体验经济理论框架视角得出共享住宿的美感体验、逃避体验、娱乐体验、教育体验的要素与具体内容。

4. 基于国内多个城市和国际性大都市的案例研究得出不同空间尺度上的共享住宿时空演变规律。本书采用地理学的空间分析方法对国内18个案例城市的实证分析结果表明：18个案例城市的共享住宿房源的空间分布可归纳为“单中心集聚型”“多中心集聚型”“一主多副型”三种空间集聚模式，共享住宿分布热点区域除了市中心、热门旅游景点、历史城区、中央商务区(CBD)等传统酒店集聚区域之外，还出现了高铁和快速交通、大学城、开发区与国家级新区、大型居住社区与商业综合体四种新的热点区域。对于不同层级的城市，其共享住宿的时空演变及影响因素呈现出不同的规律。此外，本书还以国际性大都市——伦敦为案例分析共享住宿空间分布规律及其与酒店之间关系，为全面认识共享住宿的时空演变提供了国际视野。

5. 从经营者(即房东)的视角探究房东创业动机、获得感与价格制定机制。在乡村振兴的国家战略背景下,乡村地区共享住宿的发展对乡村产业发展具有重要意义。本书根据对乡村地区共享住宿创业者的访谈内容得出房东的创业动机会影响其获得感,获得感会激励房东创业进一步发展,总结出创业情怀、样板精品和粗放自营三种乡村共享住宿的经营模式。另外,本书通过分析共享住宿房源价格的影响因素为房东的价格制定提供重要的实践启示。

1.4 本书结构

本书由 13 个章节组成,结构如下:

第一章是绪论,包括研究背景、研究意义、创新之处和本书结构四部分。

第二章是对共享住宿概念和特征的归纳总结,并对经常混用的两个概念"共享住宿"和"民宿"进行对比。

第三章是相关文献的回顾与评价。共享住宿是共享经济的商业模式在旅游和住宿领域的现实创新和应用,对传统酒店行业带来了巨大的冲击,通过将居民自有的闲置的房产资源暂时性地或永久性地转变为满足消费者需求的旅游住宿空间,对城市空间、经济、社会、文化和环境带来了广泛影响。在此背景下,共享住宿这一新现象已经成为旅游和酒店领域的热门研究话题,得到了地理学、经济学、管理学、社会学等不同学科的广泛探讨。由此,本书采用可视化知识图谱分析方法对国际上共享住宿有关的现有研究成果进行系统的梳理、总结和提炼,从而帮助增强对于这一领域的研究现状与前沿动向的全面了解,为后续研究提供方向性的参考。

第四章和第五章是基于消费者的视角对共享住宿体验进行分析。共享住宿被称为住宿业领域的"颠覆性创新",其对住宿体验的革新不容忽视,共享住宿正是契合了在酒店住宿供给同质化的条件下,消费者对个性化的住宿体验和真实的文化体验的向往和追求。探究顾客的住宿体验有助于我们对共享住宿新业态的本质特征及其快速发展的原因有更深的了解。其中第四章以国际最大的共享住宿平台 Airbnb 为案例分析,运用大数据文本分析方法对消费者体验的核心要素进行探究;第五章以国内消费者为受访对象,运用访谈和定性分析方法,分析城市和乡村的共享住宿体验的要素特征及差异性。

第六章、第七章、第八章是基于国内城市案例对共享住宿的时空演变特征进行分析，研究尺度由大到小，揭示了共享住宿在不同类型城市、不同等级城市，以及城市内部的时空演变特征及规律。第六章是以北京、上海、天津等18个国内城市的Airbnb房源数据为样本，利用地理空间分析方法探究不同城市之间的共享住宿空间分布特征的异同，从宏观上揭示共享住宿空间分布规律与城市特征之间存在着密切联系。第七章则是在第五章的基础上着重选取了不同等级的城市（即上海、苏州、镇江）为案例，旨在探究共享住宿在不同等级的城市分别呈现出怎样的时间演变特征、空间分布规律及影响因素。第八章是以南京为案例地分析共享住宿在城市内部的时空演变特征及其影响因素。

第九章和第十章以国际性大都市——伦敦为案例地，分别从建成环境和酒店的角度分析共享住宿空间分布规律及影响因素。第九章采用普通线性回归(Ordihary Least Squares，OLS)模型和地理加权回归(Geographically Weighted Regression，GWR)模型分析了周边建成环境对共享住宿空间分布的作用规律。第十章运用双变量空间自相关和空间滞后模型探讨了酒店和Airbnb的空间分布关系及影响因素作用的差异性。

第十一章和第十二章是从房源提供者即房东的视角对房东的定价行为以及动机与获得感进行研究。第十一章以北京市Airbnb房源数据为样本采用特征价格模型和空间计量模型对共享住宿房源价格分布的影响因素进行分析。第十二章采用访谈和定性分析方法分析乡村地区的共享住宿房东的创业动机、获得感以及由此形成的三种类型的经营组合模式，是对共享住宿发展如何助力乡村旅游和乡村振兴的国家战略的有益的探索。

第十三章对上述章节的主要内容进行系统性总结。在此基础上，从实践层面提出促进我国共享住宿进一步发展的实践建议，从理论研究层面提出需要进一步研究的问题，为共享住宿有关的行业从业人士和研究者提供参考。

第二章

共享住宿概念辨析

2.1 共享住宿的概念与特征

2.1.1 共享住宿的概念界定

共享住宿起源于美国，2003 年美国出现全球首个以交友为主要目的的"沙发客自助旅游"网站"Couchsurfing"，这种"沙发客"文化被认为是共享住宿的雏形。2008 年美国成立 Airbnb 公司，住宿空间共享行为开始由非营利型向营利型转变，共享住宿成为一种商业模式并在全球范围内流行。国家信息中心对共享住宿的官方界定是："以互联网平台为依托，整合共享海量、分散的住宿资源，满足多样化住宿需求的经济活动总和。"（国家信息中心，2018）国内外学者则多从住宿形式（Tussyadiah & Zach, 2017；卢长宝和林嗣杰，2018；陈瑶等，2020）、平台运营（Fang et al., 2016；牛阮霞和何砚，2020）、主客供需关系（Dolnicar, 2019；宋琳，2018；范楠和陈宏民，2020）、经济交易（王春英和陈宏民，2018；王琛，2016；王萍 等，2019）四个角度对共享住宿进行概念界定（详见表 2-1），并提出了分享住宿（Sharing Accommodation）、点对点住宿（Peer-to-peer Accommodation）、共享短租（Shared Short-term Rental）、在线短租（Online Short-term Rental）等相近概念，将共享住宿视作共享经济模式下的一种新型住宿业态。

表 2-1 共享住宿的概念

角度	年份	作者	概念
住宿形式	2018 年	卢长宝 等	房东通过网络交易平台，将闲置房屋（或部分空间），短期出租给有住宿需求的消费者，以获得一定经济收益为目的的住宿形式
	2017 年	Tussyadia 等	基于互联网交易平台，使个人能够出租其闲置房间、闲置房屋或公寓，从而为消费者提供住宿服务的一种方式
平台运营	2020 年	牛阮霞等	以互联网技术为依托，通过在线短租平台，将房东闲置的个人房产与有意愿购买住宿产品的消费者联系起来，为房东和消费者提供在线交易的 P2P 运营模式
	2016 年	Fang 等	为房东发布自有闲置住宿空间信息以获得经济收入，以及为消费者获取旅游住宿信息提供资源的共享平台
主客 供需关系	2020 年	范楠 等	房屋所有者在平台上发布闲置房源信息，房源需求者可在平台上寻找和预订住宿，从而实现房源的短期使用权转让
	2019 年	Dolnicar	通过房东与消费者之间的直接互动，由非商业提供者（房东）向终端使用者（消费者）出售以短期使用的过夜住宿空间
	2018 年	宋琳	在特定的时间内，房屋拥有者让渡闲置房源的使用权以获得经济上的回报；对需求方而言，是通过租借的方式暂时获得闲置房源的使用权
经济交易	2018 年	王春英 等	通过互联网销售房屋短期使用权的经营活动，其房源包括各种短期住宿产品
	2016 年	王琛	房屋承租者通过互联网/移动互联网查询及预订短租住房，与房屋所有者（经营者）通过线上平台支付房租的租赁行为

资料来源：根据以往文献整理

纵观表 2-1，尽管学者们定义共享住宿的表述各有侧重，但仍具有三点共性：第一，共享住宿涉及平台、房东、消费者三方核心主体，属于共享经济的范畴；第二，房源具有闲置属性；第三，产品具有住宿功能（胡姗 等，2020）。然而，随着共享经济的影响逐步扩大，共享住宿中房源所有权与经营权的一致性、平台运营管理、实际经营主体等多方面都存在一定争议，已有概念界定不再具有普适性。因此,从共享经济的角度出发,共享住宿可概括为以闲置的零散房源为载体,以互联网平台为依托,以获得经济收入和社交效益为主要目的的非标准住宿产品。

2.1.2 共享住宿的特征

(1) 房源供给具有闲置属性

共享住宿是共享经济时代住宿资源活化的重要形式,其资源载体不是专门提供接待服务的商业性经营场所,而是个人自有或租赁的闲置民宅、民居、民房,主要为单个房间共享和整套房屋共享等形式。由于房源的广泛性和居民的非商业性介入,使得共享住宿空间布局分散、产品类型多样、服务标准不一,具有与传统酒店、宾馆、旅店等标准化住宿截然不同的非标准化特征。

(2) 主客双方具有强交互性

共享住宿重塑了住宿业中的主客关系,主客互动和个性服务是其主要产品特色。房东与消费者的互动涵盖了住前沟通、住中体验和住后反馈三个阶段(殷英梅和郑向敏,2017):在“住前沟通”阶段,房东通过线上发布共享住宿照片、回复咨询信息等环节与消费者建立信任;在“住中体验”阶段,共享住宿除了满足基本的旅游住宿需求,还帮助消费者体验当地的自然和文化生态,提供具有“家的氛围”的主客社交空间;在“住后反馈”阶段,主客双方通过互联网平台进行双向评价,并及时根据反馈做出调整。由此可见,主客双方能否顺利完成互动的全过程直接决定消费者的住宿体验质量,具备家庭氛围的主客交互社区有利于推动共享住宿可持续发展。

(3) 经营主体具有多元化特征

在共享经济的发展框架中,共享住宿的实际经营主体可以是个人,可以是团体,也可以是商业机构(李鹏和陈雪钧,2020)。共享住宿最早是由居民个体向消费者分享自有的闲置房屋,以获得一定的经济收益和社交效益。随着共享住宿蓬勃发展,越来越多的投资主体如地产开发商、房屋中介、传统酒店企业、当地政府等组织介入共享住宿市场,向当地居民租赁闲置房屋,规模化地开发共享住宿并对其进行统一管理,共享住宿的经营主体构造日渐复杂,房源所有权与经营权开始分离,逐渐由消费者业务市场(C端)向企业服务市场(B端)拓展,打破了传统意义上的“共享”理念。

(4) 交易过程依托互联网平台

共享住宿的实现有赖于互联网技术的进步，房东与消费者可以依托互联网平台，通过点对点的供需匹配模式进行资源的交换和信息的传递，具有明显的双边市场性质。此外，互联网平台还会建立信任保障机制、风险控制机制和双向评价机制以保障主客双方的权益，并根据自身定位选择 B2C(Business to Consumer，企业对消费者)全托管模式或 C2C(Consumer to Consumer，消费者对消费者)纯平台模式等商业模式(宋琳，2018)，明确自身作为中介方或经营者的角色。此次新冠肺炎疫情充分展示了线上线下多渠道营销的企业具有更强的抗风险韧性，因此，经营者将住宿产品向 OTA(Online Travel Agency，在线旅游)渠道转移，通过支付佣金或按比例分成的方式与平台进行线上营销是未来的主流趋势，将推动共享住宿的蓬勃发展。

(5) 运营模式采用轻资产方式

共享住宿采用的是投入资金较少、资本规模较小的轻资产运营模式，可以通过较低的经营杠杆和财务杠杆来获得较高的资本收益。一方面，共享住宿的“共享”基础是住宿空间使用权的暂时让渡，提倡“使用而不占有”的理念，所以共享住宿依托于社会资源而不需拥有任何房屋的产权，运营成本低。另一方面，共享住宿运用现代信息技术整合、优化和共享分散的闲置住宿资源，可以通过营销手段为房主推广住宿资源，为消费者创建信息流动的渠道，交易成本低。

2.2 民宿与共享住宿的对比

民宿与共享住宿虽同为新兴住宿业态，但其概念和特征之间存在着明显的区别与联系，目前学界和业界常将两者混淆，这在一定程度上限制了学术研究和行业管理的发展。因此，本节将对共享住宿与民宿的概念内涵、外延特征进行对比，以期为行业界定和规范使用提供理论引导。

2.2.1 概念对比

学术界有关“民宿”起源的说法主要有两种：一种起源于日本的民办旅店(Minshuku)，指依托乡村闲置民居，以住宿和餐饮为主要功能的住宿形态(陶虹佼，2018)；另一种起源于 20 世纪 60 年代的英国，认为民宿是提供家庭式住宿和早餐的民居场所(简称“B和B”,Bed and Breakfast,住宿加早餐)(李燕琴等,2017)。民宿因文化差异而形态各异,目前知名度较高的是英国的“B & B”和美国的家庭寄宿(Homestay)(龙飞 等,2019)。此外,也有学者使用家庭旅馆(Family Hotel)、家庭旅馆(Family Inn)、客房(Guest House)、宿舍(Hostel)、家庭旅馆(House Hotel)和住宿(House Stay)等术语表示民宿。国内民宿兴起于20世纪80年代的中国台湾,而中国大陆民宿的早期表现形式是20世纪90年代的农家乐。国内有关民宿的定义尚未达成一致,相关概念主要有民居客栈、旅游民宿、农家乐和家庭旅馆等。学者们侧重从住宿接待功能(卢慧娟和李享,2020;焦彦 等,2017;陈瑾,2017)、旅游属性(李桥兴,2019;陈虎 等,2020)、闲置民居特征(侯玉霞和吴忠军,2018;赖斌 等,2016)等角度定义“民宿”。

综合前文分析,民宿与共享住宿的概念对比如表2-2所示:

表2-2　民宿与共享住宿概念对比

角度	民宿	共享住宿
定义	以闲置的民居空间为载体,以当地的自然环境与人文资源为依托,以旅游体验服务为特色的新型旅游业态	以闲置的零散房源为载体,以互联网平台为依托,以获得经济收入和社交效益为主要目的的非标准住宿产品
相似概念	Family Hotel、Family Inn、Guest House、Hostel、House Hotel、House Stay;客栈、旅游民宿、农家乐和家庭旅馆等	Sharing Accommodation、Peer-to-peer Accommodation;分享住宿、点对点住宿、共享短租、在线短租、民宿共享短租等
出现时间	20世纪60年代(国外);20世纪80年代(国内)	2003年(国外);2010年(国内)
出现地区	日本/英国(国外);中国台湾(国内)	美国(国外);中国大陆(国内)
出现形式	以度假为目的的民办旅店/“B和B”	以交友为目的的沙发客

资料来源:根据以往文献整理

由此可见,学者们由于对民宿和共享住宿关注侧重点的不同而提出了差异化的概念。通过梳理可以看出,民宿和共享住宿的联系在于两者都包括了主客双方的需求倾向、房源的闲置属性及服务体验的个性化和多样化等重要特征(胡姗 等,2020),大致可归纳为四点:第一,民宿和共享住宿都属于非标准住宿的范畴，其行业管理、产品品质、服务质量等方面有着明显的非标准化特征；第二，民宿和共享住宿都是基于主客双方的经济或社交等需求而暂时让渡房屋使用权的住宿形式；第三，民宿和共享住宿都以自有或租赁的零散闲置房源为载体，强调住宿产品的闲置属性；第四，民宿和共享住宿都以个性化和多样化的住宿体验为主要吸引力。

民宿和共享住宿在概念内涵上的区别主要表现在三个方面：第一，民宿的经营主体除了个人之外，还涉及政府和民宿协会等多方主体，而共享住宿的经营主体多为个人、团体或商业机构；第二，民宿的经营目的是为消费者提供文化体验，把民宿本身打造成为旅游吸引物，使其从浅层次的乡村旅游观光模式向深度文化体验、度假旅居、社交康养等方向发展，而共享住宿则是以经济收入和社交效益为主要目的打造住宿产品，因此，民宿更符合"共享"理念，共享住宿更接近共享经济的特征；第三，民宿主要以乡村自然生态为体验要素，以乡村旅游为主要动力，而共享住宿主要以城市人文风光为体验要素，以共享经济为主要动力，对共享平台的依赖性更强。

2.2.2 特征对比

民宿与共享住宿的外延特征各有不同，具体体现在供给方、需求方、产品和平台四个角度，如表 2-3 所示：

表 2-3 民宿与共享住宿特征对比

角度	变量	民宿	共享住宿
供给方	主要动力	乡村旅游	共享经济
	产业依托	农林牧副渔等	体育健身、医疗康养等
	经营范围	以乡村为主	以城市为主
	涉及主体	个人、政府、民宿协会等	个人、团体、商业机构等
	营销方式	线下口碑营销和关系营销为主	线上网络营销为主
需求方	主要动机	文化体验动机、可持续动机等	经济动机、社交动机等
	体验要素	山水、树木、星云等乡村自然生态	街景、夜景、灯光等城市人文风光
	客源特征	淡旺季差异明显	淡旺季差异不明显

（续表）

角度	变量	民宿	共享住宿
产品	本质特征	新型旅游业态	非标住宿产品
	共享目标	乡村闲置民居为主	城市闲置民居为主
	主要类型	树屋、庄园、度假村等	房车、集装箱、轰趴馆（Home Party）等
	集聚模式	景点集聚为主	区位集聚为主
平台	核心依托	旅游环境	互联网平台
	监管单位	政府有关部门	平台企业
	商业模式	C2C（消费者对消费者）纯平台模式为主导	B2C（企业对消费者）全托管模式为主导

资料来源：刘婧媛等，2022

2.2.3 共享经济影响下民宿发展的新趋势

目前学术界的民宿概念研究极少关注共享经济背景下民宿的内涵演变，导致既有研究解释力不足。首先，共享经济影响下的民宿除了可以满足消费者的食宿等基本生理需求，还是一种能够满足文旅体验等精神需求的综合性旅游产品，是一种生活方式的选择。其次，民宿随着共享经济和乡村旅游的发展日新月异，民宿产品逐渐向共享平台转移，专职房东和城市民宿异军突起，传统民宿的副业式和乡村性特征被打破。另外，部分精品民宿和主题民宿因其标准化的硬设施和特色化的软服务成为网红打卡地，逐渐从旅游民宿向民宿旅游转变。因此，在共享经济影响下，民宿逐渐向共享住宿转型，整体呈现出发展规模化、经营品牌化、主体多元化、营销平台化、产业融合化的发展趋势，对社区的经济、社会、政治、文化和环境等方面影响显著。

相较于传统民宿的闲置属性、副业经营、主客互动、个性体验、“家”的氛围等内涵特征，共享经济框架下的民宿产品、平台和主客双方等核心要素内部逐渐异质化，主要表现在以下方面：第一，产品方面，其种类更加丰富，品质化和主题化特征更明显。精品民宿的出现使得民宿与传统酒店之间的边界越来越模糊，但共享经济中的民宿会从附近高端酒店的业绩溢出效应中获益，与酒店形成良性竞合关系（Yang & Mao，2020）。第二，平台方面，民宿客源逐渐从专业平台（如携程）向共享平台（如 Airbnb）分流，对在线平台的信任保障机制、风险控制机制和市场监管机制提出了更高的要求，民宿在平台上的网络口碑也开始成为民宿定价（Wang & Nicolau，2017；吴晓隽和裘佳璐，2019）和消费者决策（Xie & Mao，2017）的重要考量因素。第三，消费者方面，共享经济中民宿消费者的覆盖面更广，从线下关系网络扩展到线上全民网络，由口碑效应下的社群经济向网红效应下的粉丝经济发展。消费者使用民宿的动机也更加复杂，在原有经济动机、体验动机、社交动机的基础上增加了可持续性动机（Mahadevan，2018）。第四，房东方面，其主客互动行为由线下拓展到线上社交媒体平台，出现了一批具有较强经营管理能力和社会交际能力的职业房东、超赞房东（Liang et al.，2017；Gunter，2018）。此外，民宿旅游的蓬勃发展吸引了多元化的投资主体，包括外地投资个体、当地政府和商业公司等，房东群体的构造日渐复杂。

第三章

共享住宿相关文献回顾与评价

3.1 共享住宿相关理论综述

共享住宿商业模式被称为颠覆性创新，通过在线网络平台充分利用闲置房产资源，从中产生经济和社会价值。共享住宿的兴起改变了世界范围内的住房供应市场格局，对消费者旅行模式、目的地社会经济文化产生广泛而又深刻的影响（Guttentag，2015）。国际共享住宿平台以营利性组织爱彼迎（Airbnb）和非营利性组织（Couchsurfing）作为典型代表，其中 Airbnb 在全球拥有大量房源，发展迅速（Yang & Mao，2020；Yang & Mao，2018；Heo，2016）。

最早国外学者古腾塔格（Guttentag）应用颠覆性创新理论来描述和理解 Airbnb 这一新现象。随着研究领域的不断拓展和细分，国内外学者使用了来自不同学科的各种理论探究共享住宿领域的具体细分问题。例如，社会交换理论、创新扩散理论、社会技术理论、空间区位相关理论已经被应用于共享住宿研究中，还有很多研究成果并未阐释具体的理论基础。下面对现有国内外共享住宿研究中具有代表性的理论进行具体介绍。

1. 颠覆性创新理论

颠覆性创新理论（Disruptive Innovation Theory）是由克莱顿・克里斯坦森（Clayton Christensen）提出用来描述一个创新产品颠覆之前占据主导地位的公司并改变市场的过程。这种颠覆性产品通常在性能属性方面不如主流产品，但会提供区别于主流产品的独特性优势，如更便宜、更方便、更简单。颠覆性产品通过吸引低端市场或创造全新市场来获取利润，但是颠覆性产品最初的利润和规模是有限的，随着时间的推移和产品的不断完善，该产品会慢慢占据更多的主流市场，对传统企业的主导地位造成冲击，从而改变整个市场格局。这种颠覆性创新的过程可以发生在任何经济行业，Airbnb 的兴起就是颠覆性创新的最好例证(Guttentag，2015)。Airbnb 利用 Web2.0 技术建立了陌生人之间直接联系的渠道，允许房东直接与潜在客户建立联系。Airbnb 在初创期被认为是专注于小规模的"利基市场"，参与人群和覆盖范围有限，但是 Airbnb 凭借其低廉的价格优势和独特的体验优势在全世界范围内迅速扩张，改变了人们的消费观念和消费选择，动摇了传统酒店的主导地位，改变了住宿供给的市场格局。

2. 创新扩散理论

创新扩散理论(Diffusion of Innovation Theory)由美国学者埃弗雷特·罗杰斯(Everett M. Rogers)于 20 世纪 60 年代在《创新的扩散》一书中提出。创新扩散被定义为，创新以一定的方式随时间在社会系统的各种成员间进行传播的社会过程，创新扩散包括五个阶段：了解阶段、兴趣阶段、评估阶段、试验阶段和采纳阶段，创新扩散过程涉及四个核心要素——创新、传播渠道、时间和社会制度。该理论为理解共享住宿的扩张和采用提供了一个重要的理论视角。根据创新扩散的时间要素，Airbnb 早期使用者、后期使用者和未使用者呈现出不同的行为特征和性格特质，表现为更早地接受和使用共享住宿会带来更加积极的态度、更高的满意度，从未使用过 Airbnb 的旅行者的求新倾向和创新能力较低(Guttentag & Smith，2022)。

3. 区位理论

区位理论(Location Theory)是关于地理空间对经济活动区位影响以及经济活动空间模式的科学研究(张述林和况光贤，1987)。区位研究是共享住宿相关研究的关键主题，现有研究利用了地理学第一定律、集聚论、中心地理论、竞租理论，以及与酒店区位有关的历史旅游城市模型(Tourist-historic City Model)、单中心城市模型(Mono-centric Model)、集聚模型(Agglomeration Model)、多维模型(Multi-dimensional Model)等地理学相关理论对共享住宿房源的空间分布规律进行了探索。

4. 社会交换理论

社会交换理论(Social Exchange Theory)的主要思想是人类的社会活动都

可被视为交换行为，交换行为是在利益互惠的基础上形成的，一旦双方感知不到交换是互惠的，交换行为将会终止。美国社会学家霍曼斯作为社会交换理论的奠基者，指出利益交换或者给予他人相对更有价值的东西是人类行为的基础，同时人类的交换行为并非总是试图取得经济利益最大化，还包含诸如赞美、自尊、爱与情感等因素的考量（Homans，1958）。布劳把社会交换界定为“当别人作出报答性反应就发生、当别人不再作出报答性反应就停止的行动”（Blau，1964）。个体之所以相互交往，是因为他们都从他们的相互交往中通过交换得到了某些需要的东西，他区分了两种社会报酬：内在性报酬指的是从社会交往关系本身中取得的报酬，如乐趣、社会赞同、爱、感激等；外在性报酬指的是在社会交往关系之外取得的报酬，如金钱，商品、服从等。社会交换理论被用于理解共享住宿中交易关系的形成以及参与交易的动机。根据社会交换理论，性价比优势、网站设计、信用和安全机制、独特当地体验、感知原真性是消费者使用共享住宿的重要动机，成本节约、社交联系、文化体验、情感支持、审美体验等是顾客体验的重要内容。

5. 社会技术理论

社会技术理论（Social-technical Theory）或称社会技术系统理论，认为一个系统或组织的效率是社会系统与技术系统二者的函数，考虑社会系统的要求或者只改善技术系统都是不全面的，只有通过社会系统与技术系统的同时优化，才能达到经济系统最优化（Bostrom & Heinen，1977）。社会技术理论对用于分析共享住宿中顾客信任的形成机制，表明顾客对共享住宿平台的信任既受到网站可用性、易用性、隐私保护、感知风险等技术要素的影响，也受到感知经济回报、社会价值、社会效用等社会要素的影响（Wang et al.，2020）。

6. 享乐价格理论

享乐价格理论的主要思想是商品的价格是由商品的属性及其提供的效用而决定的。由此衍生的享乐价格模型，就是用于研究产品特征属性与产品价格关系的研究工具，也被称为特征价格模型，每个特征属性对应了一个潜在的特征价格，这些价格之和就是产品的价格（Tong & Gunter，2020）。享乐价格模型在经济学中广泛应用，例如被用于研究房地产市场价格、旅游产品市场价格等（朱传广 等，2014）。享乐价格模型被用于研究共享住宿房源价格，共享住宿房源价格是由房间、设施、评分、超级房东、声誉、区位、交通可达性等特征属性共同决定的，而不同特征属性的特征价格存在差异(Gibbs et al.，2018)。

7. 边界跨越理论

边界跨越理论已广泛应用于社会科学研究，尤其是创新系统研究中。边界条件产生于企业扩张过程中个体之间和不同部门之间的信息差异，是组织内部和组织外部的信息交流的阻碍(Tushman，1977；Tushman & Scanlan，1981)，边界的本质是组织与其周围环境之间界限。边界跨越理论描述了边界跨越者是推动边界跨越的主体，扮演的是联系组织内部网络或促进组织内部与外部信息交流的角色。边界跨越者对提高信息沟通效率至关重要。在共享住宿领域中，边界跨越理论被用于研究房东群体的地位和作用(Cheng et al.，2020)。房东在线社区作为一个重要的虚拟社交空间，在信息交流、制定规范、提供人际支持和经营管理支持等方面发挥重要作用，而那些拥有"超级房东"徽章的成员往往会在 Airbnb 房东社区中扮演边界跨越者的角色，发挥维系房东社群、沟通消费者需求与房东经营策略、沟通房东群体与 Airbnb 平台管理者等方面的作用。

3.2 相关研究知识图谱结果及分析

共享住宿已成为国际旅游研究的热点，取得了一定的研究成果。近两年，《旅游研究年鉴》(*Annals of Tourism Research*)《旅游研究杂志》(*Journal of Travel Research*)等主流国际旅游期刊纷纷推出共享住宿的专刊，专门讨论这一新现象。而国内对共享住宿的研究尚处在起步阶段。对国际上共享住宿相关文献的梳理和分析可以呈现当前这一领域研究态势和演进趋势，为共享住宿的后续研究奠定基础。

本章收集了 Web of Science 核心数据库中共享住宿的相关文献，利用可视化知识图谱分析方法，从作者、机构、国家、学科、关键词等方面分析研究成果的总体态势。在此基础上，本章总结了共享住宿研究的主题及内容，指出尚未解决的关键问题，为未来的学者和行业从业人员提供知识基础和研究方向参考。

可视化知识图谱分析可以将纷繁复杂的文献数据通过可视化的图形方式加以表达，呈现某一主题的研究演进趋势。CiteSpace 软件因其功能强大和有效性被学者用来进行可视化知识图谱分析。具体而言，CiteSpace 在分析相关数据的出现频次、共现频率和中介中心性指数的基础上，通过网络视图、聚类视图和关键词时区视图等知识图谱将研究结果可视化，帮助研究者直观地了解领域内研究热点和研究演进趋势。

为了了解共享住宿的研究现状，本研究收集了 Web of Science 核心数据库中共享住宿的研究成果，检索关键词设置为"Airbnb"或"Sharing Accommodation"或"Peer-to-peer Accommodation"或"P2P Accommodation"或"Home Sharing"或"Collaborative Economy/Collaborative Consumption"或"Short-term Rental"，检索时间为 2020 年 8 月。研究者通过逐篇阅读文章标题和摘要确定文献是否符合检索主题。剔除不相关文献后得到的文献数量为 777 篇，文献发表时间为 2010 年至 2020 年。

3.2.1 时间分布

为了了解共享住宿研究的发展趋势，本章绘制了文献发表量的年度变化趋势图。图 3-1 显示 2010 年至 2015 年共享住宿研究陆续出现，2015 年至 2018 年是共享住宿研究的发展阶段，发文数量大幅度增长，从 2015 年的 18 篇增长至 2018 年的 122 篇，表明共享住宿开始受到更多学者的关注。2019 年和 2020 年是共享住宿研究的井喷期，涌现大量研究成果，每年发表文章超过 200 篇，表明共享住宿成为国际旅游和酒店研究领域的热点话题。

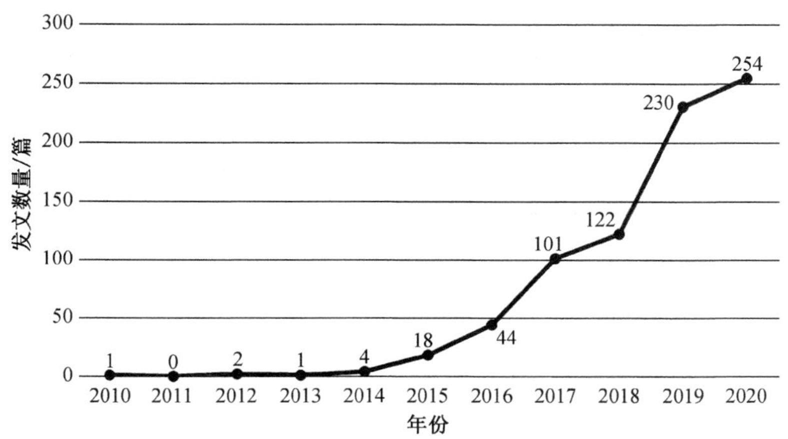

图 3-1 共享住宿文献数量的年度变化图

（图源：作者自绘）

3.2.2 知识图谱分析

（1）国家和地区的分布

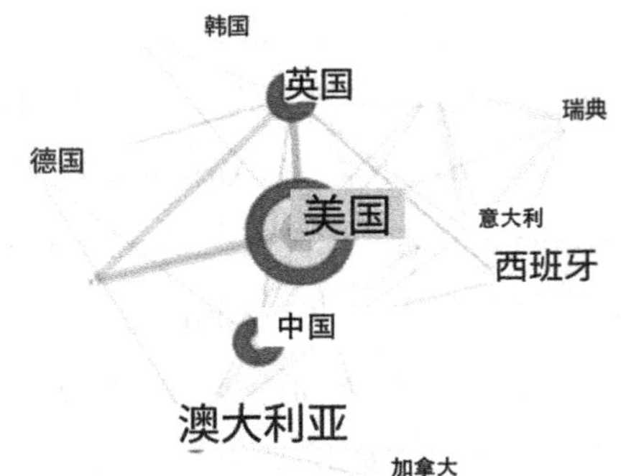

图 3-2 共享住宿研究国家/地区的知识图谱

（图源：作者自绘）

表 3-1 发文量前十个国家

国家	文献数量/篇	中介中心性
美国	201	0.29
中国	96	0.24
西班牙	80	0.07
英国	77	0.36
澳大利亚	62	0.15
德国	31	0.00
意大利	26	0.03
瑞典	20	0.01
韩国	19	0.00
加拿大	19	0.01

资料来源：根据 CiteSpace 分析整理

图 3-2 展示了共享住宿文献的作者所属国家和地区的知识图谱，节点圆圈的大小代表发文数量的多少，中介中心性指数显示该国学者与其他国家学者合作的强度。美国（201 篇）、中国（含港澳台地区，96 篇）、西班牙（80 篇）、英国（77 篇）四个国家的发文成果最多。存在高中介中心性的国家是英国（0.36）、美国（0.29）和中国（0.24），表明这些国家的研究存在较强的国际合作与交流。

(2) 机构分布

通过 CiteSpace 分析，根据中介中心性指数，排名前三的共享住宿研究机构分别是中国香港理工大学(0.13)、英国伯恩茅斯大学(0.13)、澳大利亚昆士兰大学(0.09)。根据发文数量，排名前两位的机构是中国香港理工大学(22篇)和美国波士顿大学(20篇)。综合发文数量和中介中心性指数，香港理工大学是共享住宿研究方面具有影响力的研究机构。发文数量多的高校之间也建立了紧密的合作关系，随着共享住宿研究的发展，机构之间的合作关系将进一步加强。

表 3-2　发文量前十的机构

	发文量/篇	中介中心性	机构
1	22	0.13	香港理工大学
2	20	0.03	波士顿大学
3	13	0.09	昆士兰大学
4	13	0.02	科廷大学
5	13	0.02	佛罗里达州立大学
6	11	0.00	约翰内斯堡大学
7	11	0.04	丹佛大学
8	11	0.03	南卡罗来纳大学
9	9	0.13	伯恩茅斯大学
10	9	0.00	维也纳莫杜尔大学

资料来源：根据 CiteSpace 分析整理

(3) 作者图谱

通过 CiteSpace 分析共享住宿相关文献的作者，表 3-3 显示了发文数量排名前十的作者及其中介中心性指数。结果表明排名前五的高产学者有马卡兰德·莫迪(Makarand Mody)(13篇)、成明明(Cheng Mingming)(12篇)、考特尼·苏斯(Courtney Suess)(11篇)、塔里克·多格鲁(Tarik Dogru)(11篇)、丹尼尔·古腾塔格(Daniel Guttentag)(8篇)、萨拉·多尼卡(Sara Dolnica)(8篇)。

表 3-3　发文量前十的作者

	发文量/篇	中介中心性	作者
1	13	0.00	马卡兰德·莫迪
2	12	0.01	成明明
3	11	0.00	考特尼·苏斯
4	11	0.00	塔里克·多格鲁
5	8	0.00	丹尼尔·古腾塔格
6	8	0.00	萨拉·多尼卡
7	7	0.00	莉迪亚·汉克斯
8	7	0.00	埃罗斯·斯塔普
9	7	0.00	比阿特丽斯·贝尼特扎乌里
10	7	0.00	安娜·法玛基

资料来源：根据 CiteSpace 分析整理

（4）学科研究方向

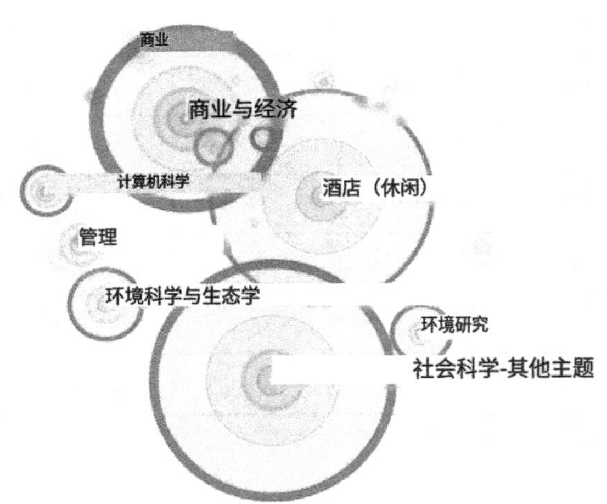

图 3-3　共享住宿学科研究方向的知识图谱

（图源：作者自绘）

共享住宿是共享经济商业模式在旅游住宿行业的特殊实践，引起了不同学科学者的关注。知识图谱分析有助于了解目前共享住宿研究涉及的学科研究方向。根据图 3-3，共享住宿涉及的学科门类主要集中在商科和经济学、旅游酒店研究、环境科学与生态学、计算机科学、管理学等方向。

(5) 研究主题结构分析

关键词的时区视图在分析主题相关热点话题随时间演变方面具有独特的优势。关键词的时区图通过展示不同年份研究成果的高频关键词及关键词之间的联系，帮助我们了解识别研究发展趋势和前沿问题。由于 2010 年至 2013 年的文献数量不足，关键词时区图(图 3-4)仅展示 2014 年至 2020 年的发展演变。

图 3-4 共享住宿研究关键词的时区图

(图源：作者自绘)

2014 年和 2015 年的关键词除了协同消费、共享经济、Airbnb 外，还包括信任、消费者、旅游业、可持续性、共享。2016 年以来，关键词逐渐增多，反映出共享住宿的研究主题和视角变得更宽泛，热门关键词包括商业模式意图、口碑、行为、动机、风险、真实性、感知、体验、满意策略、旅店、价格、技术、服务等。2018 年和 2019 年新增关键词包括管理、需求、决策、价值共同创造、情感分析、需求、过度旅游、绅士化、隐私、在线评论、房东、城市旅游、歧视，表明学界更加重视共享住宿对城市的负面影响和影响共享住宿持续健康发展的关键性问题，如共享住宿对地区绅士化进程的影响、共享住宿本身所具有的风险和歧视问题、共享住宿机制的改进（如 Airbnb 设立超级房东标识）、政府监管。关键词“情感分析”和“在线评论”的出现表明网络评论数据源和情感分析等大数据研究方法在共享住宿领域的应用越来越多。

3.3 研究主题及内容

在可视化知识图谱和文献分析的基础上，本节从以下几个主题对共享住宿的研究进展进行梳理。

3.3.1 共享住宿概念的动态演变

学界对共享住宿内涵的界定经历了动态演变的过程。贝尔克强调共享经济是“人们协作获得和分配资源以获得费用或其他补偿”的经济形式（Belk，2014）。部分学者认为非经济利润导向、房东和消费者互换房屋或同时分享房屋资源才是真正意义上的共享，房东出租闲置的房屋资源属于传统的房屋租赁和民宿形式，不是真正意义上的共享（Dogru et al.，2020d；Dolnicar，2019）。这一意义上，沙发客是典型的共享住宿平台。随着 Airbnb 的兴起，国际研究中将共享住宿称为“P2P accommodation（Peer-to-peer Accommodation）”，定义为借助在线平台个人出租闲置房屋进而获取经济收益的一种方式（Heo，2016）。随着越来越多职业房东加入共享住宿平台，甚至平台本身作为房源供应者，导致共享住宿 B2B 的商业模式部分转变为 B2C。尽管共享住宿与民宿、客栈、租赁公寓等概念仍混淆不清，但共享住宿包含一系列典型特征，即依赖互联网在线平台、利用闲置房源、基于使用权而非所有权的交换。

随着共享住宿平台商业模式的转变，学者们对共享住宿内涵的认定也存在争议。但共享经济是人类社会发展的创新行为毋庸置疑，因为它与传统房屋租赁不同，突破了传统共享行为的层级和单位限制，实现了闲置房屋资源在全世界范围内的个人和个人之间直接的一级共享（王宁和莎拉，2020）。

3.3.2 消费者视角的消费者行为研究

消费者视角的研究包含的关键词有动机、体验、满意度、忠诚度、行为、意愿、支持态度。一些学者探究了共享住宿顾客的参与动机（Tran & Filimonau，

2020；So et al.，2018）。现有研究主要从主体和客体两个层面认识。主体层面，个人内在动机如经济动机、社会动机、环境价值观，以及对平台的熟悉度影响到顾客对共享住宿平台的选择（Tran & Filimonau，2020）；客体层面，共享住宿的独特优势（如原真性、家庭体验、厨房设施）、平台的感知有用性和感知易用性、营销等因素对顾客选择有促进作用（Möhlmann，2015）。一些因素阻碍了顾客对共享住宿的选择，包括对共享住宿负面影响的感知、不信任、风险感知、消费者的不熟悉、特定的旅游目的（如商务旅行）（Tran & Filimonau，2020）。

顾客体验、信任、满意度、行为意向也是学界关注的重点（Su & Mattila，2020；Möhlmann，2015；Ert et al.，2016）。原真性被认为是共享住宿体验区别于传统酒店的独特优势，对顾客的满意度和顾客忠诚度具有显著的积极影响（Mody et al.，2019b；Akarsu et al.，2020）。良好的顾客体验有助于顾客信任的建立。Cheng 等（2019）通过网络评论数据分析以及卷积神经网络算法研究顾客体验与信任之间的关系，指出顾客体验显著影响感知信任，主人特征影响顾客对仁慈的感知，位置和房间影响顾客对能力的感知，房间描述影响顾客对正直的感知。So 等（2018）研究顾客行为意向的决定因素，表明 Airbnb 的价格优势、家庭体验积极影响顾客的总体态度，而不信任和不安全感有显著的消极影响。Mao 和 Lyu（2017）探索了顾客的回购意愿的决定因素，结合计划行为理论、前景理论指出态度和主体规范、感知价值和风险、独特体验期望、熟悉度和电子口碑是影响顾客重购意愿的主要因素。

从消费者视角对共享住宿的研究成果卓著，关注的主题较为全面，涉及顾客在购买前、中、后三个阶段的动机、感知、满意度、忠诚度、回购意向、信任等问题，方法上采用问卷调查、访谈、大数据分析等多种研究方法，注重理论的运用，如计划行为理论、社会交换理论、信号理论等（Mao & Lyu，2017；Park & Tussyadiah，2019）。近年来，消费者视角的研究越来越多地关注信任问题（Ert & Fleischer，2019；Wang et al.，2020；Chua et al.，2020；Park & Tussyadiah，2019）。

3.3.3 房东视角的价格和收益管理研究

从房东视角，学者首先着眼于房源价格问题，研究房东的定价策略和绩效、房源价格的影响因素(Marchenko, 2019)。Wang 和 Nicolau(2017)基于美国 33 个城市的 Airbnb 房源探究了共享住宿的价格决定因素，得出主人特征、房源特征、设施服务、租赁规则和顾客评分对房价有显著影响。Zhang 等(2017)采用地理加权回归模型研究影响因素与 Airbnb 价格之间关系的空间异质性，验证了地理加权回归模型在模型拟合中的优越性，表明市中心区域 Airbnb 房源价格更容易受到离会议中心距离的影响。Gibbs 等(2017)研究了 Airbnb 房东对动态定价策略的使用，表明与酒店相比，Airbnb 房东对于动态定价策略的使用有限，其次，不同类型房东对动态定价策略的使用情况不同，拥有多个房源和丰富经验的房东更多使用动态定价策略。Xie 和 Mao(2017)指出房东拥有的房源数量和能力因素会影响其绩效，房源数量对房东能力和绩效之间的关系起到调节作用。

以往研究主要关注消费者视角，对共享住宿另一重要主体——房东的研究相对有限。对房东的研究主要集中在价格策略及绩效的探究。近年来部分学者开始从房东视角探究其参与动机、信任、价值共创等问题(Sevisari & Reichenberger, 2020; Wang et al., 2020)。

3.3.4 共享住宿商业模式

共享住宿的商业模式被称为“颠覆性的创新”(Heo, 2016)，相比传统住宿业的商业模式，共享住宿在日常运营方式、价值创造和服务逻辑方面具有创造性的转变。价值共创理论和服务主导逻辑被学者用来解释共享住宿商业模式的成功(Sevisari & Reichenberger, 2020; Casais et al., 2020; Buhalis et al., 2020)。现有研究主要探究了共享住宿中主人与客人共同创造价值的过程，指出参与者通过价值共创的过程获得独特体验，并产生较高的满意度和忠诚度。Casais 等(2020)指出关系营销在主客关系和价值共创方面的作用，通过深入访谈方法得出房东与入住的消费者之间形成的人际关系是共享住宿价值共创的关键。Sevisari 和 Reichenberger(2020)基于建构主义范式探究了非营利性平台 Couchsurfing 的价值共创过程，强调房东在参与共享住宿的过程中获取了与客人的友谊、就业机会与职业发展、文化间的交流与合作、自我认同等社会和文化资本。Buhalis 等(2020)指出除了价值共创之外，一些利益相关者也被发现以牺牲他人利益为代价实现自身利益的最大化，从而造成共享住宿的价值共毁(Value Co-destruction)。

既有研究集中于共享住宿商业模式成功案例的探讨,缺少对这一商业模式的失败案例及失败原因的探讨。仅有 Chasin 等(2018)和 Leoni(2020)指出造成共享住宿失败的原因包括供给者不足、平台技术、消费者的不信任和较高的风险感知、对顾客需求评估不准确、市场竞争等因素。

3.3.5 共享住宿的影响

共享住宿与传统酒店的关系受到学者关注(Dogru et al., 2020a; Dogru et al., 2020b)。Zervas 等(2017)在美国得克萨斯州的研究表明 Airbnb 房源每增加 1%会导致酒店收入下降 0.05%。Dogru 等(2020c)也证实了 Airbnb 对大都市酒店绩效的负面影响。现有研究主要探讨共享住宿对传统酒店绩效的影响,部分研究开始从区位视角研究二者之间的竞合关系,指出共享住宿主要与中低端酒店存在空间竞争。此外,研究者还关注宏观层面共享住宿对目的地经济社会文化的影响效应(Heo, 2016)。一方面,共享经济的商业模式既使消费者从闲置房产中获得额外收入(Cheng, 2016),扩大了旅游住宿总体供应,满足热门旅游目的地旅游旺季的住宿需求。对顾客而言,共享住宿有更高的性价比、提供独特的服务和原真性的旅游体验。共享住宿通过最大化利用闲置资源有利于社会的可持续发展。另一方面,共享经济也引起了相当大的争议。共享住宿的扩张蕴含着扩大贫富差距、加剧社会不平等的风险,因为共享住宿仅仅有利于拥有一定资本(闲置房产)的人群,而贫困人群没有参与资本(Sundararajan, 2016)。由于缺乏有效的监管,一些平台还可能威胁消费者的人身及财产安全。对当地居民而言,共享住宿的扩张也会造成长期租赁房源的减少,导致租金上涨,加重本地基础设施和旅游设施的压力,威胁当地社区安全(Garcia-López et al., 2020)。

现有研究主要集中于共享住宿的经济影响,尤其是共享住宿对传统酒店经济效益的影响。共享住宿与酒店的竞合关系、环境影响和社会影响的研究相对有限。当前学者对环境影响的理解存在争议(Martin, 2016)。一方面,共享住宿由于充分利用资源和消费者的环境价值观动机从而被认为产生积极的环境影响,但另一方面,由于共享住宿的低价格,顾客能够负担得起更多的旅游活动,反而对环境造成更大的破坏。

Airbnb与城市相伴相生，且布局灵活，往往以最为迅速的速度反映着城市的发展。Admiak(2018)研究了欧洲共享住宿与城市的关系，得出的结论是，Airbnb的供应量大致相当于一个城市的规模和休闲目的地的地位。Song等(2020)也指出共享住宿对城市和城市景区空间具有经济上的空间溢出效应，使得景区周围的共享住宿与许多旅游吸引物更具有地理接近性。共享住宿在城市中作为一个新兴的存在，与城市的众多机能是相伴相生的关系。例如，充沛且闲置的城市房源是P2P住宿产品得以顺利开展的保障，其存在本身在城市中受到既有区位要素的有利和不利影响，同时共享住宿也改变着城市的住房市场。

3.3.6 共享住宿的时空演变及其影响因素

共享住宿的空间分布特征及影响因素日益受到学者们的关注(Gutiérrez et al., 2017; Lagonigro et al., 2020; Adamiak, 2018; Xu et al., 2019a; Quattrone et al., 2016; Gunter & Öender, 2018; Jiao & Bai, 2020; Heo & Blengini, 2019; Shabrina et al., 2017)。研究表明共享住宿的数量与到市中心的距离、旅游景点、交通可达性因素存在显著相关关系(Yang & Mao, 2018; Gutiérrez et al., 2017; Lagonigro et al., 2020)。Gutiérrez等(2017)指出共享住宿的分布集聚在热门旅游景点附近。Admiak(2018)研究了欧洲主要城市Airbnb房源的空间分布，指出共享住宿的分布数量与城市规模和旅游业的发展程度存在正相关。不同类型城市的共享住宿的房源结构存在差别。在非旅游城市，单个房间出租的类型占主导；在热门旅游城市，房源以整个房屋占主导。Xu等(2019a)的研究表明伦敦的Airbnb房源分布受环境质量因素(水域面积、植被覆盖率、空气质量)的影响。目前共享住宿空间分布的研究主要集中在欧美国家和地区，研究尺度包含国家之间、城市之间，以及城市内部，研究案例地涵盖伦敦等国际性大都市(Quattrone et al., 2016)、巴塞罗那和维也纳等国际性旅游城市(Gutiérrez et al., 2017; Gunter & Öender, 2018)。最近学者们开始关注一些中小城市的共享住宿，如Jiao和Bai(2020)对美国40个城市的研究中涉及多个中小城市。也有一些学者从宏观层面探讨国家经济发展水平与共享住宿发展之间的关系(Heo & Blengini, 2019)。

在地理学之中，共享住宿的时空演变一直是一个重要的议题(La et al.,

2021)，从目的地来考虑，三种旅游目的地较为突出：阳光和海滩、自然和城市(Eugenio-Martin et al.，2019)。依照研究尺度划分，共享住宿的空间研究围绕国家内、国家间、城市内、城市间四个尺度进行分析。在城市群到城市的尺度，以往的研究主要集中在欧美国家和地区。例如，Admiak(2019)研究了西班牙境内全国城市 Airbnb 空间分布情况，约 25 万套房产，集中在主要城市、沿海地区，以及巴利阿里和加那利群岛。私人和共享房间的供应有不同的特点。这种形式的研究已经在北美的奥斯汀、波士顿、芝加哥、旧金山和华盛顿特区(Wegmann & Jiao，2017)、纽约(Dudás et al.，2017a)、欧洲的巴塞罗那和马德里(Benítez-Aurioles，2018；Gant，2016；Gutiérrez et al.，2017)、柏林(Schäfer & Braun，2016)和汉堡(Brauckmann，2017)、布达佩斯(Dudás et al.，2017b)、荷兰的乌特勒支和波兰华沙、非洲的开普敦、大洋洲的悉尼和墨尔本(Crommelin et al.，2018)。在亚洲范围内，这两年 Airbnb 空间的相关研究也迅速发展，主要案例包括北京(夏馨颖等，2020)、上海、首尔(Ki & Lee，2019)等城市。很多文献集中对一个城市的分布规模和分布特征的分析，关于共享住宿的时空演化模式的研究很少(La et al.，2021)。

城市区位理论可以用来解释共享住宿在城市中大量存在的现象，已有研究中关于城市共享住宿分布特征及其影响因素，以及共享住宿与城市的关系等，也证明了这一点。大量的以往研究表明，不管是何种尺度、何种类型的空间分析，Airbnb 点位往往具有景区趋向分布、线性分布、聚集分布的特性，并且与传统酒店分布较类似。这些点位主要位于旅游景点附近，这些研究还一致发现，Airbnb 的房源高度集中在城市中心、大城市，以及旅游景点和设施周围(Guttentag，2019)。有关分布因素的研究则表明城市内部 Airbnb 与整个旅游集群密切相关，特别是与住宿和餐饮服务集群密切相关。研究证实了区域内和区域间集群存在差异，趋同导致更好的 Airbnb 绩效，但旅游集群与 Airbnb 绩效之间的关系因行业和地区而异(Hu & Lee，2020)。同时学术界普遍认为，这些住宿业的集中效应在共享经济的背景下被放大了。传统上，在城市旅游中，消费者具有方便的区位考虑以及保证步行可达景点的倾向(Arbel，1977)，有关文献将这种消费者住宿的区位选择总结为设施方法，生态方法，消费者方法和政策方法(Ashworth，1989)四种不同的倾向。许多研究已经探究了酒店业区位选择的决定因素在共享住宿中同样存在，如需求、交通

(Ferreira & Boshoff, 2014)、经济、环境、政治(Shoval & Cohen-Hattab, 2001)、社会文化因素(Yang et al., 2012; Ferreira & Boshoff, 2014; Yang & Mao, 2020)等。在住宿研究中,学者们普遍认为区位显著影响消费者满意度和酒店住宿体验(Yang et al., 2012; Yang & Mao, 2018)。这些影响条件在共享住宿中几乎都存在,且共享住宿作为更加亲民的产品,放大了消费者选择住宿区位的效应(Eugenio-Martin et al., 2019)。

此外,还有大量研究将城市中的共享住宿与酒店区位作对比。共享住宿与传统酒店是现代城市中的一对"孪生兄妹",既是竞争,又可能是互补的关系(Medina-Hernandez et al., 2020)。现有区位研究多将它们置于一个平台上考虑,在方法上二者也有许多借鉴的相似性。由于消费者的不同,酒店和 Airbnb 的地点可能在地理特征上存在一些差异,在积极作用的影响下,传统住宿业与共享住宿采取互补式的布局方式,而在消极作用的影响下,传统住宿业与共享住宿采取躲避式的布局方式。共享住宿在城市中往往与酒店有高度的空间相关性,它将自己定位在城市景点和或已建成的酒店附近(Eugenio-Martin et al., 2019)。在土地利用方面,Airbnb 消费者比酒店消费者更以消费者为导向(Ki & Lee, 2019),因此更在乎城市内区块的商业氛围和交通便利。在土地利用类型上,Airbnb 可以布局在各种地域,而酒店只能布局在商业允许的地区。在交通上,相比酒店而言,共享住宿更具有公共交通的敏感性。Airbnb 呈现出与传统酒店的接待客人的数量和质量上的灵活性和差异性也是 Airbnb 的空间数量规模的主要优势之一(Gunter, 2018)。

总的说来,共享住宿在城市空间背景下的研究表明了共享住宿与传统酒店类似但又具有自身的独特性,住宿业区位选择的惯性可能深刻影响着每一个 Airbnb 的择业者选择他们认为的好的区位,这种自发的、连续不断的经营行为总有一天会在城市中形成一个规模化的空间群体,从而突出他们对于城市的更为深刻的空间意义。然而,目前城市内的共享住宿空间研究尚存在如下问题:(1)现有研究多局限在单个城市或三个以内的城市中,共享住宿的研究的案例规模仍然有限。(2)空间影响因子的研究多借鉴传统酒店的研究模式,以单个兴趣点(Point of Interest,POI)点位等进行相关和回归研究,缺乏城市内部的凝练和概括。(3)在对这种住宿业的宏观研究中依旧存在经济趋势,而缺乏空间视角,研究人员似乎在反复验证现有的共识结论。大多数研究遵循描述现象和解释原因的基本逻辑，但忽略了适用于城市发展和规划响应的更加宏观的角度。然而，目前的共享住宿研究拘泥于从城市个案去探讨形成城市内部住宿接待业的空间格局及其影响因素，缺少了一种更为宏观的视野，在特定国家的内部，共享住宿应当是与特定的城市政策、建设过程和文化价值观紧密相连的。此外，与竞争者——酒店相比，这种大规模的城市共享住宿的宏观区位是否会呈现相同的路径呢？

3.3.7 共享住宿的监管问题

共享住宿存在的逃税、威胁消费者安全、不公平竞争、影响长期租赁住房市场等问题催生了相关监管措施。然而，对共享住宿的监管突破了传统监管政策的框架。以往政府监管对象大多是基于传统的 B2B（企业对企业）或 B2C（企业对消费者）的商业模式。由于 Airbnb 的本质是 P2P（个人对个人），相关责任主体是房东个人还是 Airbnb 平台本身存在争议，监管也很难追踪个人是否严格遵守法律规范，房源的空间分布较为分散等因素都为有效监管带来困难。

尽管如此，部分城市已经出台了对 Airbnb 的监管政策，可分为四类监管策略，数量限制、位置限制、密度限制和质量限制（Crommelin et al.，2018）。数量限制指限制平台房源数量、可出租的天数和每年可出租的次数；位置限制即限定房源可出租的位置，禁止某些区域的房源出租；密度限制则限制特定区域的房源数量；质量限制包括限制可出租房屋类型、要求具备安全设施（例如安装烟雾探测器）、要求房东有出租许可证等。纽约、旧金山、巴塞罗那、伦敦、洛杉矶、巴黎等城市基于本地旅游和共享住宿发展情况制定了不同的监管政策（Nieuwland & Van，2018；Ferreri & Sanyal，2018）。Yeon 等（2022）和 Van Holm（2020）分别研究了美国纽约市和新奥尔良市短期租赁的监管政策出台带来的影响，表明监管措施实施后的一段时间内降低了 Airbnb 的收入。

共享住宿的监管问题成为最近两年的研究热点，研究集中于对部分欧美城市已实施的监管措施的研究，研究方法以案例研究和定性分析为主，揭示了目前主要的监管策略。但现有研究对监管措施的有效性及其影响的探究不足，仅有部分学者作出尝试（Yeon et al.，2022；Van Holm，2020）。

3.4 本章小结

本章采用可视化知识图谱分析方法探究共享住宿的研究进展，梳理共享住宿的研究主题及需要进一步探究的问题，为未来共享住宿研究提供方向参考。

研究表明近十年共享住宿研究迅速发展，近两年更是成为旅游和酒店领域研究的热门话题，涌现了大量的研究成果。目前已经初步形成了一些具有较强影响力的研究机构（如香港理工大学）、高校的代表性学者和研究团体。特别地，国内学者在共享住宿研究方面的成果卓著，并与其他国家学者建立了较强的合作关系。在学科研究方向上，研究主要分布在旅游和酒店研究、经济学、管理学、环境学等学科，并开始受到地理学、心理学、社会学等其他学科的关注（Domènech & Zoğal，2020）。在研究内容方面，本研究揭示了共享住宿研究的发展演进轨迹，发现涵盖的研究问题越来越全面和深入，研究主题包括共享住宿的概念、消费者视角的消费者行为研究、房东视角的定价与收益管理研究、平台的商业模式、共享住宿的影响、时空演变及其影响因素、监管七个方面。

第四章

基于消费者视角的共享住宿体验：伦敦案例

管理消费者体验和满意度是服务管理和营销的重要组成部分，是影响消费者回购行为（Liang et al.，2015）、供应商口碑，以及销售额（Fornell，1992；Gundersen et al.，1996；Su & Mattila，2020）的重要因素。在过去的几年时间里，旅游和酒店行业中出现的共享经济平台彻底改变了消费者的住宿选择。作为一种新兴的住宿类型，共享住宿以其低廉的价格、不同的装修风格、齐全的设施、本土化的体验和家庭氛围等优势吸引了顾客，但同时也面临着信任和安全问题等挑战（Yang et al.，2019）。因此，识别影响消费者体验和满意度的关键因素，可以帮助住宿供应商了解顾客需求，提高服务质量，也有助于酒店认识到竞争对手的竞争优势。

目前来看，尽管已经有许多关于传统酒店体验和满意度的研究（Callan & Bowman，2000；Knutson，1988；Rhee & Yang，2015a；Rhee & Yang，2015b；Shanka & Taylor，2004；Schmitt，2003），但其在共享住宿领域中的相关研究较少。已有研究中共享住宿相关问题的探索主要集中在消费者的动机、态度、体验、满意度，房东和客人之间的信任等（Gibbs et al.，2017；Guttentag et al.，2017；Heo，2016；Möhlmann，2015；Tussyadiah，2016；Tussyadiah & Pesonen，2015；Tussyadiah & Zach，2017）。在消费者体验和满意度方面，研究人员既关注消费者体验要素，也关注消费者满意度的前因（Möhlmann，2015；Tussyadiah & Zach，2017），但没有关注共享体验与消费者满意度之间的关系。因此，研究建构消费者体验要素对消费者满意度的影响是当前的一个研究空白。

共享住宿创造了一个鼓励人们之间社会互动(Geiger et al.，2017)的网络,其提供独特的不同于传统酒店的消费体验(Poon & Huang，2017；Tussyadiah，2016)。已有研究提出,独特体验和节约成本被认为是消费者选择共享住宿的重要原因(Guttentag，2013；Oskam & Boswijk,2016；Tussyadiah & Sigala，2018)。然而,目前关于消费者共享体验的研究主要使用传统的数据收集方式,如问卷调查或访谈(Guttentag et al.，2017；Mohlmann，2015；Tussyadiah，2016)。与通过传统的问卷调查获得的数据相比,消费者评论更加真实并能实时反映消费者体验,产生新的见解(Xiang et al.，2015),从而能够用以帮助管理者和房东提高服务质量。Lipsman(2007)提出,超过87%的消费者在决定预订酒店时依赖消费者评论。是以消费者评论对于共享经济显得尤为重要。由于共享的性质是点对点的,已有的消费者评论会被潜在消费者用以帮助他们决定是否预订共享住宿。如今,随着商业智能和大数据分析的快速发展,管理者能够根据市场情报和竞争分析做出及时的决策(Chen et al.，2012；Tussyadiah & Zach，2017)。因此,从消费者评论的角度理解共享住宿核心要素的影响因素至关重要。目前已有的一些新兴研究通过消费者评论来理解共享住宿体验(Tussyadiah & Zach，2017；Wiles & Crawford，2017),但是这些研究只识别了共享体验的关键主题,而没有识别消费者体验和满意度之间的联系。根据Herzberg(1966)的双因素理论,消费者满意度的前因可以分为“保健因素”和“激励因素”两类,它们在塑造消费者体验和满意度方面发挥着不同的作用,在酒店消费者的满意度研究中得到了广泛的验证和认可(Cadotte & Turgeon，2016；Chan & Baum，2007；Kim et al.，2016；Xiang et al.，2015)。然而,将双因素理论扩展到共享住宿消费者的满意度调查研究却很少。因此,本章的独特贡献在于首创了赫茨伯格双因素理论在共享住宿领域的应用。

基于消费者视角探究共享住宿体验,本章选择了Airbnb最活跃的案例地伦敦作为研究的案例地,通过网络爬虫程序收集了33 892条消费者评论作为研究样本,采用文本分析法分析共享住宿体验的影响因素。为了进一步探究哪些因素是影响消费者满意度的关键因素,本章还采用回归分析方法探索了一种关于消费者满意度的数据驱动方法。因此,本章主要探索以下内容:(1)确定共享住宿环境下消费者体验的核心要素;(2)研究共享住宿环境下的体验要素与消费者满意度之间的关系。

4.1 理论基础

4.1.1 消费者体验与满意度

消费者体验在创造服务竞争力方面扮演重要角色。Pine 和 Gilmore (2011)认为,体验是继商品、产品和服务之后为企业带来经济利益的第四个新引擎。管理消费者体验可以把消费者变成支持者,从而可以有助于企业的长期竞争力和盈利,并致使良好的口碑和回购行为(Smith & Wheeler, 2002)。

研究表明,不同的酒店属性在不同程度上影响满意度和回购行为(Tussyadiah & Zach, 2017)。赫茨伯格的双因素理论已经被用来解释不同的酒店属性对满意度的贡献(Xiang et al., 2015)。其表明,满足消费者需求并不能激发消费者的积极性,只有那些被称为"激励因素"的因素才能带来较高的满意度;其次,缺乏"保健因素"会引起消费者的强烈的不满,但拥有它们并不一定会导致消费者满意(Herzberg, 1966)。已有研究将影响消费者体验和满意度的因素分为不同的方面,包括酒店的吸引力(即设施、位置、价格和环境),与顾客的互动及服务(Callan & Bowman, 2000; Rhee & Yang, 2015b; Shanka & Taylor, 2004)。

已有研究提出了可能影响酒店消费者满意度的不同因素,而共享住宿的研究正在不断出现却尚未识别影响其消费者满意度的因素。共享是提供一个将拥有闲置资产的个人聚集并相互交换的平台(Tussyadiah & Zach, 2017)。消费者有机会获得真实的体验和归属感(Liang et al., 2015; Möhlmann, 2015),这种体验与传统的标准化酒店住宿体验完全不同。因此,识别哪些因素有助于共享住宿的消费者体验和满意度是有价值的。

Airbnb 作为目前最大的共享住宿平台,许多研究人员将 Airbnb 作为案例研究,不仅是因为它的经济效益(Gibbs et al., 2017),还因为它所提供的真实体验(Guttentag, 2013)。消费者有机会参与当地人的日常生活,了解当地的文化。Möhlmann(2015)通过问卷调查指出,服务于消费者自身利益的决定因素(即效用、信任、成本节约、熟悉度、服务质量和社区归属感)会影响共享住宿的满意度和选择共享住宿的可能性。Heo(2016)认为 Vargo 和 Lusch(2004)

提出的服务优势逻辑（Service Dominant Logic，简称 SDL）可能适用于共享住宿，并可以解释共享住宿流行的原因。SDL 认为，当前的经济范式已经从单纯的企业创造价值转变为与消费者共同创造价值，强调社会互动作为价值共创动力的重要性。一些研究人员认为，消费者喜欢共享经济可能与他们的消费价值观有关，表现为从"你拥有什么你就是什么"到"你共享什么你就是什么"的转变（Kathan et al.，2016；Rifkin，2014）。各种视角的研究都基于现有理论构建共享住宿下的消费者满意度理论框架，如"集体行动逻辑"（Möhlmann，2015）。

已有研究表明，社会交换理论和自我决定理论可以用来解释共享活动（Geiger et al.，2017；Möhlmann，2015）。事实上，消费者分享的意图是由他们自己所获得的满足感和利益决定的。基于自我决定理论，共享住宿的消费者满意度的属性可分为内部因素（如追求可持续发展、娱乐和好奇心）和外部因素（节约成本、建立新的社会人际关系的需求、居家体验、设施和位置）（Tussyadiah，2016）。然而，哪些因素会导致消费者满意或不满意尚未明确。赫茨伯格的双因素理论已成功地应用于酒店消费者体验研究，以确定体验的关键要素（Xiang et al.，2015），因此，他的双因素理论能够有效识别共享环境中的关键要素及其与满意度的联系。

4.1.2 消费者评论与消费者体验

近年来，用户评论已经成为研究酒店体验的流行方式。消费者评论被定义为发布在公司或第三方网站上的消费者生成的评论（Mudambi & Schuff，2010）。旅游评论本身是对旅游体验的丰富而自发的表达和评价，其真实而详细的信息可以提供更全面且独特的旅游体验视角。此外，消费者的网络评论既经济有效又容易获取，因而是一种收集消费者的反馈信息并同时控制信息质量的更经济有效的方法。消费者的评分和评论现已成为旅游体验研究的重要来源（Rhee & Yang，2015a）。文本数据的处理已经从人工编码发展到机器学习，数据量也已经变成了"大数据"。Pan 等（2007）对美国查尔斯顿的 40 个旅游博客进行文本分析，提出消费者评论的本质是对旅行体验的反映。Zhou 等（2014）利用传统人工编码的文本处理方法，从网络评论中识别出支撑消费者满意度的 23 个关键属性，其中包括公寓设施、位置、服务、员工等。Xiang 等（2015）通过对消费者评论的文本挖掘，证明了消费者评论在研究酒店消费者体验和满意度方面的有效性。

然而，大多数关于共享住宿的体验研究都是通过传统的研究方法进行的，比如问卷或访谈(Guttentag, 2013; Tussyadiah & Pesonen, 2015; Gibbs et al., 2017; Guttentag et al., 2017)，只有少数例外情况，如 Tussyadiah 和 Zach(2017)，其从消费者评论中获取关键内容和主题，在对比了对共享住宿和传统酒店的评价后，认为干净的房间和舒适的床对两种类型的消费者都很重要，但共享住宿的消费者显示出对社交动机的更大兴趣，比如与房东的交流。Wiles 和 Crawford(2017)通过对美国一家酒店网站上 910 条评论的定性内容分析和解释现象学分析，确定了诸如口头交流和家的感觉等要素是共享体验的重要组成部分。然而，这两项研究都没有探讨哪些因素可能导致消费者高度的满意或不满意。

4.2 研究设计

4.2.1 案例地选择

本章以伦敦为例，其主要原因如下：

Airbnb 是全球最大的旅游共享住宿平台，房东可以在线发布自己的房间，消费者通过搜索房间信息，进行在线预订。此外，Airbnb 的系统只允许那些已经入住并支付了费用的消费者撰写评论，避免了房东要求消费者为其撰写评论的情况，其强调了消费者评论真实性。故 Airbnb 的消费者评论(User Generated Comments，简称 UGC)具有真实性、主动性的特点，具有很高的研究价值，从中可以了解消费者的真实感受(Guo et al., 2017)。

同时，伦敦是世界知名的旅游目的地之一，也是 Airbnb 消费者活跃的地区之一。截至 2019 年，伦敦拥有超过 70 000 多间 Airbnb 客房(Quattrone et al., 2016)。

4.2.2 数据来源

本章研究利用网络爬虫程序收集消费者评论以形成数据库，累计收集了与 11 023 个房源评分相关的 33 892 条评论。作为一种常用的网络数据分析技术，爬虫经常被用于研究网络评论，以探索消费者行为和消费者满意度（Bai et al.，2014；Xiang et al.，2015）。数据收集时间为 2016 年 10 月至 11 月，消费者评论发布时间为 2014 年 1 月至 2016 年 9 月。数据经过预处理、词性分析和可视化处理后，由 KH 编码器软件进行分析。

4.2.3 数据处理和文本挖掘

本节从旅游评论入手进行文本挖掘，通过提取消费者共享体验要素的重要性分析共享住宿体验的本质。

文本分析的第一步是使用 Stanford POS Tagger（斯坦福大学自然语言处理小组开发的一款词性自动标注软件）对数据进行预处理（Tussyadiah & Zach，2017），通过 Java 实现词性标注（Toutanova et al.，2003）。预处理包括句子切分、标记（即文本切分标记）、删除停止词（即没有意义的词，如"a""an""The"）、词性标注（对具有相似语法属性的词进行分类，如名词、动词、形容词等）和词性还原（将具有不同形态变化的词组合在一起）。经过预处理的 Airbnb 数据包括 2 562 486 个标记和 59 656 个单词组合。删去停止词后，保留 1 092 008 个标记和 58 019 个单词组合以供分析。

通过词法分析、关联统计和数据可视化等方法对预处理后的数据进行分析，以确定代表消费者体验的主要词汇和主题。基于词频（Term Frequency，简称 TF）提取高频词，以识别文章中出现的重要词。根据每个词汇的词频，生成词频表（见表 4-1）。由于本节字数限制，表 4-1 中只列出了 80 个高频词。

表 4-1 词频列表

序号	名词	词频	序号	名词	词频
1	地点 Location	15 357	7	停留 Stay	9 481
2	公寓 Apartment	14 951	8	很棒的 Great	15 125
3	伦敦 London	14 213	9	平坦的 Flat	12 863
4	地点 Place	12 017	10	干净的 Clean	10 313
5	房东 Host	10 267	11	很好的 Nice	8 749
6	房间 Room	9 600	12	好的 Good	6 706

（续表）

序号	名词	词频	序号	名词	词频
13	舒适的 Comfortable	6 675	37	城市 City	1 997
14	完美的 Perfect	5 786	38	卧室 Bedroom	1 745
15	时间 Time	6 376	39	空间 Space	1 715
16	车站 Station	4 833	40	人群 People	1 696
17	床 Bed	4 277	41	分 Cent	1 623
18	管道 Tube	4 156	42	旅行 Trip	1 596
19	区域 Area	4 035	43	店铺 Shop	1 535
20	夜晚 Night	3 966	44	有帮助的 Helpful	5 038
21	分钟 Minute	3 921	45	简单的 Easy	4 737
22	餐厅 Restaurant	3 803	46	迷人的 Lovely	4 285
23	白天 Day	3 601	47	安静的 Quiet	3 513
24	家 Home	3 347	48	友好的 Friendly	3 395
25	很好的 Great	3 141	49	中心的 Central	3 016
26	经历 Experience	3 117	50	精彩的 Wonderful	2 936
27	浴室 Bathroom	3 098	51	出色的 Excellent	2 801
28	厨房 Kitchen	2 796	52	极好的 Fantastic	2 510
29	步行 Walk	2 787	53	方便的 Convenient	2 323
30	公交车 Bus	2 641	54	惊人的 Amazing	2 278
31	街道 Street	2 570	55	亲近的 Close	2 239
32	房屋 House	2 456	56	小的 Small	2 213
33	感谢 Thanks	2 189	57	小的 Little	2 202
34	邻里 Neighborhood	2 093	58	极好的 Super	1 973
35	到达 Arrival	2 082	59	美丽的 Beautiful	1 941
36	距离 Distance	2 041	60	宽敞的 Spacious	1 926

（续表）

序号	名词	词频	序号	名词	词频
61	最好的 Best	1 777	71	快的 Quick	1 111
62	简短的 Short	1 743	72	现代的 Modern	1 077
63	受欢迎的 Welcome	1 609	73	问题 Question	1 526
64	大的 Big	1 558	74	交流 Communication	1 520
65	确定的 Sure	1 436	75	朋友 Friend	1 475
66	温暖的 Warm	1 383	76	酒吧 Pub	1 428
67	反应积极的 Responsive	1 283	77	问题 Problem	1 416
68	可用的 Available	1 261	78	噪音 Noise	1 411
69	安全的 Safe	1 214	79	早餐 Breakfast	1 385
70	更好的 Better	1 137	80	建筑 Building	1 367

资料来源：根据词频分析整理

然后，采用多维尺度分析对评论中出现的词汇进行聚类分析，形成共享住宿体验主题。Tussyadiah 和 Zach（2017）提出，可以使用带有杰卡德距离（Jaccard Distance）的克鲁斯卡尔（Kruskal）算法。杰卡德（Jaccard）系数（Romesburg，1984）是有限样本集之间相似度的统计度量，定义为样本集的交集除以其并集。某单词在 A 组和 B 组的杰卡德（Jaccard）系数为：

$$\mathrm{J}(A, B)=\frac{|A \cap B|}{|A \cup B|}$$

以上的文本分析，包括词频分析和多维度分析，尽可能充分地反映了评论数据的信息，直观清晰地展示了消费者所表达的共享住宿体验的语义结构。

最后，为了解哪些体验要素是有助于提高满意度的关键要素，本节通过以下操作筛选与消费者满意度相关的关键要素，从而研究这些要素与消费者满意度之间的关系。

为了获得与顾客满意度前因相关的体验要素，首先对高频词进行人工清洗。这个过程由一个研究人员进行，并被另外两个研究人员检查。在前200个高频单词中，删除了一些不相关的动词和形容词(如“love”“like”“beautiful”“wonderful”“fantastic”)。这些词汇在描述旅行经历时可能是有意义的，例如，形容词可以表达消费者对住宿的情感态度，但不能提供关于消费者满意度的前提条件的具体信息。经过重新编码后，剩下的80个词汇与第二个研究问题密切相关。每个词汇都有一个词汇频率(TF)与逆文档频率(Inverse Document Frequency，简称IDF)得分，用以评估该词汇对文本的重要性(Blei & Lafferty, 2007)。

由于筛选后的80项词汇数量较多，采用因子分析的方法进行降维处理，从而研究众多变量之间的内在关系，达到数据集中的目的。因为所有变量之间都存在相关性，对非线性变量使用因子分析仍然是合适的(Xiang et al., 2015)。

然后，在检查数据是否符合回归分析的基本假设匹配后，以提取体验因素(PCi)为自变量，以房源评分为因变量，进行多元线性回归分析，检验消费者体验要素与消费者满意度之间的关系。PCi得分在0到+1之间标准化，房源评分在0到100之间标准化，使用普通最小二乘法(OLS)解拟合线性模型。

4.3 研究结果与讨论

4.3.1 研究结果

本部分包括本章的主要发现，一方面，对收集的数据进行描述(文本评论中评分分数和消费者体验相关的词汇)。另一方面，用统计分析(因子分析和回归分析)的结果回答本章提出的研究问题。

表4-2显示了伦敦Airbnb房源评分的分数分布情况。由表可以看出，90～100评分的Airbnb房源占到了Airbnb房源的68.2%，这说明大部分的伦敦房源得到了居住者的正面评价。总体来看，伦敦Airbnb房源评分的平均满意度分数为91.48，标准偏差为10.06。名单中房源的平均评论数是3.07。

表 4-2　根据评分收集 Airbnb 名单的分布情况

Airbnb 评分	频率	百分比/%	累计百分比/%
0～49	22	0. 2	0. 2
50～59	0	0	0. 2
60～69	77	0. 7	0. 9
70～79	518	4. 7	5. 6
80～89	2 896	26. 3	31. 9
90～100	7 510	68. 1	100
合计	11 023	100	

资料来源：根据数据分析整理

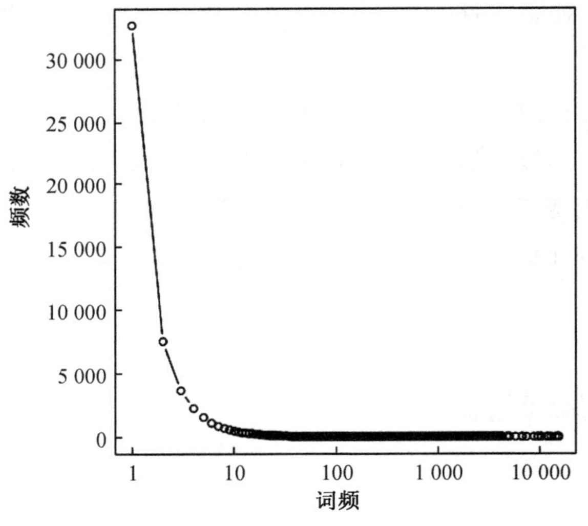

图 4-1　词频分布图

（图源：作者自绘）

图 4-1 显示了词频（Term Frequency，TF）的分布。消费者评论中 TF 的均值为 18. 82（即单词平均出现 19 次左右），标准差为 221. 70。可以看出，这种分布符合长尾理论，即约 96%的单词在评论中出现少于 20 次。这表明高频关键词（即最常被讨论的词）包含约 73%的词型。高频词汇构建了消费者评论的核心，包括共享住宿体验的基本方面和关键方面。其中，长尾词指的是频率较低的词，代表一些消费者注意到的相对不重要的方面。

表 4-1 显示了前 80 个高频词的出现频率，并利用其 TF-IDF 值提取关键

的消费者体验要素，探讨其与消费者满意度的关系。

这些高频词反映了人们在共享住宿体验中最常讨论的词汇，利用多维尺度分析的方法可以分为以下主题：(1)住房因素。该主题出现频率最高，共151 527次。最常被提到的词汇是房屋本身(如：Apartment，House，Room，Place，Flat)。特别是公寓的洁净程度相关词汇出现，表明了洁净程度的重要性，这与酒店的体验类似。(2)距离位置是第二个最受关注的类别，仅次于住房因素，共有108 848次。地区(Area)、地理位置(Street)、交通设施(Station，Bus，Tube)、可进入性(Convenient)，以及周边设施(Pub，Shop，Restaurant)都对体验有影响，其中消费者显示出对周围餐馆的特别关注。(3)第三个常被提及的类别是公寓设施。除了床、浴室、毛巾等必备设施，还包含专用于合租住房的厨房设施等附加设施。此外，公寓的空间大小和安静程度也是消费者评价的重要因素。(4)在主客互动因素中，消费者体验与房东的友好性、沟通性、及时性和灵活性有关。高频词汇中相关要素显示出积极的评价词汇，诸如热情的(Warm)、友好的(Friendly)、乐于助人的(Helpful)等等。从此可以看出，消费者对Airbnb房东的评价存在一个积极的趋势，一般认为房东是友好的、易于沟通的，并能够与自己产生良好的互动。这一发现支持了之前研究得出的结论，即Airbnb之所以吸引消费者，是因为它为消费者提供了与房东互动的机会，并有一个更"本土"的体验(Guttentag，2013；Liang et al.，2015；Möhlmann，2015；Tussyadiah，2016；Tussyadiah & Zach，2017)。(5)总体满意度(Overall Sensation)是指对住宿体验的总体评价，其词汇主要是积极的情感词汇，如美丽的(Beautiful)、很棒的(Great)、极好的(Fantastic)、优秀的(Excellent)、惊人的(Amazing)、爱(Love)等，说明消费者对共享住宿的体验总体上趋于积极，满意度较高。(6)其他类别包括展示照片、早餐、钥匙、供给。有无提供早餐和如何得到钥匙，以及房东在Airbnb上展示照片等因素也可能会影响消费者的体验。

为了进一步研究数据中的隐含的语义结构(Xiang et al.，2015)，以及构建一个与消费者满意度分数相关的回归模型，使用因子分析来减少词汇数量进行降维。表4-3为最大方法(Varimax)法进行Kaiser归一化旋转后的因子分析结果，可以看出，这一步从上一节的六个类别中提取出了与消费者满意度相关的更具体的体验因素(PCi)。

表 4-3　因子加载表(显示因子载荷>0.20)

成分(N=43)	因子载荷							
	PC1	PC2	PC3	PC4	PC5	PC6	PC7	PC8
交通与可达性 Traffic 与 Accessibility								
管道 Tube	0.619							
车站 Station	0.539							
封闭的 Close	0.404							
方便的 Convenient	0.306							
公交车 Bus	0.270							
距离 Distance	0.212							
公寓设施 Apartment facilities								
浴室 Bathroom		0.623						
淋浴 Shower		0.560						
床 Bed		0.504						
厨房 Kitchen		0.483						
卧室 Bedroom		0.257						
互动与交流 Interaction 与 Communication								
交流 Communication			0.541					
检查 Check			0.540					
反应积极的 Responsive			0.346					
推荐 Recommend			0.214					
噪音与位置 Noise 与 Location								
街道 Street				0.484				
噪音 Noise				0.458				
地点 Location				0.380				
干净的 Clean				0.305				
居家体验 Home experience								
受欢迎的 Welcome					0.601			
家 Home					0.601			

（续表）

成分（N=43）	因子载荷							
	PC1	PC2	PC3	PC4	PC5	PC6	PC7	PC8
温暖的 Warm					0.579			
早餐 Breakfast					0.446			
经历 Experience					0.203			
周边设施 Nearby facilities								
酒吧 Bar						0.569		
酒馆 Pub						0.524		
咖啡店 Cafe						0.388		
店铺 Shop						0.301		
房东的友好度 Friendliness of host								
友好的 Friendly							0.635	
乐于助人的 Helpful							0.570	
房东 Host							0.417	
空间与舒适度 Space 与 Comfort								
舒适的 Cozy								0.504
小的 Small								0.422
特征值	3.423	2.275	2.189	1.748	1.676	1.542	1.463	1.416
累计差异	5.704	9.496	13.144	16.057	18.851	21.421	23.859	26.218

对整个数据集的抽样充分性的 KMO（Kaiser-Meyer-Olkin）度量结果表明，其是可以接受的（KMO=0.631）。巴特利特球度检验也表明，它是高度显著的（approx. chisquare=5 384.852，df=1 770，$Sig.$=0.000）。结果表明，该数据适合进行因子分析。使用因子旋转方法数据表明，8 个组分是最优的。结合筛选图和特征值，从 80 个项中提取了 8 个主成分，共 43 个项，解释了所有方差的 26.22%。

Xiang 等（2015）和 Sánchez-Franco 等（2016）提出，与基于度量数据的因子分析不同，从该分析中获得的因子代表了消费者评论中的常见语义空间。在此基础上，通过对特定因子中的词汇进行分析，从而命名各个因子，表 4-4 给出了各因子的情感(情绪)实例(正面或负面)。PC1 为"Traffic 与 Accessibility"因子,包含六个相关术语,即"Tube""Station""Close""Convenient""Bus"和"Distance"以及高频词"Close""Convenient"传达了这一因素的积极情感空间。PC2 包含五个词汇,即"Bath-room""Shower""Bed"等,说明在这个语义空间中,消费者往往会谈论或关心公寓设施,故命名为"Apartment facilities"。筛选后提取相关的文本"Bathroom""Shower"和"Bed",进行词频统计分析后发现如"Small""Problem"是其中的高频词,传达了一种消极意义的空间(参见示例表 4-4)。PC3 被任命为"Interaction 与 Communication",因为它反映了消费者和房东之间的交流和接触,如"Check(in/out)""Responsive""Recommend"。PC4 的"Environment 与 Location"是指房间的位置和环境是否安静或嘈杂,以及卫生和洁净程度。高频词"Noise"表示了负面的语义空间。PC5 代表了消费者有关"Home""Warm"的情感体验。PC6 包含"Bar""Pub"等,暗示消费者通常希望在住所周围获得一些其他的附加服务,这些服务与消费者的娱乐需求相关。PC7 指的是"Friendliness of host"(房东的友好度),也指出当消费者提到房东时,他们更有可能这样评价或描述房东。PC5、PC6、PC7 这三个因素都可以识别为表达积极情感的空间。PC8 代表了房子的其他特定属性,如空间("Small""Space")和舒适度("Comfort"),其中既有积极的情绪,也有消极的情绪。

表 4-4　每个主成分的情绪示例

具有高因子载荷的成分(情绪词)	客人的评论案例
交通与可达性 Traffic 与 Accessibility	
管道 Tube 车站 Station 公交车 Bus 距离 Distance (近的 Close 方便的 Convenient)	It was located close to restaurant and multiple underground stations making it a good base camp for our London vacation. 靠近餐厅和多个地铁站,使其成为我们伦敦度假的良好大本营。 The location was very convenient to get to major sights by tube and by foot, and an easy hour-long tube ride to Heathrow. 位置非常方便,乘坐地铁和步行即可轻松到达主要景点,乘坐地铁一小时即可轻松抵达希思罗机场。

(续表)

具有高因子载荷的成分 (情绪词)	客人的评论案例
公寓设施 Apartment facilities	
浴室 Bathroom 淋浴 Shower 床 Bed 厨房 Litchen 卧室 Bedroom(小 Small 问题 Problem)	The bathroom in the master bedroom is quite small. / Bathroom dirty. 主卧室的浴室很小。/浴室很脏。 The shower was very hard, and one of the toilets was ridiculous. 淋浴很困难,其中一个厕所也很糟糕。 Those sofa beds were not comfortable at all. / Bedding dirty. 那些沙发床一点也不舒服。/床上用品脏了。
互动与交流 Interaction 与 Communication	
交流 Communication 检查 Check(in/out) 反应积极的 Responsive 推荐 Recommend	Hopefully, next time you can extend check out time to 12nn... 10 am is a bit inconvenient. 希望下次能把退房时间延长到中午 12 点……上午 10 点有点不方便。 It's not allowed for people who want to leave there suitcases there after check-out time. Won't recommend it for people who will leave in the evening. 退房后,不允许将行李箱留在那里。不会推荐给晚上要离开的人。 The host gave me no communication or instructions and I was left stranded at the apartment at midnight with the host not answering any phone calls. 房东没有给我任何联系或指示,半夜我被困在公寓里,房东没有接听任何电话。
噪音与位置 Noise 与 Location	
街道 Street 地点 Location (嘈杂的 Noise 干净的 Clean)	Very loud street noise not people, just cars. 街上的噪音非常大,不是人的声音,只是汽车的声音。
居家体验 Home experience	
受欢迎的 Welcome 家 Home 早餐 Breakfast 经历 Experience (温暖的 Warm)	James made you feel home at his place. Highly recommended! 詹姆斯让你在他的地方有宾至如归的感觉。强烈推荐! Lakshmi is the perfect host — she made me feel very welcome. 拉克希米是一位完美的主人——她让我感觉很受欢迎。 Jen was available for any query and left nice breakfast to make our stay easier! Jen 可以解答任何疑问,并留下了美味的早餐,让我们的住宿更加轻松!

（续表）

具有高因子载荷的成分（情绪词）	客人的评论案例
周边设施 Nearby facilities	
酒吧 Bar 酒馆 Pub 咖啡店 Coffee 店铺 Shop	The area around this flat is calm and safe while also interesting with many pubs and restaurants in close range. 这栋公寓周围的区域平静而安全，同时也很有趣，附近有许多酒吧和餐馆。 Highly recommend if you like to stay right in central London with easy access to shops, theaters, and nightlife. 如您想住在伦敦市中心，方便前往商店、剧院和夜生活场所，强烈推荐您入住。
房东的友好度 Friendliness of host	
房东 Host(有好的 Friendly 乐于助人的 Helpful)	Tommaso was a great host, very helpful, and concerned with our needs. 托马索是一位很棒的主人非常乐于助人并且关心我们的需求。 We spent the new year in London and Miranda was a very warm and friendly host. 我们在伦敦度过了新年，米兰达是一位非常热情友好的主人。
空间与舒适度 Space 与 Comfort	
舒适的 Cozy 小的 Small	The room was nice and cozy, however, we felt that the common spaces could have been a bit more cleaner. 房间漂亮又舒适，但是我们觉得公共空间可以更干净一点。 The apartment is really small and old as told, but perfect for a short city trip because of the location. 公寓确实又小又旧，但由于其位置，非常适合短途城市旅行。

资料来源：根据消费者评论整理

根据 TF-IDF 分数，这些因素和列出的词汇代表了有助于消费者满意的因素。由于 TF-IDF 算法和因子分析的方法深入观察了原始数据的内部结构，并代表了数据本身产生的内容，这也为消费者满意度的前因因素的新维度提供了新的视角。然后进行回归分析，结果见表 4-5。

表 4-5 显示了以房源评分（House Rating）为因变量，PCi 为自变量的方差分析结果。PC1（交通与可达性）、PC2（公寓设施）、PC4（噪音与位置）、PC5

(居家体验)和 PC7(房东的友好度)5 个因素显著($p=0.05$),其他因素(PC3、PC6、PC8)不显著,虽然这些因素并不显著,但不能得出这些因素与房源评分之间没有关系的显著性的结论(Sánchez-Franco et al., 2016)。在显著因子中,PC1、PC5 和 PC7 对房源评价有正向影响,PC2 和 PC4 对房源评价有负向影响。

表 4-5 回归分析结果

模型	非标准化系数		标准化系数	*t*	*Sig.*
	B	Std. Error	Beta		
常量 Constant	91.156	0.211		431.937	0.000
交通与可达性 Traffic 与 Accessibility	0.776	0.211	0.108	3.673	0.000
公寓设施 Apartment facilities	−2.209	0.211	−0.308	−10.462	0.000
互动与交流 Interaction 与 Communication	−0.349	0.211	−0.049	−1.651	0.099
噪音与位置 Noise 与 Location	−0.821	0.211	−0.114	−3.887	0.000
居家体验 Home experience	2.037	0.211	0.284	9.647	0.000
周边设施 Nearby facilities	0.061	0.211	0.009	0.290	0.772
房东的友好度 Friendliness of host	0.506	0.211	0.071	2.395	0.017
空间与舒适度 Space 与 Comfort	−0.277	0.211	−0.039	−1.310	0.191

因变量:House Rating;调整后 R^2:0.202.

4.3.2 讨论

为了解消费者体验与满意度之间的关系,本章采用文本分析和统计分析方法,对 Airbnb 上的房源评分和文本评论进行分析。通过对文本评论的多维度分析和因子分析,了解了消费者如何在共享经济平台上讲述自己的住宿体验,并揭示了消费者评论的八个消费者体验要素,包括交通与可达性、公寓设施、互动与交流、噪音与位置、居家体验、周边设施、房东的友好度、空间与舒适度。回归分析的结果表明，这 8 个因素中有 5 个对消费者满意度有显著影响。其中，PC2（公寓设施）的标准化系数绝对值最大，说明共享住宅提供的床、浴室、厨房等核心产品或设施是对消费者满意度影响最大的先行因素，其相关词的因子负荷系数均为正，说明提及越多这些词汇（与公寓设施相关），消费者的满意度越低。另一个负面因素是 PC4（噪音与位置），这表明较高的房源评分与未在评论中提及的“噪音”“位置”等词汇有关。

从积极因素的系数来看，PC5（居家体验）的影响最大，其次是 PC1（交通与可达性）和 PC7（房东的友好度）。有趣的是，根据标准化系数，居家体验是房源评级的第二个重要影响因素（仅次于 PC2 公寓设施）。我们可以看到在共享经济背景下住宿消费者满意度影响因素与酒店产品的区别，也就是说，在共享住宿中，消费者在目的地有机会体验待在另一个“家”的感觉（Möhlmann，2015），这是一个对消费者满意度有影响的独特且重要的因素。至于另一个积极因素 PC1（交通与可达性），结果表明评论中更多相关词汇（如“Tube”“Station”“Close”）的出现与更高的消费者满意度有关。以 PC7 为代表的情感空间是顾客对房东态度的描述，如友好、乐于助人等。其与满意度之间的正系数表明，这些词汇的提高伴随着更高水平的满意度。

综上所述，核心设施（PC2 公寓设施）和宾至如归的体验（PC5）对顾客满意度的影响比位置、环境和房东的态度更重要。结果表明，无论是在共享住宿或入住酒店的体验中，公寓设施是消费者最关注的核心产品（Qiu et al.，2020；Shanka & Taylor，2004）。此外，在另一个“家”感觉的新奇体验已经在共享住宿的消费者满意度中得到验证，支持了先前关于共享住宿体验的研究（Wiles & Crawford，2017）。

这两个因素对共享住宿的消费者满意度的影响可以用赫茨伯格（Herzberg）的双因素理论来解释。根据双因素理论（Herzberg，1966），保健因素的存在不一定会导致消费者满意度过高，但保健因素的缺失或质量低下必然会导致消费者不满。具有显著负相关系数的属性包括公寓设施、互动与沟通、噪音与位置被确定为保健因素，因为负相关表示消费者提及这些词汇与低满意度相关。为了验证和理解负系数所代表的含义，给出了表 9-4 中属性的语义词和审稿人的语义表达样本。Xiang 等（2015）的《基于大数据分析的酒店消费者满意度研究》中也存在类似的负相关系数表达。公寓设施是共享住宿的保健因素，对顾客满意度有显著的负向影响。在分析了公寓设施的相关评论后，发现其往往是对特定设施功能的投诉，如门坏锁了、寒冷的房间、床上用品脏、卫生间小等。因此，提到公寓设施就意味着低评分，而造成消费者不满意的是设施质量差。公寓设施对消费者评价的影响也表明，如果保健因素不满足消费者的期望或需求，尽管有激励因素，提高顾客满意度也是相当困难的。

激励因素的存在对消费者满意度有正向贡献。结果显示，家的体验是一种独特的在“家”的享受，能够给予消费者情感和心理上的满足，因此其有助于房源的高评分(即与高满意度有关)。

另一个影响消费者满意度的重要且积极的因素是PC7(房东的友好度)，这也验证了主客之间互动在共享住宿体验中的重要性(Guttentag，2013；Möhlmann，2015；Tussyadiah，2016；Tussyadiah & Zach，2017；Wiles & Crawford，2017)。居家体验、友好的态度和与房东的良好互动，这些往往相互伴随，被认为在塑造令人满意的住宿体验中发挥着重要作用。这可以从以下评分很高的评论中看出：

> “The host was great and if we had a question responded promptly with an answer.”(“房东很好，如有问题都能及时得到回答。”)
>
> “We had a very nice stay. Very handy location for public transportation. Everything went very smoothly. Prompt, helpful communication and the place was very nice.”(“我们住得非常好，公共交通非常便利。行程非常顺利，沟通也非常及时有效，那里非常棒。”)
>
> “We had a very enjoyable 6-day stay in the apartment. Anthony was very prompt in his responses and so we didn't have any issues whatsoever during our stay. Overall, great find for us during our trip to London.”(“我们在公寓里度过了非常愉快的6天。安东尼的反应非常迅速，所以我们在停留期间没有任何问题。总的来说，我们的伦敦之行有很棒的发现。”)

主客互动的重要性验证了服务主导逻辑在旅游和酒店行业的重要价值。

Vargo 和 Lusch(2004)认为顾客是价值的共同创造者，传统的价值创造形式是在企业内部(如酒店设施、装饰、残疾设施、行李和早餐服务)，然后在市场上与顾客交换产品或服务。如今，企业与顾客的价值共同创造越来越受到重视。顾客不再简单地接受企业创造的价值，而是参与企业产品的价值创造，共同分享所创造的价值。在这方面，与传统酒店相比，共享住宿鼓励消费者与房东合作(交流、分享想法、共同组织娱乐活动)。在这个过程中，房东和消费者享受着独特的体验、社会互动和人际关系，这些都是共同创造过程的附加价值。这是共享体验的核心价值，也是共享住宿核心竞争力的核心价值。因此，可以看出，有效的主客互动，特别是主客良好的态度在共同创造价值的过程中起着至关重要的作用，有助于提高消费者的满意度和共享住宿的核心竞争力优势。

4.4 本章小结

4.4.1 研究结论

虽然已有一些研究非常重视对消费者体验或住宿满意度的分析(Möhlmann, 2015; Tussyadiah, 2016; Tussyadiah & Zach, 2017)，但是到目前为止，尚未有研究结合消费者体验和满意度，以探索在共享经济的背景下消费者体验如何影响他们的满意度。鉴于这一研究空白，本章采用数据驱动的文本分析方法，从共享体验的角度探讨了消费者在共享住宿中的满意度。本章发现，影响消费者共享住宿满意度的关键因素包括：公寓设施、居家体验、环境与位置、交通与可达性、房东的友好度(按重要性排序)。根据双因素理论(Herzberg, 1966)，这些因素分别作为保健因素(公寓设施)和激励因素(居家体验和房东态度)在影响顾客满意度方面发挥不同的作用。换句话说，卫生质量差的因素(这里指公寓设施差)会导致顾客满意度的下降，而家的感觉、房东的友好态度等激励因素的存在，会带来较高的顾客满意度。

本章在以下几个方面对现有的研究有所贡献：

首先，本章结合了大数据收集与处理、文本挖掘和统计分析等多种研究方法。基于互联网上的消费者评论数据，即消费者对住宿体验的实时且真实的表达，以数据为驱动，通过回顾数据所反映的信息和模式来分析和解决问题，提供了对数据内部结构(消费者在线评论的旅游体验)的深入理解。

其次,本章有助于我们理解共享经济领域的顾客满意度(Möhlmann, 2015; Owyang, 2015; Sánchez-Franco et al., 2016; Tussyadiah, 2016; Tussyadiah & Zach, 2017; Xiang et al., 2015),从顾客体验的角度展开满意度调查,研究结果确定了顾客在分享和讨论他们与满意度的关系时真正关心的八个因素,进一步的结果显示两组不同的因素分别为保健因素和激励因素。此外,我们还论证了双因素理论在探索共享住宿的顾客满意度的前因方面的有效性。在保健因素方面,调查结果表明产品始终是核心因素,产品质量差会导致顾客满意度下降。如果顾客对保健因素的缺失感到失望,那么他很难对其他方面的体验产生兴趣,也很难有较高的评价。这意味着共享住宿需要改善设施,同时确保顾客能够得到可靠的帮助和及时地解决问题。

最后,在激励因素方面,居家体验、友好的房东态度和良好的主客互动是获得高水平的顾客满意度、忠诚度和良好口碑的重要激励因素。这支持了之前研究的发现,Airbnb 的独特竞争优势是,它为顾客提供与房东互动的机会,并有一个更"本地"的体验(Guttentag, 2013; Liang et al., 2015; Mohlmann, 2015; Tussyadiah, 2016; Tussyadiah & Zach, 2017; Wiles & Crawford, 2017)。因此,本章将双因素理论扩展到共享住宿的消费者满意度方面,丰富了共享经济和旅游研究新兴文献中关于顾客体验和满意度的研究。

4.4.2 局限与展望

和其他许多研究一样,这项研究也有其局限性。首先,由于自我选择的偏好,消费者评论并不能完全反映他们的住宿体验(Xiang et al., 2015),Airbnb 数据似乎也很少有低评分的评论。其次,所选取的样本只涵盖在伦敦的停留时间,在未来研究中,可以探索其他国家和其他地区,从而比较跨文化对消费者体验的影响。此外,未来研究还可以考虑其他变量对顾客满意度的影响。例如,由于价格会影响顾客的决策,人们只会选择和评价自己能够负担得起的地方,学者可以比较不同价格区间里顾客体验和满意度的不同要素。最后,在研究方法上,未来研究可以采取大数据与问卷或访谈等小数据相结合的不同研究方法相组合,从而弥补研究的三角效应。

第五章

共享住宿从城市到乡村：乡村和城市共享住宿消费者体验对比

在乡村振兴背景下，“实施休闲农业和乡村旅游精品工程，发展乡村共享经济等新业态”使得乡村共享住宿这一业态发展迅速。起步较早的城市共享住宿本身具有良好的发展条件，在现代信息技术和网络平台的支撑下，闲置资源利用效率提升，城市共享住宿的运营成本也相应减少，由此得到了更为迅猛的发展。从消费端来看，消费者的住宿需求从低品质转向高品质、从标准化转向个性化、从物质追求转向精神追求，共享住宿正契合了这类需求，受到旅游市场的追捧。城市共享住宿和乡村共享住宿该如何打造更满足市场需求的产品、促进共享经济和住宿的良性发展成为值得关注的现实问题。

为更好地满足市场需求，应从消费者视角去关注其住宿体验，但国内外学者更多聚焦于消费者的住宿动机和行为特征、共享住宿产品及共享住宿的影响作用等，仅有少数学者关注到共享住宿体验，这方面的研究仍有较大的研究空间。尽管乡村共享住宿和城市共享住宿作为同一类住宿产品，具有一些共性特征，但是两者的消费者体验仍存在差异性。这种差异性体现在两个方面：一是城市空间和乡村空间在地理位置上的巨大差异，二是选择城市空间旅行和选择乡村空间旅行的消费者在品味和动机上的差异（李珊珊和林楠，2018），这就导致共享住宿消费者的体验内容和偏好会存在不同。但现有研究仅关注到其中一类共享住宿，鲜有实证研究对比两者的消费者的住宿体验。

综上所述，本章将采用质性分析方法，通过扎根理论方法分析乡村和城市共享住宿消费者的访谈文本数据，探究共享住宿体验的构成维度并对比分析乡村和城市共享住宿体验的差异性，以期弥补乡村和城市共享住宿体验对比研究的不足，丰富共享住宿的理论研究，为共享住宿的产品创新和运营管理提供一定借鉴。

5.1 理论基础

5.1.1 旅游体验

邹统钎和吴丽云(2003)认为随着体验经济时代的到来，消费者旅游是为了获得某种舒畅而独特的体验。从消费者视角来看，旅游景区的中心任务不是单纯提供旅游产品与服务，而是为消费者塑造难以忘怀的旅游体验。樊友猛和谢彦君(2017)从旅游体验的具身性角度指出，这种旅行体验展现了一个混合着感觉、知觉、记忆、想象的认知过程。通过旅游中的身体实践，消费者不仅能够获得自我认知，还能获得社会认知。从情境性角度来看，旅游体验是消费者与其所处情境深度融合时所获得的一种身心一体的畅爽感受，包含了"一种主动的要素与一种被动的要素"。同时，旅游体验是一种心理现象，与当下的旅游情境有关，可能还会改变消费者的心理水平和心理结构。旅游体验也是一种交互过程，体验深度与消费者的融入程度相关。

5.1.2 体验经济理论及在旅游中的应用

现代消费市场已经过渡到体验经济时代，从需求角度看，随着消费者游历经验日益丰富，消费结构日益升级，消费者对旅游产品的需求不再仅限于以景区观光为目的的传统旅游，而是更加注重自身在旅游中参与、亲历活动所产生的体验感。从供给角度看，市场的竞争已经远远超出商品功能本身，已经从产品的层次上升到精神层面，竞争的焦点正围绕客人的体验展开，为客人获得更多样化和细节的体验而努力。

Pine 和 Gilmore(1998)在《体验经济》中根据顾客的参与程度、与活动的联系及环境关系两方面将顾客体验分为四个维度：教育、娱乐、美感、逃避现实。如果纵轴代表顾客的参与程度，其两端分别为消极参与、积极参与，横轴的两端分别代表吸收与沉浸(见图 5-1)。吸收的体验是指消费者接收信息，对其产生注意力的体验，如观看电视节目。沉浸的体验是指消费者沉浸于活动或者环境中，成为场景中的一部分，如网络游戏。

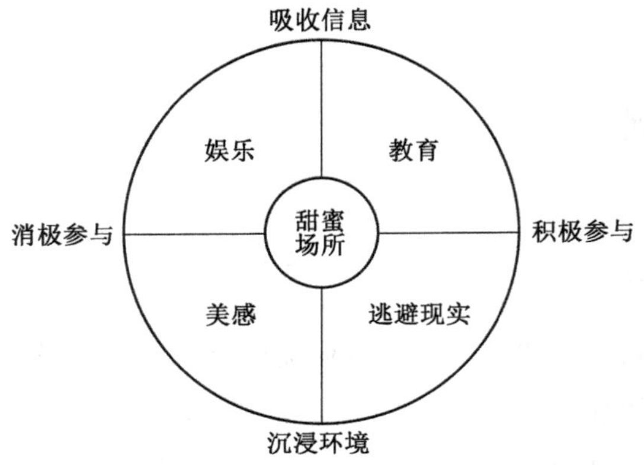

图 5-1　顾客体验类型

资料来源：派恩(Pine)和吉尔摩(Gilmore)，1998

娱乐活动是一种消极参与、接收信息的活动，是最古老的体验形式，也是最主要、最普遍的体验形式之一。教育活动是指消费者可以获得新的知识、技能、技术等，这一类活动需要积极参与，但消费者更多的是接收信息而不是沉浸在环境中。教育体验通常用以下语句来衡量："我学到了……或我明白了……"参与逃避现实活动的消费者，他们更渴望通过旅游活动暂时摆脱自己在生活中扮演的各种角色，逃离他们所处的惯常环境，回避某些价值观和规范的力量，从不同的角度思考他们的生活和社会。逃避现实与教育活动类似，但更多涉及顾客与环境的联系，其特点是高度沉浸和积极参与。一旦减少顾客的积极参与程度，逃避现实的活动就会变成审美性活动。在某些审美性活动中，顾客或参与者沉浸在活动或环境中，但是他们本身并不影响或改变所处环境的性质。审美体验的特点是被动参与和高度沉浸。但通常情况下，参与者的体验是多样化的，参与者在这个区域中会有娱乐、教育、美感、逃避现实等多种体验，这个区域被称为甜蜜场所，也是参与者具体体验的一个空间。

派恩(Pine)和吉尔摩(Gilmore)提出的体验经济理论也被引入旅游研究范围之中，丰富了旅游体验的概念和研究维度。邹统钎和吴丽云(2003)将体验经济理论运用到旅游体验研究，除了审美、娱乐、教育、逃避现实四种类型，还增加了新的维度——移情体验，即消费者把自己置身于他者的位置之上，将自己幻变为想象中的对象，从而实现情感的转移和短暂的自我逃离。Mody 等(2019a)扩展了派恩(Pine)和吉尔摩(Gilmore)的体验经济理论,根据住宿体验的特点增加了四个维度,包括机缘巧合、本地性、互通性和个性化。体验经济理论不仅为旅游理论的丰富提供了新视角,同时还为研究旅游产品的消费者综合体验提供了模型框架,如应用于酒店和餐饮体验(Quadri & Fiore, 2016)、游轮旅游体验(Hosany & Witham, 2010)、民宿住宿体验(Oh et al., 2007)研究中。

5.1.3 共享住宿的消费者体验

共享住宿具有"平台属性、普通人特征、闲置资源的利用以及非标准化"的特征,据此,可以将共享住宿体验定义为消费者自线上与房东进行互动开始,到入住指定房屋,直至住宿结束后的自我感知和对外互动全过程中所形成的感官和心灵感受。共享住宿交易过程大致可以分为前、中、后三个阶段,共享住宿体验也具有阶段性特征。针对三个阶段的研究中,研究主题集中于住宿前的行为差异表现及其影响因素等,住宿中消费者体验感知的集中区域及体验质量的影响因素等,住宿后的满意度以及对行为意愿的影响(陈晓琪, 2018)。

现有的共享住宿体验研究主要关注住宿过程中的体验,国外的研究早于国内,但近一两年国内相关研究也有所增加,研究重点在共享住宿的体验维度和要素,构建相应的体验维度模型。在研究方法上,定性研究方法更为普遍,如 Lyu 等(2019)通过与 Airbnb 住宿者的深度访谈,提出共享住宿的体验要素为安全感、核心服务、社交互动、宾主关系、感官体验、物理效用和本地联系。Xu 等(2019a)人分析 Airbnb 平台的消费者住宿评论,总结出房源特色、房间环境、配套设施、信息真实、交通设施、周边区位、服务态度、主客互动、旅途之家等体验维度。

但现有研究基本只关注到乡村或城市共享住宿体验中的一类,缺乏两者间的对比研究。因此,本章将结合体验经济理论,通过质性研究方法探究乡村和城市共享住宿体验的维度构成,并比较两者间的差异性。

5.2 研究设计

5.2.1 研究方法

质性研究方法适用于探索性问题的研究,以归纳法为形成方式,从现象中架构起理论(陈晓琪,2018)。本章所探索的是乡村和城市共享住宿体验的构成维度以及两者间的不同,适宜采用质性研究方法,因此选取深度访谈和扎根理论两种常用的质性研究方法。深度访谈法是通过直接的、开放式的问答获得消费者体验感知的基本分析资料,为后续的扎根理论分析提供数据支撑。扎根理论分析是以开放的心态在各种原始文本中进行归纳和总结,通过开放性译码、主轴译码和选择性译码三个步骤,从中总结提炼共享住宿体验相关概念和范畴,并进行解析阐释分析,最终形成理论。

5.2.2 数据采集和处理

根据相关文献,确定乡村和城市共享住宿体验的访谈题目,包括访谈对象的个人基本信息,共享住宿体验相关的访谈题目包括:(1)为什么会选择共享住宿?(2)与传统住宿服务相比,您觉得有什么不一样的体验和感受,您更倾向于哪种住宿方式?(3)您入住前、后主要会关注什么内容或地方?一般会使用什么服务?(4)如果别人问您,您这次共享住宿体验怎么样,您会从什么方面或角度衡量或评价您的共享住宿体验呢?(5)您可以跟我分享一次您记忆深刻(最近一次)共享住宿经历吗?还记得有哪些体验因素吗?(6)您觉得乡村共享住宿和城市共享住宿在体验方面有什么不一样的地方吗?在访谈结束前,提出"关于共享住宿体验,您还有什么补充的吗?"这一开放式问题,以进一步丰富访谈内容。

研究者通过滚雪球的方式对19位受访者进行访谈,在访谈了17位受访者时发现已经没有更多的想法和体验要素出现,为确保访谈内容达到真正的饱和,再次对额外2位访谈者进行访谈。为保证样本覆盖全面,选取了特征多样的访谈对象,从入住房型来看,访谈对象包括经常入住单间类型的(主人和客人一起居住或者不同客人一起居住)和入住整套房源类型的;从入住人数来看,包括结伴入住和独自入住的;此外,还涵盖了旅游、约会、独处、拍照等多种入住动机的消费者。

访谈采用面对面聊天或者语音的方式进行,选择一个相对轻松的情境,以保证受访者能够畅所欲言。访谈过程中以原有的访谈文本作为基础,进行半结构式问答,全程没有对受访者进行引导性提问,每次访谈时间控制在15～30分钟之内。访谈结束后,笔者对访谈内容进行1∶1的文字转录,最终形成2.6万字的原始文本资料。利用Nvivo12软件辅助进行扎根理论的开放性编码和主轴编码,并结合体验经济理论对主轴编码内容进行选择性编码。

5.3 研究分析

5.3.1 样本特征分析

将乡村和城市共享住宿受访者基本信息整理为表 5-1、5-2。如表所示，样本年龄层次分布于 17～75 岁之间。根据《中国共享住宿发展报告 2018》显示，18～30 岁的消费者占全部消费者的比例超过 70%，占消费者的绝大多数，这部分人群长期并经常入住共享住宿，具有丰富的体验经历，所以研究样本中 20～30 岁的数量总数最多，达到 11 位，占总体样本的 58%。样本中，男性占 9 名，女性占 10 名。这 19 名受访者都拥有一次或一次以上的乡村和城市共享住宿体验经历。

表 5-1 城市共享住宿受访者基本情况

名称	性别	年龄	入住频率	入住人数	入住时间	入住目的	房源类型
*绍宁	女	52 岁	一年 2～3 次	2～3 人	1～2 天	旅游，休闲，打卡	80%整套、20%单间
*俊杰	男	22 岁	半年 1 次	2 人	1 天	旅游，约会	整套
*太忠	男	75 岁	五年 1 次	5 人以上	2～3 天	旅游	整套
*子竞	男	21 岁	一年 2～3 次	1 人	4～5 天	单人旅行	单间
*崔婷	女	22 岁	半年 1 次	3～5 人	2～3 天	聚会、旅游	整套
*天黎	女	20 岁	半年 1 次	2 人以上	2～3 天	旅游、约会	整套
*想	男	27 岁	半年 1 次	1 人	1 天	约会、出去玩，或者家里住腻了，出去住	单间
*杭	女	23 岁	两个月 1 次	2 人	1 天	外出旅游、约会、拍照、聚会	整套
*军	男	55 岁	一年 2～3 次	2～3 人	1～2 天	旅游	80%整套、20%单间
*向阳	男	50 岁	一年 1～2 次	3 人	1 天	旅游	60%整套、40%单间

（续表）

名称	性别	年龄	入住频率	入住人数	入住时间	入住目的	房源类型
*绍阳	女	49岁	一年2次	3人	1天	旅游	60%整套、40%单间
*卓尔	女	21岁	一个月1～2次	2人	1天	旅游、约会	整套
*钲康	男	22岁	1年2次	4～6人	1天	旅游	90%整套、10%单间
*莹桐	女	22岁	1～2个月1次	2～3人	1～2天	约会、聚会	整套
*新	女	30岁	一年1次	5人	4天	旅游	整套
*牧羊	女	17岁	一年1次	3～4人	1天	旅游	整套
*浩然	男	22岁	两个月1次	2人	1天	外出旅游，约会	整套
*宾逊	男	29岁	五年1次	1人	2～3天	想认识新朋友的时候	单间
*正辉	女	68岁	两年1次	5人以上	2～3天	旅游	整套

表5-2　乡村共享住宿受访者基本信息

名称	性别	年龄	入住频率	入住人数	入住时间	入住目的	房源类型
*绍宁	女	52岁	一年2次	2～3人	1～2天	旅游打卡	80%整套、20%单间
*俊杰	男	22岁	一年1次	4～5人	2天	旅游	整套
*太忠	男	75岁	五年1次	5人以上	2～3天	旅游	整套
*子竞	男	21岁	两到三年1次	4～8人	1～2天	旅游、团建	整套
*崔婷	女	22岁	一年1次	3～5人	2～3天	聚会、旅游	整套
*天黎	女	20岁	一年1次	2人以上	2～3天	旅游	整套
*想	男	27岁	一年1次	3人	1天	旅游	单间
*杭	女	23岁	一年2次	3人	2天	旅游、打卡	整套

（续表）

名称	性别	年龄	入住频率	入住人数	入住时间	入住目的	房源类型
*军	男	55岁	一年2～3次	2～3人	1～2天	旅游	80%整套、20%单间
*向阳	男	50岁	一年1～2次	3人	1天	旅游	60%整套、40%单间
*绍阳	女	49岁	一年1次	3人	7天	旅游	整套
*卓尔	女	21岁	一年1～2次	3人	1天	旅游、约会	整套
*钲康	男	22岁	一年2次	4～6人	1天	旅游	70%整套、30%单间
*莹桐	女	22岁	1～2个月1次	2～3人	1～2天	旅游	50%整套，50%单间
*新	女	30岁	五年1次	5～7人	4天	旅游	整套
*牧羊	女	17岁	五年1次	3～6人	1天	旅游	整套
*浩然	男	22岁	三年1次	3～4人	1天	家庭聚会、旅游	整套
*宾逊	男	29岁	五年1次	1人	2～3天	旅游	单间
*正辉	女	68岁	两年一次	5人以上	2～3天	旅游	整套

5.3.2 扎根理论分析

（1）开放性编码和主轴编码

在开放性编码过程中，需根据原始资料提取概念，不断地将意义相近或相似的概念进行合并，进而缩小范围，直至编码达到饱和为止。城市共享住宿体验中，共提出55个概念，乡村共享住宿体验中，共提出51个概念。根据概念间的关系将同一现象的相关概念发展成一个范畴，乡村和城市共享住宿的体验概念都可以归类于13个体验范畴，分别是订购过程、入住流程、对比体验、地理位置、风格环境、住宿设施、配套体验、对外互动、娱乐活动、景观欣赏、安全顾虑、心灵感悟和居家感体验（见表5-3）。

表 5-3　开放性编码和主轴编码

范畴化	概念化	文本资料示例	
A1 地理位置	B1 环境安静	城市：我们当时住在居民楼里面，晚上就很安静，没有车子的喧嚣声。	乡村：在乡村居住的夜晚除了有一些蝉鸣声，其他都很安静。
	B2 周围交通方便与否	城市：我很在乎这个房子附近公共交通齐全与否，出行方不方便。	乡村：因为我们都是自驾，附近的路通畅吗，能过车吗，这些地方我都会注意。
	B3 距离景点很近	城市：民宿的地点使我们出行非常方便，基本上靠走路就可以到达景点，我们想到的一些景点都隔得不是很远，如果要坐公交车的话，周围的公交车站也是比较方便的	乡村：我们去爱尔兰幕后悬崖乡村民宿，位置很好，就因为它离那个景点很近，开车的话大概五六分钟，为的就是我们第二天一早上去拍什么日出，晚上要去拍什么银河，出行比较方便。
	B4 周围吃购娱方便与否	城市：我比较关注在住所，能点到哪些外卖，还有就是周边的一些设施，楼下有没有便利店，买东西方不方便。	—
A2 订购过程	B5 订购保障	城市：比如说我在平台支付房费的一个相关要求，我们订了后面取消了，不住了，那么这个取消退款的条件是什么。	乡村：比如说我在平台支付房费的一个相关要求，我们订了后面取消了，不住了，那么这个取消退款的条件是什么。
	B6 房屋选择多，房型多	城市：你比如说几个朋友出去的话，比起酒店的话，就更想住这种民宿，因为人比较多，房型你可以自己自由选择。	乡村：可以根据自己的人数，选择住不同的房间。
A3 对比体验	B7 价格合适性价比高	城市：这个价格我们两个人人均才 70 块，就能住到这么不错的房子。	乡村：在泸沽湖旁边订的民宿，虽然很贵，但是感觉到物有所值的。
	B8 价格和体验不成正比，性价比低	城市：我们定了一个高价位的共享住宿，图片看上去很匹配，但是去了发现很破旧，我们就把它退了。	乡村：我们定了一个高价位，图片看上去很匹配，但是去了发现很破旧，我们就把它退了。

（续表）

范畴化	概念化	文本资料示例	
A3 对比体验	B9 前人的评价与实际住宿体验差别	城市：要看他的一些网上的图片，就是别人住过的，上传过的一些图片和评价。	乡村：如果网上好评不多，我一定不会去住的，因为住乡村民宿本来就更担心住宿环境。
	B10 宣传和实物的区别	城市：图片上面看起来房间很大，但是去了发现其实很小，图片都是用视觉错觉拍出来的。	乡村：我们定了一个高价位的共享住宿，图片看上去很匹配，但是去了发现很破旧，我们就把它退了。
A4 对外互动	B11 和本地人沟通	城市：你入住他们自己做的民宿的话，你更能够体会一些他们当地的一些生活，然后还有通过和当地人聊天，更能融入当地的。我们当时去青城山住的那个民宿，每天都跟当地的人在一起。	—
	B12 品尝当地食物	城市：听说长沙的口味虾特别好吃，晚上我们就点了口味虾的外卖吃。	乡村：吃了当地特有的土猪肉和烤鸡。
	B13 体会当地生活方式	—	乡村：可以体验农家生活。
	B14 和朋友一起住的感觉	城市：大家一起做饭一起洗澡，就真实地有和朋友们一起住的感觉。	乡村：我们一晚上都没睡，就在床上一直聊天说话。
	B15 同行人间的互动活动	城市：我们晚上就一起在客厅看电视，聊天什么的。	乡村：大家凑了一桌，就在院子里面打麻将。
	B16 和其他客人的交流沟通	城市：民宿是宿舍那种双人床，我们是上下铺，碰见了就会互相问候一下今天干什么了。	乡村：所以我们在这个过程当中就是也接触到不同的消费者，也有中国人，也有这个别的国家的人，然后中间也有一些交流，比如互相问一下旅行计划。
	B17 房东对突发问题的解决	城市：我们晚上十二点发现没有热水，就发微信给老板，他就马上赶来帮我们查看问题，并且解决了。	乡村：民宿是一栋房子，我们是住在二楼的一个房间里，房屋主人住在三楼，有什么需要直接叫老板就可以，很方便。

（续表）

范畴化	概念化	文本资料示例	
A4 对外互动	B18 房东给予旅游建议	城市：反正房东会给你发很多小提示，比如楼下有什么好吃的、附近的美食广场、到景点怎么走，就会让你感觉很贴心。	乡村：老板是个老板娘，她就有提供一些攻略，就比如说去滑雪，坐直升机，跳伞，那些推荐都是有的。
	B19 房东提供额外住宿帮助	城市：当时我们的身份证掉了，老板还给我们推荐了一个最近的派出所，去办理临时身份证，并且他还自己开车带我们去。	乡村：然后最让我印象深刻的，就是我们的车突然出现故障，然后我们在那儿人生地不熟的，跟那个当地人打电话交流，我们在语言上是有障碍的，女主人很热心地帮我们跟人家打电话交流，然后协助我们把这个事情解决了，而且指导我们到哪去买机油，回来还让她老公一起帮我们换的机油，找维修。
	B20 互送礼物	—	乡村：我们准备了代表我们中国的这种有特色的小礼品，当时我们去了以后我就送了他一个小绣包，他非常喜欢，然后我们把行李一放就出去玩儿了，回来以后我就发现我的床头有一封信，是用粉红色的材质手写的，还有一盒巧克力以此表示感谢我从远万里之外给他带了礼品，他写了整整一篇。
	B21 麻烦主人很多，他依然给我们好评	—	乡村：虽然我们在入住期间麻烦了他们不少，但最后在那个booking上给我们评的是一个好评，是挺难得的。
	B22 主客交流少，自主空间大	城市：我们全程都和房主线上沟通，包括取钥匙，入住退房等等，我们喜欢这种。	乡村：其实我是并不想有人打扰我的旅行，和主人的沟通越少越好。

（续表）

范畴化	概念化	文本资料示例	
A5 风格环境	B23 房间设计布局不科学	城市：房间布局就很奇怪，不知道为什么床对着厕所，感觉晚上还能闻到厕所的味道。	乡村：充电的插头没有在床头，手机只能放很远的地方充电，很不科学。
	B24 房屋外观新旧	城市：我也会在乎房屋外观，太破旧也不行，会顺带让我觉得房子不行。	—
	B25 当地特色的房屋风格	城市：印象最深的是那个房子的房间很特别，因为装修风格，你会爱上这个房子，是很特别的装修，但风格我说不上来，就是整体是那种比较鲜艳的，颜色比较好看，有点像巴洛特风格。	乡村：给我印象最深的就是他的炊烟的气息，房子就是木头做的，和外面的风景融为一体，也比较舒适。当时比较冷，但里面的供暖做得比较好，虽然房子是那种老式的，但是它里面的装修是比较现代的。
	B26 房间风格适合所处年龄层次	城市：我是希望房间干净整洁一些就可以了，因为年龄也大了，年轻人的稀奇古怪的东西不太适合我。	—
	B27 家居住房，装修朴素	城市：因为我住的那些地方民宿的装修一般都不会太好，而且都是他们自己住过之后拿出来的，都没怎么装修的，所以衣柜、床，整体风格都比较朴素。	乡村：我住的房间还贴着房主喜欢的很多年前的选秀海报，作为装饰。
	B28 装修氛围很舒适	城市：灯是暖黄色的，虽然房间很小，但是就显得更加温馨，很舒服。	乡村：他家里都是红木家具，有些年代感了，但是很有英国的味道，整体就很像英剧里演得一样，住在里面觉得很奇妙，氛围也很好。
	B29 装修氛围很压抑	城市：房间里有很多油画，比较诡异的人脸油画，看着着实有点吓人，晚上睡不着觉。	—

（续表）

范畴化	概念化	文本资料示例	
A5 风格环境	B30 装修新奇	城市：我们住的那个房间很大，所以被隔成了两个房间，但是一看就是自己改造的，第一次见这种感觉又很新奇，又很实用。	乡村：突然想到一个我住过一个真的很好看的共享住宿，我还挺喜欢那个，贵是挺贵，但是它消费者体验还不错，他就设计成一个洞穴的样子，整个房间是纯白的那种，像住在洞穴里面一样。
A6 居家感体验	B31 居家的感觉	城市：就感觉房间虽小，但是五脏俱全，像一个小家。	乡村：当时在阳台的秋千上坐着，望着前方的泸沽湖，就觉得又悠闲又自在，我想到老了搬家过来住。
	B32 生活化的设施和用品齐全	城市：他还借给我们电磁炉，然后我们还提出去她的厨房做一顿饭，她也没有拒绝，并且调料、锅、厨具都让我们用。	乡村：房子里面有家里才会有的做饭的工具和调料、洗衣机、投影仪、壁炉，什么都有，一般酒店哪里有这种东西。
	B33 自由度高	城市：我们在里面开 party（聚会），就想干什么干什么，跟酒店不一样，怕打扰到别人。	乡村：他给了我们一间房间，他以这个楼梯为界，我们在这个楼梯的左边，他们一家就在楼梯的右边，就这样分割一下居住空间，反正感觉上就互不干扰，更自由。
A7 配套体验	B34 公共区域公共设施	城市：因为我定的是单间，所以可以使用一些公共设施，有时候可以去公共区域（比如餐厅）坐坐。	乡村：在住的房子前面有个庭院，可以在里面荡秋千，还可以使用它的烧烤工具烧烤，前面的池塘还可以钓鱼。
	B35 停车的地方	城市：当时我们去共享住宿，他没有停车的地方，我们只好把车停在路边。	乡村：我们就把车停在大院子里，院子很大，位子很多。
A8 安全顾虑	B36 人身财产安全问题	城市：比如住在一楼就不是很安全，或者是有针孔摄像头。	乡村：共享住宿房子的居住安全还是我很在乎的，房主或者周围安不安全，毕竟是在国外的乡村，人少国外又不安全。

（续表）

范畴化	概念化	文本资料示例	
A8 安全顾虑	B37 同住者之间隐私度不高	城市：有时要共用一个厕所，就会觉得很不方便。	—
A9 入住流程	B38 入住手续简单，过程方便	城市：跟酒店不一样的是，没那么多啰唆繁琐的过程和事情。	乡村：我们直接开车去，然后入住就行了，因为只可以住一户客人。
	B39 入住钥匙获取	城市：他钥匙就在那附近，你就直接取钥匙，或者他给你一个密码，你就按那个密码，你把钥匙取了就直接进去了，然后走的时候把这个钥匙放在某个信箱里面就可以了。	乡村：主人就在房子那里，到了找他要就可以了。
	B40 寻找入住点困难	城市：可能房间是老旧居民楼里面的，不太好找。	乡村：因为给的经纬度不准确，我们跟着导航走到了别人家。
	B41 住宿过程中要求	城市：有些有声音不能太大的规定，或者不能带狗狗入住，或者现在有些小区不允许有共享住宿，所以你进去不能说你是共享住宿的客人。	—
	B42 离开前需要清洁	城市：有些要求如果你聚会了的话，要收拾一下卫生，不然就要收取卫生费。	乡村：有些要求如果你聚会的话，要收拾一下卫生，不然就要收取卫生费。
	B43 退房要求	城市：一般来说是12点退房，但那房东可能11点就会来提醒你让你赶紧搬出去啊，就很烦啊	乡村：一般来说是12点退房，不能延迟，时间比较死，因为房源不像酒店，比较少，他们要打扫干净卫生，让下一位住进来。
A10 景观欣赏	B44 欣赏网红夜景	城市：我们定的那个房子本来就是网红房，听说有最优质的360度江景景观。	乡村：我们定的星空房，直接躺在床上看星空。
	B45 自然景观	—	乡村：周围都崇山峻岭的，不远处还有小瀑布，这感觉很接近自然。

（续表）

范畴化	概念化	文本资料示例	
A10 景观欣赏	B46 人文景观	城市：看着楼下车水马龙，人来人往的场景，我感觉自己在这个城市很渺小。	—
A11 心灵感悟	B47 怀旧情绪	—	乡村：体验乡村的生活，会想到自己曾经在乡村生活的经历。
	B48 每个房间都是独一无二的，惊喜感	城市：每个房间都是独一无二的，每次一进去其实都会有惊喜感。	乡村：因为图片只有一部分，或者没有更新，所以你的预期也不一定是准确的，可能会很惊喜也可能会很惊吓。
	B49 非标准化，开盲盒的体验	城市：都是非标准化的服务，而且入住期间会发生什么都不知道，特别是有其他住客一起住的情况，会有开盲盒的体验感。	乡村：都是非标准化的服务，会有开盲盒的体验
	B50 获得心灵的沉静	城市：只有我和我男朋友两个人在这么一个生活化可以睡觉的地方，没有其他人，没有其他的纷纷扰扰，感觉安静又幸福。	乡村：能够让人体会到一种宁静飘逸的一种感觉，心灵被洗涤得清爽。
	B51 群体生活的包裹感	城市：因为平时朋友不是太多，所以这也是一个和别人一起住的机会，可以了解他们的故事，作为我的写作素材。并且这样感觉有一种群体生活的包裹感，没有那么孤单。	—
A12 娱乐活动	B52 房间里拍照	城市：房间里装饰很好看，有些有很多拍摄小道具，就可以在房间里面拍照。	乡村：外面有专门的给消费者拍照的地方，出片率极高，也可以很好地欣赏美景。
	B53 房间里喝酒	城市：两个人晚上看着电影，喝点小酒。	乡村：大家一群人，晚上回来了就在客厅围坐着，聊天喝酒。
	B54 自己动手的晚餐	城市：我们先在超市买了菜，然后就在厨房用锅煮了火锅，好香好好吃。	乡村：我们一家人还在池塘边钓鱼，钓了鱼就可以晚上自己煮着吃了。

（续表）

范畴化	概念化	文本资料示例	
A13 住宿设施	B55 现代化高科技产品使用	城市：比如有些有浴缸，或者智能设备，小度什么的，还可以放催眠曲。	—
	B56 用品很干净卫生	城市：整个房间都很干净，东西摆放也很整齐，洗漱用品都是品牌。	乡村：很干净，每天都有人来换床单被套。
	B57 住宿基础设施齐全	城市：洗手间内除毛巾、牙膏、洗发水、沐浴露等基本东西，还有护肤品，居然连卷发棒都有，还有备用的枕头和被子。	乡村：里面有很多可以睡觉的地方，比如沙发，弹簧床。洗漱用品和床上用品都是完全充足的。
	B58 住宿物品位置摆放	城市：洗漱用品，这些东西摆在哪里都不知道，都是我们自己找的，他没有提前跟我们说，我们也懒得问，就自己直接找了，还好找到了。	乡村：基本摆放都是家里摆放的那些地方，很好找，找不到也可以马上咨询店家。
	B59 准备了应急包	—	乡村：入住体验真的很好，很干净，我们三天每天都有人来换床单被套和水果。房间里面还有急救包和小型呼吸机，很贴心。
	B60 床铺质量	城市：床是有特色的水床，但是很不舒服，第二天起来腰酸背痛。	乡村：床特别大，而且很软，我们当时睡得很好。

（2）体验要素解析及城乡对比

1）地理位置

地理位置是消费者对共享住宿所处环境及周边环境的体验。乡村和城市本身具有较大的地理差异性，消费者在此方面的体验差异也较为明显。乡村环境通常比较清幽，而城市环境相对比较嘈杂，共享住宿体验者对此更敏感。相对于乡村共享住宿而言，城市共享住宿周边的基础设施、商业设施等更成熟完善，能给消费者带来便捷的体验。距离景点的远近程度对于乡村和城市共享住宿的吸引力都很重要，以旅游观光为主要动机的消费者会根据景点位置来考虑共享住宿的选择。

2）订购过程

共享住宿体验是指消费者自线上与房东进行互动开始，到入住指定房屋，直至住宿结束后的自我感知和对外互动全过程中所形成的感官和心灵感受，所以订购过程也是共享住宿的体验之一。订购过程主要包括：消费者在共享住宿平台根据自身需求浏览和选择房屋，与房东进行线上沟通，以及在平台订购获得相应保障和服务等一系列的体验。互联网技术的进步和共享住宿平台的兴起实现了订购操作的便捷化，房东与消费者的实时沟通能更好地满足消费者的需求，提供个性化的服务，建立起良好的主客互动关系。这对于没有入住过共享住宿的人来说是一种新奇的体验。城市共享住宿和乡村共享住宿体验在这一方面没有太大的差异。

3）对比体验

对比体验是消费者将期望和真实体验对比并形成反差时拥有的一种心理状态。这种对比体验从消费者入住共享住宿那一刻就会产生，一直持续到完成退房。在这个过程中，消费者会将平台上的房源宣传、消费者的体验评价、与价格相符的服务期待与自己真实体验到的产品和服务进行对比。这种对比后的感知会影响消费者后续的住宿体验以及满意度，如"我们订了一个高价位的共享住宿，图片看上去很对我们口味，但是去了发现很破旧，完全不一样，当天晚上我们都很失望"，可以看出这种对比体验会对满意度造成影响，也侧面说明线上宣传的真实程度的重要性。总体来看，城市共享住宿和乡村共享住宿体验在这一方面没有太大的差异。

4）对外互动

对外互动是消费者入住共享住宿过程中与他人沟通接触后形成的体验，包括主客互动、客客互动、同伴互动、客人和当地人互动四种。主客互动是最基本的对外互动形式，入住帮助是必不可少的，而房主以当地人的身份为消费者提供更多的出游建议和帮助，则会进一步加深与消费者的情感连接，如"房东会给你发很多小提示，比如楼下有什么好吃的、附近的美食广场、到景点怎么走，就会让你感觉很贴心"。但也有部分消费者不希望和房主有过多的交流和接触。客客互动多发生于入住单间房源的消费者中，他们和其他客人同住在一个区域内，在住宿过程中的接触互动为他们提供了一个良好的交流机会。同伴互动是指同行客人在入住期间所产生的互动，以约会、拍照、聚会为目的的消费者更在意与同伴增进情感互动。客人和当地人的互动一般是入住时间较长的消费者花时间与当地人沟通交流，深入了解当地的风土人情，如“你入住他们自己做的民宿的话，你更能够体会一些他们当地的一些生活，然后通过和当地人聊天，更能融入当地的。我们当时去青城山住的那个民宿，每天都跟当地的人在一起”。对于乡村和城市共享住宿而言，主客互动是都具备的，其他三种互动类型受到房源类型、入住动机、消费者个性特征等因素影响，但在乡村和城市共享住宿体验对比中没有较大差异。

5）风格环境

风格环境是指消费者接近并进入房源，消费者通过欣赏房间的外观、内部设计和布局、装修风格和装饰产品，并评价屋内和屋外整体风格环境而产生的一种体验。精心布置的风格环境会让消费者产生美观、干净、豪华、新奇、舒适、自由自在、和谐等积极评价，而房间设计不合理、与消费者年龄层次不符、风格怪异等问题则会让消费者产生拥挤、恐怖、氛围压抑等消极评价。值得注意的是，房屋保持干净卫生，即使只是简约朴素的室内设计也可能会让消费者产生家一般的亲切感。对比乡村和城市共享住宿的风格环境，乡村共享住宿在房屋的外观风格，以及房屋和自然环境的融合程度会给消费者带来独特的体验，如“他就设计成一个洞穴的样子，整个房间是纯白的那种，像住在洞穴里面一样”，“给我印象最深的就是房子整体的炊烟的气息，房子就是木头做的，和外面的自然风景融为一体，也比较舒适。当时比较冷，但里面的供暖做得比较好，虽然房子是那种老式的，但里面的装修是比较现代的”。由于环境限制，城市共享住宿的设计创意更多体现在室内装修风格，主题更具多元性。城市共享住宿体验和乡村共享住宿体验在这一方面有一定的差异。

6）居家感体验

居家感体验是消费者入住过程中产生的家的感觉。这种家的感觉是共享住宿区别于酒店的一个突出特征和亮点，主要表现为家居生活设施设备、家庭式的装修风格和设计，以及高自由度的居住感受等。洗衣机、厨房、投影仪等日常生活需要的设施设备是酒店房间基本不会提供的，而共享住宿则可以满足消费者“短暂异地生活”的需求。多数共享住宿是房主利用自用住房改装再进行出租的，在装修设计上以家庭式风格为主，类似于一般家庭的传统设计，因此会使消费者产生居家般的体验。共享住宿为消费者提供了一个较为私密的、独立的空间，他们“在里面开 party（聚会），想干什么干什么，跟酒店不一样，不用怕打扰到别人”，这种自由放松的感觉也是居家感体验的重要来源。乡村和城市共享住宿消费者都可能会产生居家感体验。

7）配套体验

配套体验是客人使用共享住宿配套设施而产生的体验。配套设施指房主为消费者提供的订购房源之外的一些公共区域或公共设施，是共享住宿的个性化服务。并不是所有的共享住宿都提供配套设施，但拥有配套设施通常会给消费者带来良好的体验。对于入住整套房的消费者而言，公共区域包括额外供客人进行娱乐休闲的区域，如“在住的房子前面有个庭院，可以在里面荡秋千，还可以使用它的烧烤工具烧烤，前面的池塘还可以钓鱼”。但对于入住单间房源的消费者来说，公共区域还可能包括客厅或者厨房，一些公共区域也为入住的消费者们提供了沟通交流的机会，丰富他们的住宿体验。相对于城市共享住宿而言，乡村共享住宿本身具有房屋面积大的优势，基本都有额外的配套设施，而一般入住乡村共享住宿的消费者都会参与相关的配套活动，这可能是最吸引消费者的亮点。在提及入住乡村共享住宿的原因和体验时，多数消费者都会提到钓鱼、采摘、烧烤、农家乐等配套活动。传统的乡村消费者甚至只是为了品尝当地美食和欣赏乡村景观，入住共享住宿成为一种选择性的行为。

8）安全顾虑

安全顾虑是指消费者在入住共享住宿时所产生的对人身、财产，以及隐私等多方面的担忧。这会影响消费者的房源选择，谨慎考虑房间类型、房屋位置和周边环境等因素。单间类型的共享住宿多为公共厨房和卫生间，更容易产生隐私问题，因此消费者对隐私安全的顾虑较多。乡村和城市共享住宿消费者都有安全顾虑方面的体验，但在乡村共享住宿体验中更为明显，因为乡村人口密度低，治安管理较为薄弱，危机事件反应速度相对较慢。此外，乡村环境的陌生感也会给来自城市的消费者增加不安和紧张情绪。在这一方面，城市共享住宿体验与乡村共享住宿体验差异不大。

9）入住流程

入住流程指消费者从确定共享住宿房源，成功入住，以及完成退房的所有前期和后期手续的体验。消费者经历的是共享住宿的常规流程体验，不同于酒店，共享住宿入住手续简单，流程便捷。城市共享住宿退房要求较严格，房主强制12点退房、提前催促等行为会使消费者体验不佳。总体而言，城市共享住宿和乡村共享住宿体验在这一方面没有太大的差异。

10）景观欣赏

景观欣赏是消费者在入住共享住宿时欣赏人文景观和自然景观所获得的视觉审美体验。城市共享住宿的消费者大多会欣赏到夜景、车流、人群等人文景观，而乡村共享住宿的消费者则主要欣赏山水、星云等自然景观，并且更容易与自然环境产生亲密接触和互动行为。放松身心和亲近自然也是乡村共享住宿消费者的主要目的之一，因此景观欣赏也成为其住宿体验的重要组成部分。景观会因所处位置而具有较大差异，因此乡村和城市共享住宿消费者体验也存在一定差异。

11）心灵感悟

心灵感悟是指消费者在住宿过程中产生的情感、感悟和思考。共享住宿的室内环境和服务都是非标准化的，会给消费者带来独特和新奇的感受，个体的体验感知也会存在较大差异。相对于城市共享住宿，乡村共享住宿能让消费者产生怀旧感，入住乡村共享住宿和体验乡村生活会让他们想到自己曾经的农村生活经历。为了回味当时的美好回忆，他们还会参与传统农家活动、增加与家人的互动、品尝旧时食物、参观老式物件和建筑等。此外，乡村共享住宿消费者还提到宁静、飘逸、放松等心灵感悟，对于他们而言，获得闲适放松的心境也是重要体验目的之一。还有消费者提到“群体生活的包裹感”的体验感受，“因为平时朋友不是太多，所以这也是一个和别人一起住的机会，可以了解他们的故事，作为我的写作素材。并且这样感觉有一种群体生活的包裹感，没有那么孤单”。当代人在快节奏生活中常产生孤独感，而共享住宿在某种程度上是为消费者提供了社交接触的机会，让人可以暂时摆脱孤独情绪。城市共享住宿体验与乡村共享住宿体验在这一方面有一定的差异。

12）娱乐活动

娱乐活动体验指消费者在住宿过程中参与休闲娱乐性活动所获得的体验。一些非观光游览目的的消费者大多会积极参与此类活动，如烹饪、看电影、拍照、聚餐等，入住共享住宿代表着一种娱乐休闲方式。共享住宿房间提供了一个新式的生活和娱乐空间，让具有不同动机的消费者在这个空间内获得多样化的休闲娱乐体验。无论是城市还是乡村共享住宿的消费者，他们在这方面的体验没有太大差别。

13）住宿设施

住宿设施是消费者在入住过程中，保障其舒适住宿体验而享受到的最基本的设施和服务。对于以基本住宿为目的的消费者来说，住宿设施的好坏是他们对住宿过程最基础也是最核心的评价标准。除了基础住宿设施齐全、质量合格以外，运用现代化高科技产品和精心准备个性化的设施用品能让消费者获得超出预期的惊喜感和舒适体验，如"房间里面还有急救包和小型呼吸机，很贴心"比如有些有浴缸，或者智能设备，小度什么的，还可以放催眠曲。在这一方面，城市共享住宿体验和乡村共享住宿体验没有太大差异。

（3）选择性编码

1）基础性体验

在13个体验维度中，订购过程、入住流程、对比体验、地理位置、住宿设施、安全顾虑归属于基础性体验（见图5-2），是共享住宿体验中的基础，强调的是消费者在住宿过程中都会体验到的常规性内容。基础性体验包括了入住的基本流程和服务，以及对共享住宿基本产品的感知。在这部分体验中，更关注的是消费者所享受的服务，以及服务结果质量和实用性，满足消费者的最基本需求。消费者的基础性体验主要是对共享住宿产品的认知思考和客观评价，较少有情感涉入（陈晓琪，2018）。

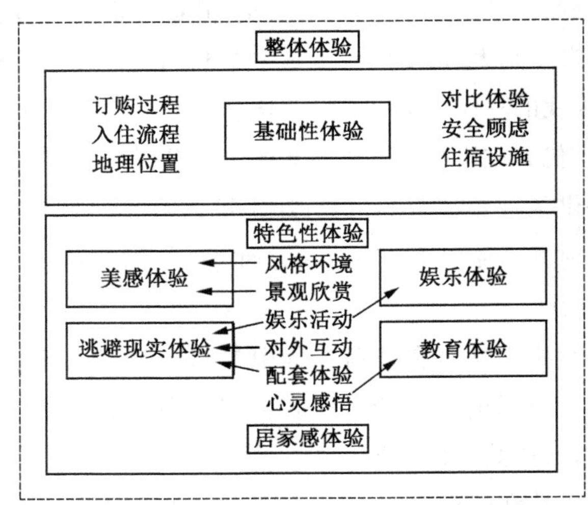

图5-2　共享住宿体验维度模型

（图源：根据编码数据自绘）

2）特色性体验

特色性体验是消费者在住宿过程中除住宿本身之外拥有的非常规化、特色性体验，这不仅与共享住宿相对于传统住宿的个性化特征所对应，同时这种特色也体现在不同共享住宿之间、共享住宿的城乡区别之中。

特色性体验是消费者参与共享住宿和提高积极评价的一个刺激因素，能够影响消费者的审美、情感、情绪认知，所以此部分一些体验可以嵌套进体验经济理论框架下，因为体验经济理论的提出正是顺应了消费者多元化和个性化的需求趋势。将体验内容进行更细致的划分，这也体现了共享住宿的特色性体验带给消费者的体验维度的扩展。体验经济理论包括娱乐、美感、逃避现实、教育四个方面，而共享住宿空间正是一个集娱乐、美感、逃避现实、教育体验为一体的空间，消费者可以从中获得多种体验。

风格环境和景观欣赏是典型的美感体验。消费者沉浸在共享住宿的环境之中，但他们本身或者自身行为并不影响或改变所处环境的性质，并且他们能够从中获得美感的享受，从而达到身心愉悦和放松的状态。消费者欣赏房屋风格和周围景观等可以被称为共享住宿的美感体验。

配套体验、对外互动和部分娱乐活动属于逃避现实体验，是消费者在住宿过程中积极参与活动获得的沉浸式体验。消费者在城市或乡村参与配套体验和部分娱乐活动时，远离日常环境，全身心投入其中，更容易进入沉浸忘我的状态。在对外互动体验中，无论是同伴互动、客客互动还是主客互动都发生于共享住宿这个新的、非日常的空间中，并且消费者在互动过程中会有积极的信息接收和信息输出，整个过程也保持着注意力高度集中的沉浸状态。

但也有部娱乐活动属于娱乐体验，比如看投影、看书等，这些体验活动会使消费者高频率地接收信息，容易产生注意力疲劳。

心灵感悟属于教育体验，住宿过程中消费者与外界环境交互、接触新事物，获得新的感悟思考和情绪体验，最终实现自我内心的满足与心理状态的更新。此外，消费者在与房主或当地人互动的过程中，通过观察当地人的生活方式和状态，也能从中获得新知和启发。

基础性体验和特色性体验共同组成了消费者的整体共享住宿体验。其中基础性体验是支柱，特色性体验是核心。基础性体验是每位消费者都具有的，是其他体验的基础和前提。如果消费者对基础性体验的满意度不高，那么可能会导致他们对整体体验具有负面评价，也会影响到特色性体验。特色性体验来自共享住宿产品的个性化特点，可能是消费者体验的主要动机或者只是次要的伴随性目的，但消费者具有良好的特色性体验就会促成积极评价的产生。在特色性体验内容中，共享住宿的娱乐、美感、逃避现实和教育体验等独特优势才能充分体现出来，更契合体验经济时代消费者的需求，形成不同于传统住宿的产品特色。

5.4 本章小结

5.4.1 结论

本章采用质性分析方法，通过扎根理论方法分析乡村和城市共享住宿消费者的访谈文本，探究共享住宿体验的构成维度并对比乡村和城市共享住宿消费者体验的差异性，得出如下结论：

乡村和城市共享住宿的体验要素共包括 13 个维度，分别是订购过程、入住流程、对比体验、地理位置、风格环境、住宿设施、配套体验、对外互动、娱乐活动、景观欣赏、安全顾虑、心灵感悟和居家感体验。这些体验维度可进一步划分为基础性体验和特色性体验两部分，它们共同构成了共享住宿的整体体验。订购过程、入住流程、对比体验、地理位置、住宿设施、安全顾虑属于基础性体验，风格环境、配套体验、对外互动、娱乐活动、景观欣赏、心灵感悟、居家感体验属于特色性体验。根据 Pine 和 Gilmore(1998)提出的体验经济理论框架，美感体验包括风格环境和景观欣赏，逃避现实体验包括配套体验、对外互动和部分娱乐活动（如烧烤等），也有娱乐活动（如看投影等）属于娱乐体验，而教育体验包括心灵感悟。

乡村和城市共享住宿体验在心灵感悟、地理位置、风格环境、配套体验、景观欣赏、安全顾虑等方面表现出不同。乡村共享住宿消费者体现出心灵感悟上的怀旧感，他们看重房屋的外观风格以及房屋和自然环境的融合程度，更加积极地融入当地生活，其主要目的是品尝当地美食，欣赏当地景观，而住宿只是一种选择性的行为。他们喜欢欣赏乡村共享住宿周边的自然景观，更容易与自然环境产生交互的行为和活动，偶尔也会有安全方面的顾虑。而城市共享住宿消费者体验则包括出行便利和吃购娱便利，房屋内部设计的创新性，城市人文景观及夜景的欣赏。

5.4.2 讨论与启示

乡村和城市共享住宿存在较大差异，而既往研究缺乏从乡村和城市两个视角关注共享住宿，本章具体探讨了乡村和城市共享住宿的消费者体验维度以及两者间的差异，可以为后续研究提供一定理论借鉴。随着共享住宿的发展和消费市场的细分，深入探究乡村和城市共享住宿体验的差异性是必要的。本章还将体验经济理论应用于共享住宿体验领域，在以往的研究中，陈伟(2015)、Xu(2019a)等就将马斯洛需求层次理论和双因素理论拓展至体验研究中。为深化共享住宿体验的理论研究，可将管理学、市场营销学等领域的理论引入其中，以发掘更全面的视角和划分维度。

从共享住宿体验维度的分析和对比中，可以得出以下经营管理启示：

(1)消费者对共享住宿产品的感知体验不再仅仅局限于对产品特征和服务质量的理性认知，还融入了审美体验和情感流露(陈晓琪，2018)。因此，共享住宿房主不仅要提供完善的设施设备，还应在此基础上提供更具个性化的服务，通过主题风格的营造、配套设施的准备等满足消费者的审美、情感需求。

(2)乡村和城市共享住宿具有不同的特征，因此在运营管理过程中应注重因地制宜、突出优势，结合良好的地理位置、景观特色或配套活动等形成共享住宿的差异化产品亮点，进行精准营销。

5.4.3 局限与展望

虽然本章对乡村和城市共享住宿体验进行了有益的探索，但也存在以下不足：(1)利用扎根理论方法分析共享住宿体验可能会受研究者的认知影响，研究结论具有一定局限性。未来可将共享住宿体验维度用于定量研究，将其与消费者的满意度、行为意愿等变量结合，验证体验维度的合理性。(2)乡村和城市共享住宿体验受到消费者住宿动机、住宿时长、社会文化差异等多种因素影响，难以确定两者间的体验差异是由何种因素造成的，未来可就这一问题进行更为细致深入的实证研究。

第六章

共享住宿空间格局与城市发展：基于中国多城市的案例比较

6.1 理论框架与方法

6.1.1 理论框架：城市区位论

在众多的 Airbnb 空间研究中，大部分文章主要借鉴了集聚论、区位论和地理学第一定律等地理学理论。在这些理论之中，区位理论是包括地理学和服务业在内的各产业空间布局中最为经典的理论之一。杜能(Thunen)、韦伯(Weber)、克里斯塔勒(Christaller)和廖什(Losch)先后开创了农业区位论、工业区位论和商业区位论。将区位理论与其他区域经济学说结合，诞生了新的演化模式，在企业、制造业、服务业等空间研究中衍生出了一系列补充的空间区位模式。贝利(Belly)、加里逊(Garrison)、哈里森(Harrison)、普雷德(Pred)等为代表的一批计量学派地理学家进行了大量统计分析，并在此基础上验证和发展了区位理论，此外中心地理论的提出也与区位理论密切相关。这些都成为现代城市地理学和经济地理学的重要源流。

在企业组织的空间扩展中，因接触扩散和等级扩散两种不同形式而形成的区位模型，在酒店中亦存在(李飞，2010)。通过对比市区和郊区的土地利用因素，分别从局部和全局的视角看，城市内部不同区域的住宿受到不同的关联指标影响(Fang et al., 2019)，空间格局固有的“空间”问题，其特征表现为一组地理坐标和空间相互作用。在中国，结合独特的经济体制和规划需求，诞生了一些新的应用区位模型，并在旅游地理学和经济地理学中都获得了广泛的应用。其中就包括适用于城市规划的点—轴发展模式、增长极模式、核心边缘模式、网格模式、圈层模式等，以及针对酒店和度假区研究的多中心发展模式、一体化发展模式、集聚发展模式、环城游憩带模式等。

6.1.2 理论框架：酒店区位论

目前学术界对于城市酒店区位的研究理论与实证并重。Yang 等（2014）回顾了大量酒店的空间模式的文献，提出了理论化的酒店位置模型、实证的酒店位置模型和操作模型，并比较了这几种模型之间的异同，他的研究是目前酒店区位研究中比较成熟的理论。在他的研究中归纳出了四种经典的理论模型：历史旅游城市模型（THC Model）、单中心城市模型（Mono-centric Model）、集聚模型和多维模型，这四种模型是对于酒店在城市或区域内的四种不同分布形态的假设。四种模式诞生在不同的时期，同时也针对不同的地理环境、分布特征进行了强调，四者属于平行存在而不是互相替代的关系，在某些特定的案例中得到了证实。在这四种模型中，历史旅游城市模型论和单中心城市模型论是最为普遍的酒店区位模型。历史旅游城市模型（THC Model）主要强调酒店在城市中与城市功能区的布局相关性，而不是分布形态。

阿什沃思（Ashworth）和坦布里奇（Tunbridge）于 1990 年提出了历史旅游城市模型（THC Model），认为酒店主要在 CBD 和城市老城区附近建设，酒店在新城区与老城区均有密集分布（Ashworth，1989），在这两个区域存在着明显的酒店档次区别。这个研究一开始是以欧洲中型旅游城市作为样本的实证研究，研究揭示了传统城门区域、火车站/引道区域、主要道路带、风景带、过渡带、高速公路和机场运输转换的城市外围区域，以及新 CBD 区位附近不同类型酒店密集存在的特点。与此同时，在雅加达、吉隆坡、厦门、耶路撒冷的研究也证实了这个假设。在中国，Yang 等（2012）以北京为案例观察了城市内部酒店分布的影响因素，补充了开发区等极具中国特色的城市区域也对酒店的地理集聚存在影响的观点。

单中心城市模型（MCM Model）源于除野（Yokeno），伊根（Egan）和尼尔德（Nield）对布达佩斯的研究，主要适用于有一个明确市中心（downtown）区域的城市。理论强调酒店区布局在 CBD 和商业区两个圈层之间的空间层次结构（spatial hierarchy），由于竞租能力的差异，豪华酒店、经济型酒店 A、商务型酒店、经济型酒店B将依次定位于同心圆城市的中心区、中心边缘、郊区和城市边缘。Noam(2006)在Yokeno(1968)的基础上，类比冯·图宁(Von Thunen)的农业土地利用模式，提出了城市内部的酒店"中心—边缘"的分布喜好，通过构建平均房价(Average Room Rate，ARR)的模型对住宿业的空间分布模式进行了实证研究。此外，单中心城市模型理论与历史旅游城市模型论可能是共同存在的。早年对于北京、上海、深圳的高星级酒店的研究也证实了这个假设。共享住宿研究也初步表明，Airbnb上的房源往往集中在市中心和热门旅游景点附近，这与酒店形成了激烈的竞争(Boros et al.，2018)。

此外，还有集聚模型理论(Agglomeration Model)和多维模型理论(Multi-dimensional Model)。这两种模型反映了集群内酒店的资源优势和需求优势，在一些典型的旅游城市，譬如香港(Li et al.，2015)得到了广泛的证实与应用，是具有实践价值的酒店分布假说。但因涉及酒店的布局因素的地理维度、价格维度、规模维度和服务维度，在数据的验证上可能存在难度，因此相比于前两种模型涉及的实证案例较少。

综上所述，每一种模型都对城市中酒店的形成条件和客观特征作出了几条假设，在THC模型中包含对于酒店在城市功能区中的邻近性和不同价位的酒店布局在城市中功能区差异的假设。而在MCM模型中则意味着住宿分布存在一个集聚中心，价位存在一个"贵—便宜—稍贵—便宜"的同心圆圈层。共享住宿与酒店的设施特色高度类似，在共享住宿的区位研究中，我们同样可以利用这些酒店区位的典型假设，在数量和质量都已发展较为成熟的地区，借鉴酒店区位理论进行研究。而中国的许多城市正符合迅速发展的Airbnb与城市建设特征，在Airbnb的地理空间和属性大数据的基础上，利用地理空间分析(geospatial analysis，GIS)的空间分析手段可以对典型城市的Airbnb区位研究进行验证。

6.1.3 研究设计

本章使用结构主义整体观思路与空间分析结合的研究方法来验证酒店模型假设对Airbnb的适用性，通过前述对于四个模型的文献综述，可以发现四种空间模型假说侧重于描述住宿点位在城市中的不同侧面，包含了价格、区位、环境、评论等不同变量。因此使用了不同的属性数据列表并使用了差异化的GIS空间分析工具，构建了针对每个模型的假设，然后分别用合适的GIS分析方法以呈现理论的不同分析图示。

结构主义认为，整体对于部分来说具有逻辑上优先的重要性，它们处于确定的关系之中，这个关系就是这个“状态”的结构。结构主义的方法论强调事物的共识性与整体性，尤其是在城市地理学和城市规划中出现的新马克思主义方法论。在城市社会空间分析、资本引起的城市重构、不平衡发展的经济地理学，以及居住地社会地理学中，结构主义的分析有利于我们认识共享住宿出现的机理和它与更为宏观层面地理事物的相互作用。

6.2 不同城市的共享住宿特征概述

6.2.1 住宿业的头部城市以及它们在国家中的地位

根据 Luo 和 Yang(2016)关于全中国层面酒店分布的分析，长三角城市群、珠三角城市群和京津冀城市群是中国传统住宿行业的聚集对象。这些地区之所以承载了如此多的住宿行业，不仅是因为三个地区共有的高人口密度，而且还得益于它们巨大的经济总量和较高的流动性。在 21 世纪初，这些地区成为改革开放的最前沿而获得了优先的发展资源，不仅如此，他们占据了国家外贸和商务总量的近半数之多。但进入 Web3.0 时代，传统的三大城市群面临了土地成本上涨以及劳动力挤兑等诸多问题，越来越多的制造业开始迁移到内陆地区，一些省份纷纷开启了“强省会战略”促进了内陆大城市的诞生。这些城市之中，包含了在 2010 年至 2020 年间依据《中华人民共和国城乡规划法》被列入“国家中心城市”的郑州、武汉、西安、成都、重庆等大城市。同时像美国等国家，追求消遣的居民在不断地追寻着“阳光地带”，根据“携程旅行网”和“去哪儿旅行网”(中国两个主要的旅行预订网站)的数据，位于南方的丽江、海口、三亚、厦门等城市成为一年四季住宿预订的热门城市，在北方一些“候鸟式”的迁徙的居民会在每年的冬春之交到达这些度假目的地，伴随的不仅是巨大的客流和城市日新月异的建设，当然也有高昂的本地房价。

正如传统酒店业一般，Airbnb 在诞生之初率先在中国的大城市群核心城市、国家中心城市和度假城市落地生根。同时，这些城市不仅是共享住宿的受益者，也是率先享受新国家政策的受益者。例如，这些城市中的大部分建有自由贸易试验区，都相继被确定为国家综合交通枢纽和区域交通枢纽。即使是那些人口不是特别多但具有景观特色的旅游小城市，例如丽江被选为“智慧城市”和“现代服务业”改革的代表，并拥有联通国际的机场和快速铁路。自2015年起，国家在宏观政策层面鼓励共享经济发展，推动共享经济在旅游、住宿领域的深化，并相继出台促进消费升级、绿色消费、旅游民宿行业标准等指导意见，明确国家鼓励共享住宿的发展。毫无疑问，面临着高房价、内需疲软和住房供求紧张的社会问题，共享住宿在这些城市中承担着重要的社会任务，缓解因规模集聚而带来的“城市病”。

6.2.2 中国共享住宿的发展与案例城市

中国的共享住宿业开始于2011年，在Airbnb正式入驻中国市场之前，其他住宿业是在对Airbnb的模仿中发展起来的，但发展过程举步维艰，长期存在各利益相关者之间存在信任壁垒和法律监管不到位等问题(凌超和张赞，2014)，大部分目的在于试图借鉴Airbnb的成功经验解决共享住宿实践中产生的问题(王运昌和杨柳，2017；赵春芳，2016)。2015年，Airbnb正式入驻中国市场，开始两年，Airbnb进入国内市场囿于“水土不服”的困境(肖岳，2015)，原因可能在于Airbnb的服务无法完全融入中国文化(Qiu et al.，2020)。但受到经常出国旅行的人群的影响，Airbnb很快就成为了最受中国年轻人欢迎的预订民宿的网站之一(Bie et al.，2018)，随着共享经济的发展，越来越多的人接受这种非正式、长期的住宿形式(Qiu et al.，2020)。

2017年到2019年，中国共享住宿发展一直处于上升态势，疫情前交易额和参与人数的年增长率在50%左右。即使在疫情后，市场需求也呈现快速反弹的趋势，主要平台的交易额、订单量和接待人次在2020年5月后实现了有效恢复，同城游、近郊游和省内游率先恢复。2019年，中国共享住宿市场规模约225亿元，参与共享住宿人数达到2亿人次，融资达1.5亿元(国家信息中心，2018)。不久后，中国政府支持发展共享住宿、文化旅游等新兴商业模式创新，2020年7月“共享住宿”首次写入政府文件，国家发展和改革委员会(简称：发改委)等13部门共同发布《关于支持新业态新模式健康发展激活消费市场带动扩大就业的意见》。近年来，城镇老旧小区改造和中国新型城镇化的实施为共享住宿行业提供了新的动力，在中国的共享住宿行业整合步伐加快，行业长期发展态势良好，与此同时也存在诸多的不确定因素。根据国家信息中心的大数据统计，2019 年房源量排名前十的城市有北京、上海、成都、广州、三亚、重庆、厦门、杭州、西安和青岛；间夜量排名前十的城市有北京、成都、重庆、上海、广州、厦门、三亚、西安、丽江和杭州；订单量排名前十的城市有北京、成都、广州、杭州、上海、丽江、三亚、西安、重庆和厦门。这些城市既包括了国家内的中心类城市，也包括了旅游城市和门户城市。

自 2015 年 Airbnb 正式入驻以来，中国因其庞大的市场规模和流动人口需求成为了 Airbnb 重点布局和营销的全球市场。Airbnb 公司在中国进行了大量本土化改革，不仅为中国设立了多项专项基金，推出了经济补偿计划，同时与民宿联盟合作，推出了《Airbnb 房东安全经营指南》和《突发公共卫生事件的安全防护》等防护指南，并针对乡村、基层等不同房源提供了有效的民宿服务质量引导。

因此，结合国家信息中心的共享住宿房源、间夜、订单数据，中国传统住宿业热点城市的研究成果，以及 Airbnb 在中国的市场策略，选取了北京、天津、上海、广州、深圳、南京、苏州、无锡、重庆、成都、武汉、郑州、三亚、海口、丽江、杭州、西安、厦门等 18 个城市作为中国 Airbnb 空间分布模型研究的样本案例(表 6-1)。这些城市都属于共享住宿蓬勃发展且数量较多的城市，具备房源多，客户入住率高且为传统酒店业热点城市这三大特征，具有一定的多样性，因此可以认为这些研究案例具有典型性。

表 6-1　样本城市

城市	城区人口 (million)	城市地位— GaWC 2020	经济区位	城市性质
北京	19.0	Alpha+	京津冀	首都，国家中心城市
天津	11.7	Beta	京津冀	北方最大海港，国家中心城市
上海	24.3	Alpha+	长三角	经济中心，国家中心城市
南京	6.4	Beta	长三角	长三角核心城市之一
苏州	3.0	Gamma+	长三角	长三角核心城市之一
无锡	2.4	Sufficiency	长三角	长三角核心城市之一
杭州	4.2	Beta	长三角	长三角核心城市之一

（续表）

城市	城区人口(million)	城市地位—GaWC 2020	经济区位	城市性质
厦门	2.4	Beta—		国际度假城市
郑州	4.2	Beta—		国家中心城市
武汉	6.1	Beta—		国家中心城市
广州	7.2	Alpha—	珠三角	国家中心城市
深圳	13.4	Alpha—	珠三角	经济副中心，珠三角核心城市
海口	1.3	Gamma		国际度假城市
三亚	0.3	—		国际度假城市
重庆	12.1	Beta	成渝	国家中心城市
成都	7.6	Beta+	成渝	国家中心城市
丽江	0.2	—		国际度假城市
西安	6.4	Beta—		国家中心城市

资料来源：根据数据分析整理

注：由全球化与世界城市研究网络(Globalization and World Cities Research Network，GaWC)编制的《世界城市名册 2020》(GaWC 2020)将世界城市分为 Alpha(一线城市)、Beta(二线城市)、Beta—(二线弱城市)、Gamma+(三线强城市)、Gamma(三线城市)、Gamma—(三线弱城市)

6.2.3　18 个城市 Airbnb 的样本统计特征

(1) 数据收集

以 Airbnb 网站为数据来源。Airbnb 平台相较于其他相似平台，其更加强调房源提供者的身份认定，多数房源来自个人，更加具有行业代表性。利用网络爬虫程序爬取 18 个城市的网络数据，收集了自 2015 年 Airbnb 在中国开办以来直到 2020 年的 18 个城市的 Airbnb 房源位置及其属性数据，数据截止时间为 2020 年 7 月。数据维度包括名称(Name)、价格(Price)、经纬度(Lat)、房东注册时间(member_since)等信息。其中，海口、南京、上海的数据有所缺损，缺少注册时间等少数字段。在完成数据收集后对所有数据进行清洗。首先对数据进行坐标纠偏，然后剔除地理坐标相同的点以及实际位置未在城市行政边界内部的点。其中所有城市的样本概括见表 6-2。

表 6-2　样本城市共享住宿统计概括

城市	Airbnb 数量/个	首开年份	平均分数
北京	18 226	2010 年 8 月	4.77
天津	4 875	2011 年 3 月	4.80
上海	15 985	2010 年 7 月	4.76
南京	3 512	2013 年 3 月	—
苏州	5 892	2011 年 10 月	4.82
无锡	2 072	2013 年 5 月	4.82
杭州	8 716	2011 年 3 月	4.81
厦门	4 969	2011 年 6 月	4.80
郑州	2 146	2014 年 4 月	4.78
武汉	7 284	2013 年 7 月	4.81
广州	12 417	2011 年 3 月	4.75
深圳	9 274	2012 年 5 月	4.72
海口	1 452	2013 年 9 月	—
三亚	2 907	2011 年 4 月	—
重庆	10 016	2009 年 12 月	4.83
成都	12 227	2012 年 5 月	4.82
丽江	6 300	2011 年 4 月	—
西安	7 697	2012 年 5 月	4.85

注：1）部分房东注册时间可能早于 Airbnb 平台在国内的上线时间
　　2）平均值仅计算有平均值打分的项目
资料来源：根据 Airbnb 提供数据整理

（2）数量和质量特征总体概括

从 18 个城市数据库中计算出的以城市作为整体的模式，揭示了它们之间的共性和一些重要的差异（表 6-3）。三种常见共性如下：

● 在除丽江、三亚和海口外的 15 个城市中，整栋房屋和整套公寓的上市占据主导地位，除厦门外，均在 60%～85%之间，与美国的主要城市类似（Wegmann & Jiao，2017）。

● 超级房东在这些城市都发挥着巨大的作用。

● 在这 18 个城市中，2～4 人的整体公寓房源占了 Airbnb 的很大一部分。在其他两个指标上，这些城市之间存在着巨大的差异。

● 这些城市 Airbnb 的平均单位房价与城市内的中档甚至中高档酒店类似，并且在三亚发生了巨大的价格溢出。

● 与美国相比，很多城市的供给远远低于美国同类城市，杭州、苏州、广州和成都的比例则与芝加哥类似（Wegmann & Jiao，2017），但在丽江发生了巨大的供给溢出。

下面将通过空间特征和同城市的关系更详细地讨论这些城市的模式异同。

表 6-3　样本城市共享住宿城市间的计算比较

	房源总数	每 100 000 居民的房源数量(2020)	整套房源占比	Airbnb(间/套)平均单位面积房价/元	超级房东占比
北京	18 226	83.3	64%	505	37%
天津	4 875	35.2	81%	408	45%
上海	15 985	65.8	81%	452	—
南京	3 512	48.8	66%	301	39%
苏州	5 892	152.2	60%	506	43%
无锡	2 072	75.4	64%	472	38%
杭州	8 716	129.0	64%	438	42%
厦门	4 969	181.9	53%	365	44%
郑州	2 146	39.1	82%	280	36%
武汉	7 284	79.5	79%	325	41%
广州	12 417	126.0	77%	406	41%
深圳	9 274	69.0	64%	462	32%
海口	1 452	74.1	—	416	—
三亚	2 907	458.5	—	1 575	—
重庆	10 016	38.5	77%	313	47%
成都	12 227	136.5	79%	289	46%

（续表）

	房源总数	每 100 000 居民的房源数量(2020)	整套房源占比	Airbnb(间/套)平均单位面积房价/元	超级房东占比
丽江	6 300	3 913.0	—	437	—
西安	7 697	84.6	84%	272	48%

资料来源：根据 Airbnb 提供数据分析整理

6.2.4 18 个城市 Airbnb 的样本空间特征

通过 GIS 空间分析观察城市内共享住宿的空间特征。可以发现，大部分城市的共享住宿在主城区、卫星城和郊县地区均有分布。因为中国地级市为代表的行政区划形式，城市一般不仅仅指城市建成区，还包括郊区和部分与城市机能关联度不深的城镇，具有广域市的概念，因此，后面的空间分析将主要把城市的主城区及邻近卫星城纳入分析，这个尺度大约在大城市市中心的 20 km 周围地区，以及中等城市市中心的 5～10 km 周围地区（图 6-1）。

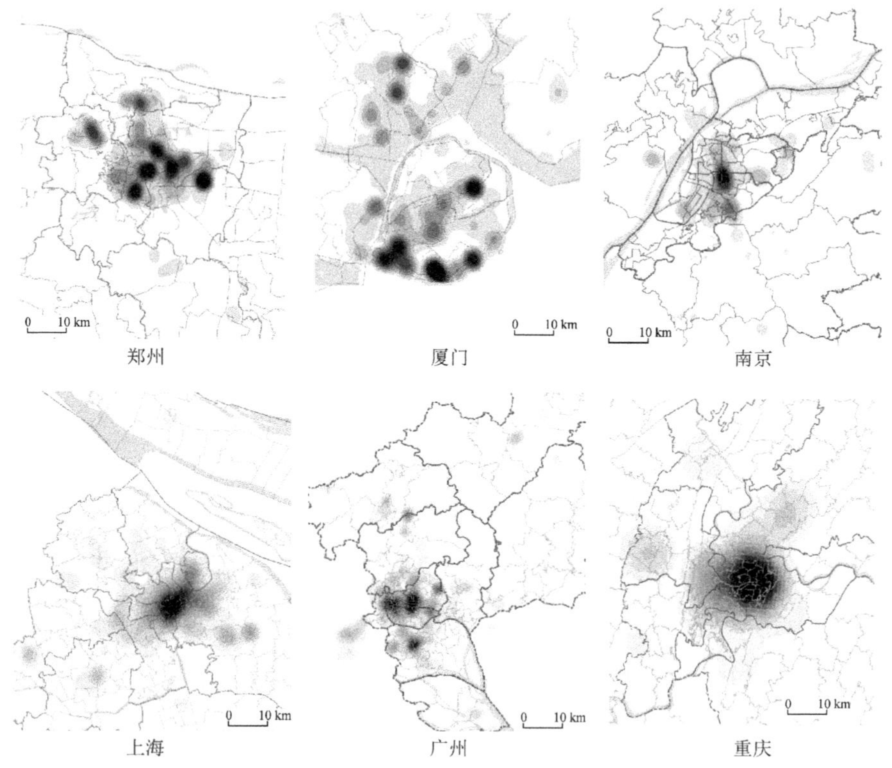

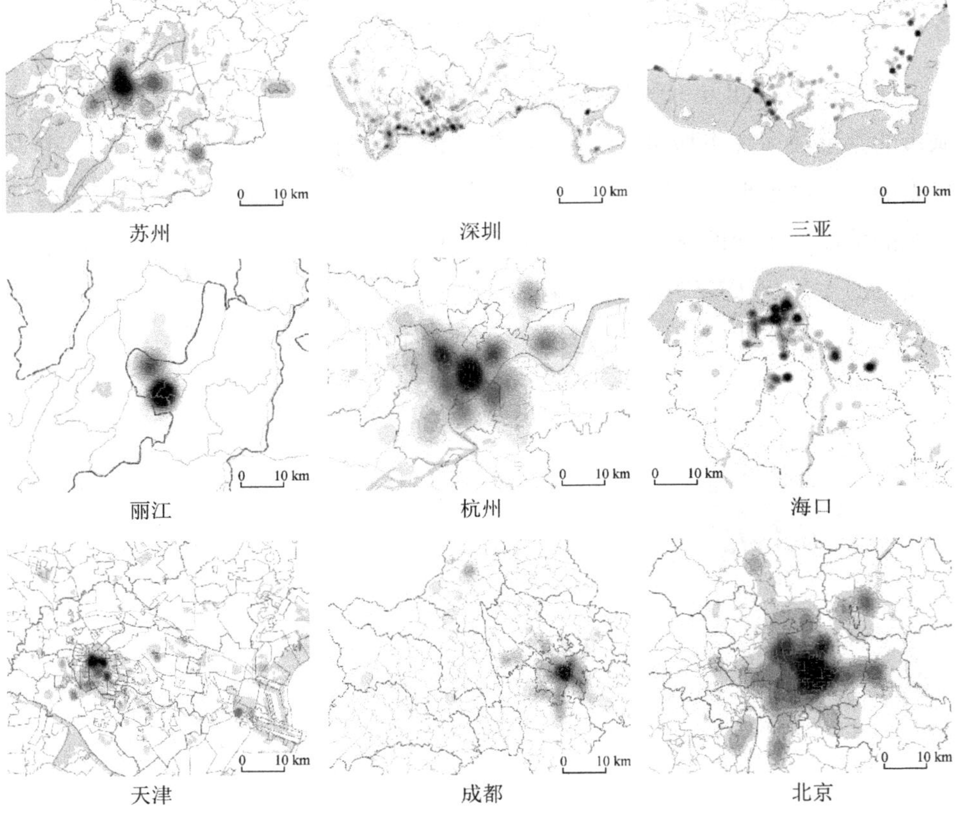

图 6-1　18 个城市 Airbnb 空间分布密度

（图源：作者自绘）

通过核密度分析发现，不同城市的 Airbnb 城市内部分布呈现出在不同尺度上的集聚特征，通过平均最邻近指数的测算也证明了这一事实（表 6-4）。进一步分析发现，18 个城市可以归为三种具体的集聚模式，分别为“单中心集聚型”“多中心集聚型”和“一主多副型”。

表 6-4　样本城市平均最邻近指数测算

城市	最邻近比率	Z 得分	p	结论
北京	0.201	−205.525	0.000	聚类模式
天津	0.170	−107.908	0.000	聚类模式
上海	0.223	−188.025	0.000	聚类模式
南京	0.164	−86.436	0.000	聚类模式
苏州	0.138	−126.629	0.000	聚类模式
无锡	0.204	−69.292	0.000	聚类模式
杭州	0.153	−151.324	0.000	聚类模式
厦门	0.219	−105.207	0.000	聚类模式
郑州	0.177	−72.896	0.000	聚类模式
武汉	0.190	−132.205	0.000	聚类模式
广州	0.193	−169.200	0.000	聚类模式
深圳	0.244	−139.074	0.000	聚类模式
海口	0.129	−63.475	0.000	聚类模式
三亚	0.044	−98.599	0.000	聚类模式
重庆	0.099	−169.738	0.000	聚类模式
成都	0.151	−179.484	0.000	聚类模式
丽江	0.044	−145.089	0.000	聚类模式
西安	0.234	−127.602	0.000	聚类模式

资料来源：根据核密度分析整理

成都、北京、上海、重庆是明显的单中心集聚型城市，存在一个明显的集聚中心，且这个集聚中心呈现“中心—外围”扩散的趋势，集聚中心往往较大，范围半径达到 5～8 km，可覆盖到传统的历史城区及新城区。

杭州、武汉是典型的“一主多副”型集聚城市，存在一个明显的集聚中心和若干个副中心，其中集聚中心与市中心重合，集聚中心的半径要远远小于单中心集聚型，一般只有 2～3 km。

广州、丽江、深圳、西安则是多中心集聚性城市，存在两个或多个集聚中心，但其中一个与传统市中心重合，另外的集聚中心可能沿新城区分布，也可能沿城市发展中心呈线状分布。

从简单的空间聚类和归纳可以看出，尽管 18 个城市都是共享住宿发展较为突出且城市地位较高的城市，但是在共享住宿空间演化和分布的经验观察中也呈现了不同的分布模式，这种分布模式与城市的规划、发展与建设密不可分。接下来，将通过更为微观和区域化的观察，同时引入酒店区位理论模型，来观测共享住宿空间集聚现象与城市发展间的关系。

6.3 案例研究：共享住宿与城市热点区域

6.3.1 基于历史旅游城市模型的共享住宿空间

历史旅游城市模型（THC Model）中表明，传统的"历史—旅游"城市的形成过程中伴随着部分传统CBD的向外迁移，原始城市的一部分形成了历史城区，出现的新的旅游城市则各占据了CBD和历史城区的一部分。因此，在THC模型中强调随着时间变化带来的城市服务业区域的二次转移，而这种转移的背后意味着酒店住宿业作为最为灵活的旅游服务要素占据城市区位的敏感地带。THC模型适用于以较长时间的尺度考察酒店与城市的关系，而对于共享住宿这类仅仅存在十几年历史的服务业形式来说，相较于时间的维度，THC模型中的空间因素能给我们研究这一产品区位带来新的思路，因此根据THC的研究，提出共享住宿的区位假设，并把这个假设组命名为THC-SA：

假设1-1：共享住宿在城市中是集聚分布的

假设1-2：共享住宿在新城区与历史城区均有分布

假设1-3：共享住宿主要分布在核心景区周边、交通枢纽区域、商务区等关键城市功能区

使用全局莫兰指数（Global Moran's I）分析探究假设1-1中提出的各城市集聚情况，全局莫兰指数是度量空间相关性的一个重要指标，一般来说，全局莫兰指数Z分数为正号，且通过显著性检验，则表示有正相关，即样本存在集聚分布。在ArcGIS模块中有判断这一指数的相关分析工具。将各个城市的规划功能区块与城市中每个Airbnb点位做叠置分析，以验证假设1-2。值得注意的是，更改后的THC-SA的"历史城市"是一个相对概念，在高速发展中的中国，"Historic Cities（历史名城）"可以理解为城市的历史城区。在18个样本城市中，即使像深圳这种城市也有一定规模的历史城区（例如在20世纪80年代起开发的罗湖区），因此可以通过统计分析来盘点Airbnb在各个城市功能区中的分布格局。假设1-3旨在探讨Airbnb与其他设施的局部空间关系，因此通过以

街道为特征的全局莫兰指数，探究与每个城市的历史街道、交通枢纽街道、观光街道和商务区街道等关键城市功能区的关系。这些城市中均存在文献中表述的核心景区、主要商务区和火车站、机场等交通枢纽地带。图 6-2 展示了基于街道的全局莫兰指数的聚集结果，表 6-5 展示了这些街道的具体热点功能区块。

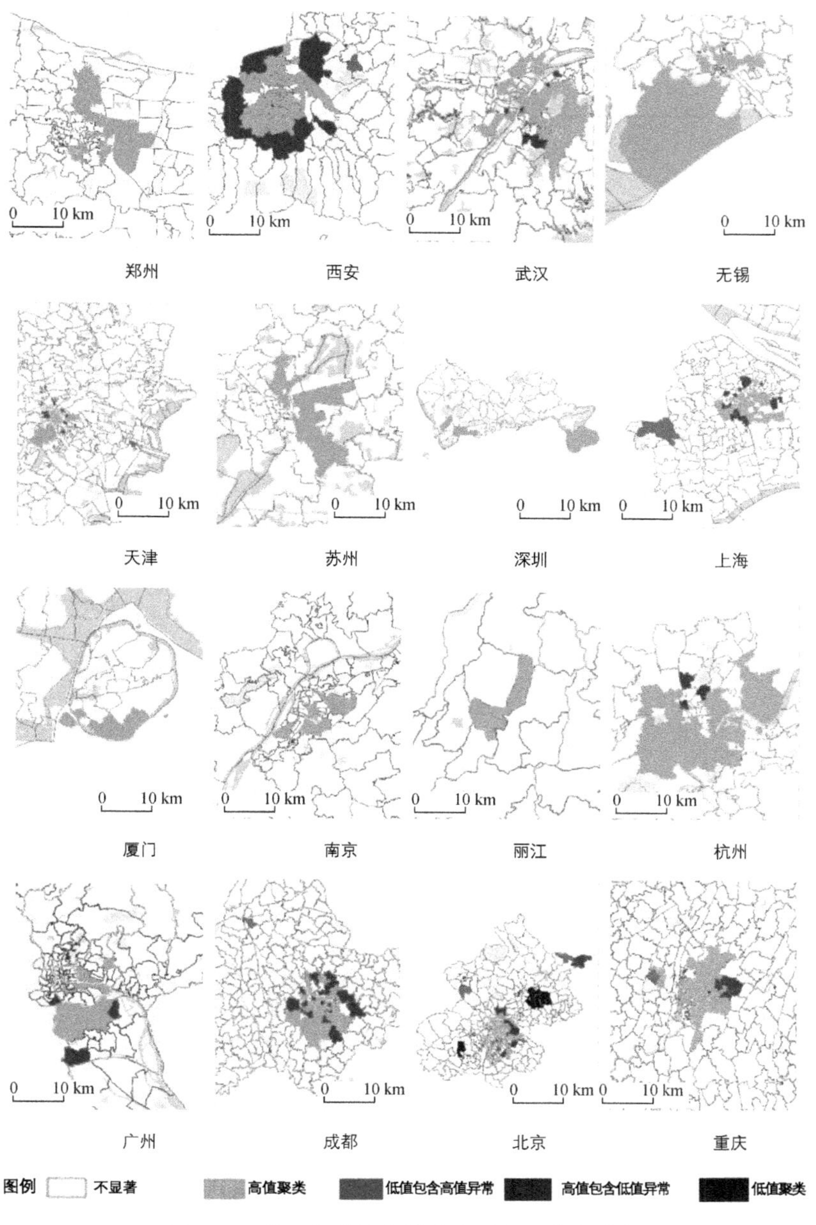

图 6-2 基于街道的各城市全局莫兰指数分析

（图源：作者自绘）

表 6-5 基于 THC 模型的共享住宿城市热点区域

城市	历史城区	新 CBD	其他城市功能区	结论
北京	东城区	朝阳区、中关村、望京	通州、首都机场、天通苑、亦庄、顺义、大兴	假设 1-2、1-3 成立
天津	天津古城、金街	小白楼、滨海新区	意式风情街—天津站、八里台、曹庄、小南河、滨海机场、天津欢乐谷	假设 1-2、1-3 成立
上海	黄浦—静安—徐汇—普陀—长宁	陆家嘴	五角场、松江大学城、上海火车站、虹桥、迪士尼、川沙、嘉定新城、南翔、安亭	假设 1-2、1-3 成立
南京	新街口—夫子庙	建邺、江浦	南京南站、紫金山南、玄武湖、仙林	假设 1-2、1-3 成立
苏州	苏州古城	金鸡湖两岸	高新区、同里、周庄、木渎、苏州北站、花桥	假设 1-2、1-3 成立
无锡	梁溪区	滨湖万达	灵山、长广溪、融创城、招商城	假设 1-2、1-3 成立
杭州	上城区、下城区、西湖周边	滨江区	杭州文教区、西湖北岸、杭州东站、龙井、中医药大学、良渚、临平、下沙高教园	假设 1-2、1-3 成立
厦门	中山路、鼓浪屿、厦门港	海沧	湖里区、曾厝垵、椰风寨、厦门北站、厦门大学城、杏林、集美、西柯	假设 1-2、1-3 部分成立
郑州	二七广场	金水路—中央商务区	京广路、陇海西路、瑞达路大学城、熙地港、惠济新城、郑州东站	假设 1-2、1-3 部分成立
武汉	汉口、武昌老城	街道口—中南路、光谷广场	汉口火车站、珞喻路沿线、徐东、硚口、沌口、汉口北、武汉站、后湖、东湖梨园	假设 1-2、1-3 成立
广州	越秀、荔湾、海珠	天河新城	佛山城区、广州东站、广州塔、三元里、神州路、万胜围、长隆、广州南站、白云机场、花都区、科学城	假设 1-2、1-3 成立

（续表）

城市	历史城区	新 CBD	其他城市功能区	结论
深圳	罗湖	福田	地铁 1 号线沿线、地铁 2 号线沿线、地铁 3 号线沿线、盐田、龙华、深圳北站、深圳东站、五和、深圳机场	假设 1-2、1-3 部分成立
海口	新港、龙华路	迎宾大道两侧、秀英港、海口万达	美群路、海甸岛、观澜湖度假区、美兰机场、灵山镇	假设 1-2、1-3 部分成立
三亚	解放路、港门村	海棠湾免税城	三亚湾、天涯海角、凤凰机场、南新、亚龙湾	假设 1-2、1-3 成立
重庆	解放碑周围	江北区	渝北区、南岸区、重庆大学城、江北机场、北碚	假设 1-2、1-3 成立
成都	天府广场周围 3 km	天府新城	新都区、温江、天府大道两侧、双流、成都东站、电子科大、犀浦	假设 1-2、1-3 成立
丽江	丽江古城、束河古镇、白沙镇		—	假设 1-2、1-3 部分成立
西安	明清古城区	龙首原、小寨	高新区、长安大学城、临潼、地铁 2 号线沿线、西安北站、延兴门、三桥、半坡—纺织城	假设 1-2、1-3 成立

资料来源：根据全局莫兰指数分析整理

6.3.2 共享住宿热点区域：在中国分布的四个趋势

进一步分析表明，共享住宿的热点区域基本符合 THC 模型的规律，即在许多城市中表现出了历史区域和城市内新区域的集聚分布模式，这在国外许多的共享住宿研究中也是突出特征。同时，中国这些重点城市的 Airbnb 也呈现出不同于国外的、与中国当代城市发展密切相关的特征，资本和土地功能导致不同城市的影响程度有所差异。总体说来，具有趋向高铁和快速交通、趋向大学城、趋向开发区和国家级新区，以及趋向大型居住社区和商业综合体分布的 4 种趋势。

(1) 趋势 1：高铁和快速交通

18 个城市中，15 个都表现出了高铁和快速交通的发展对共享住宿产生的显著影响，这些趋势包括高铁站附近以及高铁站附近社区、航空港新城，以及城郊轨道交通站点沿线的“高—高”集聚。这些具有集聚效应的交通综合体打破了城市发展的距离逾限，在距离城市中心 20～30 km 的远郊地区开辟了新的建设用地，说明了共享型商业对这些交通模式的快速渗入。针对高铁车站而言，近 10 年内设计、建造并投入使用的广州南站、郑州东站、上海虹桥站等周边区域的共享住宿趋向分布的现象是其典型。而针对轨道交通而言，深圳和成都的地铁站沿线布局更为突出。

(2) 趋势 2：大学城

在中国，年轻人群体是最早接受、传播并使用共享住宿这一新鲜事物的群体之一。由于相对而言更加保守的伦理交流模式，中国共享住宿的发展与西方有很大的社会背景差异，因此也在一定程度上造成了许多认可和信任困难的问题。而在中国近 20 余年的发展中，高等教育迅速扩张，传统的教育基础设施受到城市的土地压力，因此在众多大中型城市形成了许多远离城市核心区的“大学城”，然而这些大学城周边商业基础设施的建设往往跟不上大学城本身的投入使用水平，由此拓展了众多供新型商业发展的空间。共享住宿在最近 10 年间抓住了这一机遇，在各城市的大学城“安家落户”，这其中包括北京中关村、上海松江大学城、广州番禺大学城、杭州下沙大学城、武汉光谷大学城、成都温江大学城附近的集聚分布。

(3) 趋势 3：开发区和国家级新区

1992 年之后，以高新技术开发区，国家级经济技术开发区为代表的众多中国特色的“城市新区”如雨后春笋一般在全国各大城市扩展。1992 年，浦东新区成为第一个“国家级新区”，不仅在经济意义上，而且在行政意义上被赋予了开发区新的使命，在此之后，滨海新区、重庆两江新区、广州南沙新区等 19 个国家级新区应运而生。在 18 个案例城市中，共有上海浦东新区、天津滨海新区、重庆两江新区、西咸新区、广州南沙新区、成都天府新区、南京江北新区 7 个国家级新区，而在这些新区中，有 3 个新区表现出了强集聚倾向即上海、天津、成都，西安和广州则表现出了弱集聚倾向。此外，在一些城市的经济技术开发区也因城市的扩张和经济动能发生了共享住宿的集聚。

(4) 趋势 4：大型居住社区和商业综合体

在特大城市中，大型居住社区的发展拓展了城市的面积，在城市近郊区，更促使了传统人口从城市市中心区域的商务区向外围的移动。以万达、吾悦、银泰等为代表的城市综合商业体加剧了大型居住社区在其周围的布局，这种现象在特大型城市中愈发凸显。例如，北京的天通苑、望京居住区，杭州的滨江区等大型居住社区和商业群体。而在更小的城市中，往往一个商业综合体就可能带动区域内共享住宿的集聚发展，例如无锡的滨湖万达、融创城和招商城附近的共享住宿的集聚。

6.3.3 基于单中心城市模型的分布空间差异对比

根据单中心城市模型的研究，提出共享住宿的区位假设(MC-SA)：

假设 2-1：共享住宿分布的城市中存在一个集聚中心

假设 2-2：不同价位的共享住宿在城市中存在一个“贵—便宜—稍贵—便宜”的同心圆圈层

MC 模型通过引入同心圆城市模型探究城市内不同住宿价格与数量的关系。通过以街道为特征的局部莫兰指数和核密度分析探究假设 2-1，并观察集聚中心与市中心是否契合。以市中心为原点创建多环缓冲区，并使用空间统计的方法，使用“点距离＋频数统计”的方式探究假设 2-2 中共享住宿价格与空间的关系。以上研究均通过 ArcGIS 软件完成。

通过分析 18 个城市中的 10 个典型城市的同心圆圈层模式的统计频数与价格特征(图 6-3)，可以发现北京、成都、广州、上海、深圳、杭州、武汉、西安这 8 个城市出现了从市中心向外围共享住宿数量“先增后减”式的频数分布情形，市中心不是传统的共享住宿空间集聚区域，距离市中心 2～5 km 的城区恰恰是共享住宿的密集分布区，而重庆和丽江则呈现了依次递减的分布情形。此外，大部分城市在远离市中心的某个范围内往往会出现一个共享住宿集聚的小规模波动，例如距离北京市中心 15 km 范围外，距离成都市中心 12 km 范围外，深圳是出现这种波动最为明显的城市。这一现象的产生与城市外围卫星城的发展密切相关，也在一定程度上印证了上节中提到的 4 个共享住宿在中国发展的新趋势，往往城市郊区的居住社区、开发区、大学城和快速交通组团就在这一距离范围之内。同时，也表明了传统的主题乐园式的景区开发对共享住宿的影响，例如上海的迪士尼乐园和广州的长隆欢乐世界。

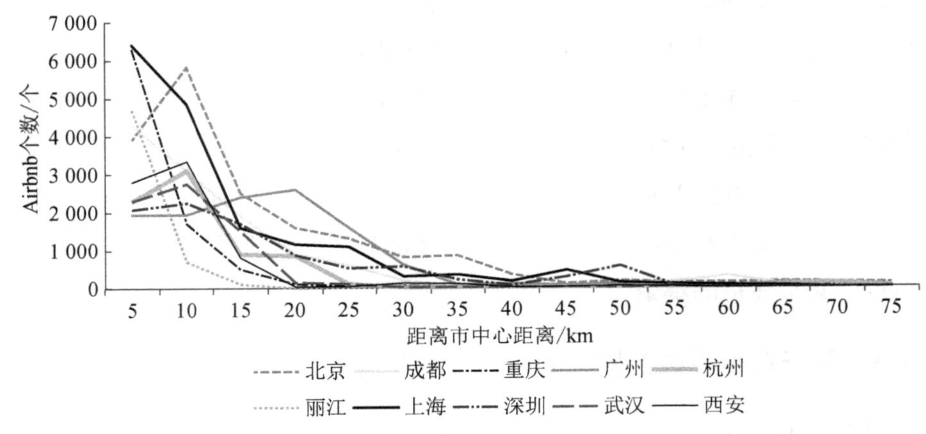

图 6-3　10 个典型城市的同心圆圈层模式频数统计

（图源：作者自绘）

通过单中心城市理论的住宿业空间分布模型假设验证，表明除了丽江和重庆，大部分城市同心圆数量距离市中心先增后减，而不是依次递减，广州、深圳还出现了多个数量高峰。因此，假设 2-1 共享住宿分布的城市中存在一个集聚中心，这一原生于酒店产业区位理论的假设在共享住宿中也依旧成立，同时也发现了不同于酒店的“共享住宿市中心逆空心化”这一更有趣的现象。

而假设 2-2 不同价位的共享住宿在城市中存在一个“贵—便宜—稍贵—便宜”的同心圆圈层，涉及更为复杂的共享住宿价格区位因素，本书将在后续章节通过更为具体的案例分析来详细讨论这一现象的产生和影响。

6.4　本章小结

本章借用较为成熟的区位理论，即历史旅游城市模型、单中心城市模型、集聚模型等理论，提出了变更部分条件以适用于共享住宿的 THC-SA、MC-SA 模型，并将此模型应用于 18 个中国城市内部共享住宿空间与城市发展关系的探讨。共享住宿的选址和规划的问题是近年来酒店管理和旅游地理等领域十分关注的问题，利用区位理论探究共享住宿的空间选择有利于在更大的尺度上了解共享住宿的布局逻辑以及其对城市本身的影响。与传统酒店相比，共享住宿的布局更具有灵活性、城市适应性和便利性，且入住消费者需求、消费者行为的影响对这种形式的住宿业影响更为巨大(Shoval, 2006)。

通过多城市的案例比较发现：

(1) 不同城市的房源特征类似，整栋房屋和整套公寓占据主导地位。城市内 Airbnb 的平均单位房价与当地中档甚至高档酒店类似，并且城市之间房价的差异性巨大，苏州、无锡、三亚、丽江的 Airbnb 价格远远高于本地酒店平均房价，国内很多城市的人均供给量则远远低于美国的同类城市。

(2) 在不同规模、不同定位的城市中，共享住宿的空间布局几乎无一例外地表现出了集聚分布的特征，但这种集聚效应在不同规模的城市中反映了集聚尺度(数百米到几公里)之间的差异，以及不同城市集聚形态之间的区别，因此存在单核心集聚与“中心—外围”的扩散相配合、“一主多副”型集聚与多中心与线性扩散的配合等多种不同的典型集聚模式。这些模式也与城市的基础设施建设和交通、居住组团的演化密切相关。

(3) 共享住宿的热点区域伴随着城市的建设与开发而扩展，除了 Ashworth 和 Tunbridge(1990)以及 Yang 等(2012)提及的传统酒店分布的旅游景点、历史城区、CBD 区域等城市功能区外，中国的各大城市中出现了高铁和快速交通、大学城、开发区和国家级新区，以及大型居住社区和商业综合体 4 种新的热点区域。伴随着城市的不同管理模式、建设速度，这些热点区域影响着共享住宿与城市之间的关系。

本章通过多案例展现了城市内共享住宿空间分布的多样性，并结合了两种主流的区位理论，通过 GIS 与经验相结合的方法探究了形成这一多样性的原因。从研究的过程可以看出，土地利用模式和宏观政策深刻影响着共享住宿的空间格局，即使在同样的国家尺度之下，也呈现了共享住宿的层级性、扩展性和异质性的特征。共享住宿是城市中诞生的一种人本主义的新空间，它不仅影响到了包括酒店业在内的旅游要素本身，更促进了房地产市场的合理流转和高效利用。共享住宿在某些城市表现出与当地房地产的相似性，而在另一些城市表现出与当地以服务商旅为主的酒店的相似性，这种区别想必是与城市性质密切相关的。THC-SA 和 MC-SA 是理解共享住宿的经济地理特征的有效手段，但同时也是相对简单的两个模型，使用更为复杂的空间计量手段，将集聚模型理论和多维模型理论应用到共享住宿空间研究中，将为这一研究带来更多的启发。同时，城市内共享住宿的价格分布特征也是十分有趣的一个话题，本书将在后面章节讨论。

第七章

不同层级城市共享住宿的时空演变及影响因素：上海、苏州、镇江

当前我国共享住宿市场正处在后疫情时代的恢复上升期，呈现出由一线城市不断向二三线城市下沉的趋势。因此，本章主要探讨以下3个问题：城市共享住宿的时空分布特征是否与其所在城市的等级存在相关性？主导其空间分布形态的因素有哪些共性和相异之处？背后所蕴含的共享住宿行业规律是否能够推广至其他城市？本章以2011—2019年上海、苏州和镇江的Airbnb数据为例，运用空间自相关、核密度分析等空间分析方法分析房源的时空演变格局，并借助地理探测器探讨房源空间分布背后的影响因素。

7.1 研究设计

7.1.1 案例平台及城市概况

（1）案例平台

Airbnb全称"AirBed and Breakfast"，是共享住宿的先驱。2007年，布莱恩(Brian)和乔(Joe)用自己位于旧金山的公寓接待了3名消费者，以赚取外快，并从中得到启发，与另一位创始人内森(Nathan)，于2008年共同创办了Airbnb。作为旅游住宿领域的颠覆性创新，Airbnb是新型商业模式，即点对点(P2P)住宿，它把有空余空间的人(房东)与寻找住处的人(房客)直接联系起来。经过10余年的发展，Airbnb已成为世界上最大的共享住宿平台之一。官网数据显示，截至2021年底，Airbnb全球活跃房源和体验数量超过600万，覆盖了超过220个国家和地区。Airbnb在中国市场起步于2010年，并于2015

年8月正式进入中国市场，发展十分迅速，在促进城市经济和旅游业发展、提高城市活力、改善营商环境、促进住宿业转型升级等方面发挥着重要作用。

从共享住宿平台房源量、消费者量，以及融资额来看，当前国内主要由途家、小猪短租和 Airbnb 三家平台引领行业发展。截至2018年，途家国内房源超过80万套，小猪短租国内房源超过30万套，Airbnb 国内活跃房源约15万套。从平台的商业运作模式上看，途家采用平台统一管理，即 B2P(Business to Person)模式，而小猪短租和 Airbnb 多强调个人对个人，多采用 P2P (Person to Person)模式，更加符合共享经济的理念。从房源信息上看，小猪短租网站上没有房源上线时间的相关信息，无法对共享住宿的时空演变格局进行深入探讨。而由于 Airbnb 网站上的房东注册时间可获取，且 Airbnb 多为个体房东，即一个房东大多仅拥有一个房源，可用房东的注册时间模拟房源的上线时间(李莉 等，2021)。故本章最终选定 Airbnb 网站作为本章的数据来源平台。

(2) 案例城市

长三角是长江三角洲地区的简称，位于中国长江下游，濒临黄海与东海，沿江沿海港口众多，面积35.8万 km^2，覆盖上海、江苏、浙江、安徽全域，共41个城市，以不到4%的国土面积，创造出中国近1/4的经济总量，是中国经济发展最活跃、开放程度最高、创新能力最强的区域之一。

当前，我国的共享住宿市场呈现出由一线城市不断向二三线城市下沉的趋势。国内对于共享住宿空间结构的相关研究也呈现出大城市、单案例的特点，对较低等级城市和多案例比较的研究涉及较少。因此，在参考2014年国务院《关于调整城市规模划分标准的通知》①和住房与城乡建设部《2020年城乡建设统计年鉴》②的城区人口数据的基础上，考虑到案例城市所具有的阶梯差异性、基本的房源分析数量，以及地区代表性，本章选取长三角地区的上海市、苏州市和镇江市，分别作为超大城市、Ⅰ型大城市和中等城市的典型代表，确定其为本章的案例城市，形成“高等级城市—中等级城市—低等级城市”的阶梯形城市组合。同时，案例城市的 Airbnb 房源数量、经济发展水平、常住人口

① 中华人民共和国国务院. 关于调整城市规模划分标准的通知. [2014-11-20]. http://www.gov.cn/xinwen/2014-11/20/content_2781156.htm

② 中华人民共和国住房与城乡建设部. 2020年城乡建设统计年鉴. [2021-10-12]. https://www.mohurd.gov.cn/gongkai/fdzdgknr/sjfb/index.html

规模、城市级别和旅游业发展水平等数据（表 7-1）所展现出的明显阶梯性，也佐证了这一组合的科学性。

表 7-1　案例城市概况比较

案例城市	上海市	苏州市	镇江市
城市级别	超大城市	Ⅰ型大城市	中等城市
Airbnb 房源数量/个	29 659	7 737	514
地区生产总值/亿元	38 700.58	20 170.5	4 220.09
常住人口/万人	2 488.36	1 274.83	321.04
国内旅游收入/亿元	4 860.96	2 559.29	1 012.00
国际旅游收入/亿美元	83.76	25.13	1.01

资料来源：各地方政府 2020 年统计年鉴

上海市位于长三角前缘，平均海拔为 2.19 m，面积为 6 340.5 km^2，是中国的经济、金融、贸易、航运、科技创新中心。截至 2020 年末，上海市地区生产总值 38 700.58 亿元，常住人口 2 488.36 万人。

苏州市位于长三角东部，为江苏省辖地级市，面积为 8 657.32 km^2，是长三角中心城市之一，拥有近 2 500 年的历史，入选了首批国家历史文化名城，有"人间天堂"的美誉。截至 2020 年末，苏州市地区生产总值 20 170.5 亿元，常住人口 1 274.83 万。

镇江市位于长三角中部，为江苏省辖地级市，面积为 3 840 km^2，为长三角中心区 27 城之一，是国务院批复确定的中国长江三角洲重要的港口、风景旅游城市。截至 2020 年末，镇江市地区生产总值 4 220.09 亿元，常住人口 321.04 万。

7.1.2　数据来源及处理

本章共享住宿房源数据从 Airbnb 官网（https://www.airbnb.cn/）获取，为避免疫情所带来的数据异常波动，收集数据时间截至 2019 年 12 月 31 日，包括房源名称、价格、经纬度、房东注册时间、房源地址、房源类型（整间房源、独立房间、共享房间）、房源评论数等信息。对数据坐标进行纠偏和去重后，共计得到 37 910 条有效数据，其中上海 29 659 条，苏州 7 737 条，镇江 514 条。

本章的 POI 数据，即商业设施、交通站点、住宅小区、景点等空间点位数据，来源于高德地图开放平台，数据包含兴趣点名称、类别、地址和经纬度，获取时间为 2018 年 11 月。道路、行政边界数据来源于全国地理信息资源目录服务系统的 1∶100 万公众版全国基础地理信息数据库，获取时间为 2021 年 11 月。

通过 ArcGIS 导入以上数据，分别形成案例城市的共享住宿空间分析数据库。统一以 GCS_WGS_1984 为地理坐标系，以 WGS_1984_UTM_Zone（上海和苏州为 51N，镇江为 50N）为投影坐标系。同时，为避免行政区划不同对后期影响因素识别的影响，同时保证基本的分析单元数量，本章通过创建 1 km×1 km 的网格将案例城市进行分割，共计获得 20 376 个统计单元，其中上海 7 216 个，苏州 9 034 个，镇江 4 126 个。

7.1.3 研究方法

（1）平均最近邻分析

平均最近邻分析是一种主要的基于距离的点模式分析方法，用以分析区域内点的分布状态，其指数（R）是表示点状事物的相互邻近程度的地理指标（Stephen，1989）。“最近邻指数”的表示方式是“平均观测距离”与“预期平均距离”的比率。预期平均距离是假设随机分布中的邻域间的平均距离。具体公式如下：

$$R=\frac{D_0}{D_1} \qquad (式 7\text{-}1)$$

$$D_0=\frac{\sum_{i=1}^{n} d_i}{n} \qquad (式 7\text{-}2)$$

$$D_1=\frac{0.5}{\sqrt{n/A}} \qquad (式 7\text{-}3)$$

上述式中：R 是最近邻指数，D_0 是平均观测距离，D_1 是预期平均距离；n 为点要素的个数，A 为区域总面积，d_i 是每个要素与最近邻要素之间的距离。如果指数 R 小于 1，所表现的模式为聚类；如果指数 R 大于 1，则所表现的模式趋向于离散或竞争。

(2) 空间自相关分析

空间自相关性是空间统计学中的重要概念，基于地理学第一定律，即地理要素在空间上越邻近相关性越大而提出。与远处事物相比，空间相邻的单元之间所具有的更高相似性(胡明星和李健，2009)。与平均最近邻分析相比，空间自相关分析的计算方法更为细致，可通过局部莫兰指数的计算识别出具体的集聚或异常区域。空间自相关分为全局空间自相关性和局部空间自相关性，具体公式如下：

$$I=\frac{\sum_{i}^{n}\sum_{j}^{n}w_{ij}(X_i-\bar{X})(X_J-\bar{X})}{S^2\sum_{i}^{n}\sum_{j}^{n}w_{ij}} \quad \text{(式 7-4)}$$

$$I_i=\frac{(X_i-\bar{X})}{S}\sum_{i=1}^{n}w_{ij}(X_j-\bar{X}) \quad \text{(式 7-5)}$$

上述式中：I 为全局相关莫兰指数，I_i 为局部区域自相关性；n 为研究区域的数量，X_i、X_j 为区域 i、j 的共享住宿密度观测值，S^2 为区域观测值的方差，w_{ij} 为空间权重矩阵。

全局莫兰指数 I 的范围为[−1,1]，指数为正代表正相关，即房源数量相近的街镇在空间分布上表现为集聚，值越大，集聚程度越高；指数为负代表负相关，即房源数量相近的街镇在空间分布上表现为离散，值越小，离散程度越高；指数为 0 则表示房源数量是随机分布的。局部莫兰指数 I_i 为正，表示该单元的值被与之相似的值包围，分为"高—高"分布(即高值被高值包围)和"低—低"分布(即低值被低值包围)；I_i 为负，表示该单元的值被与之相异的值包围，分为"高—低"分布(即高值被低值包围)和"低—高"分布(即低值被高值包围)(王法辉，2019)。

(3) 核密度分析

核密度分析被广泛地应用于点位数据的空间集聚分析中。是能够将离散的点数据转化为连续密度图的一种空间平滑方法(闫丽英 等，2014)，能够反映出离散数据的空间分布特征及趋势，直观表达共享住宿的空间分布形态和集聚位置(梅林和姜洪强，2021)。计算公式如下：

$$f(x)=\frac{1}{nh}\sum_{i=1}^{n}k\left(\frac{x-c_i}{h}\right) \quad (式 7-6)$$

式 7-6 中：$f(x)$ 为空间内 x 处的核密度计算函数；h 为距离衰减阈值，可以是固定值或动态值；n 为与 x 的距离小于或等于 h 的要素点数；k 代表距离衰减函数；c_i 为核心要素的位置。

（4）标准差椭圆分析

标准差椭圆是一种常见的描述地理要素分布特征的空间统计方法（周婷等，2019），其构成要素包括重心、转角 θ、长半轴、短半轴等。可用来刻画点要素的分布重心及空间分布方向，定量描述共享住宿空间特征的时空演变，进一步可视化分析案例城市共享住宿的区域异质性。其中，重心表示共享住宿空间分布的相对位置；转角 θ 表示共享住宿空间分布的主方向（白雪和宋玉祥，2019）。计算公式如下：

$$M(\bar{X}\bar{Y})=\left|\sum_{i=1}^{n}x_i/n, \sum_{i=1}^{n}y_i/n\right| \quad (式 7-7)$$

$$\tan\theta=\left[\left(\sum_{i=1}^{n}x_i^2-\sum_{i=1}^{n}y_i^2\right)+\sqrt{\left(\sum_{i=1}^{n}x_i^2-\sum_{i=1}^{n}y_i^2\right)+4\left(\sum_{i=1}^{n}x_iy_i\right)}\right] \quad (式 7-8)$$

式中：$M(\bar{X},\bar{Y})$ 为要素的平均中心坐标，x_i 和 y_i 为要素 i 的空间坐标，n 为要素总数，θ 为椭圆方位角。

（5）地理探测器分析

地理探测器（Geodetector）由王劲峰和徐成东（2017）在关于空间分异因素对疾病风险影响的研究中提出，是通过提出“因子力”度量指标，结合 GIS 空间叠加技术和集合论，用以识别多因子之间交互作用的模型（吕晨 等，2017）。其核心思想如下：如果某个自变量对某个因变量有影响，那么自变量和因变量的空间分布应该趋于一致（Wang et al.，2010）。相较于传统统计方法，地理探测器可以有效克服其局限性，可在没有过多假设前提的基础上探求共享住宿空间异质性的影响机理。其计算公式如下：

$$q=1-\frac{\sum_{h=1}^{L}N_h\sigma_h^2}{N\sigma^2}=1-\frac{SSW}{SST} \quad (式 7-9)$$

$$SST = N\sigma^2 SSW = \sum_{h=1}^{L} N_h \sigma_h^2 \qquad \text{(式 7-10)}$$

上述式中：$h=1, 2, \cdots, L$ 为共享住宿格局的影响因子 X 的分类；N_h 和 N 分别为层 h 和全区的样本个数；σ_h^2 和 σ^2 分别为层 h 和全区的方差；SSW 和 SST 分别为层内方差之和以及全区总方差。q 取值范围为[0,1]，值越大表明共享住宿的空间异质性越明显，反之空间分异性越小。当 $q=1$ 时，则说明影响因素 X 完全控制了共享住宿的空间分异，当 $q=0$ 时，则说明影响因素 X 与共享住宿的空间分异没有任何关系。

7.2 分析结果

7.2.1 整体分布特征

（1）时序变化分析

截至 2019 年底，上海、苏州和镇江的 Airbnb 房源数量分别为 29 659 个、7 737 个和 514 个。以 Airbnb 平台房东注册时间模拟房源上线时间，分别统计 3 个城市房源的数量变化情况（表 7-2），可以发现上海的房源数量由 2009 年的 1 个增长至 2019 年的 29 659 个，去除第一年的极端数值，年增长率最高为 528.95%；苏州由 2011 年的 7 个增长至 2019 年的 7 737 个，年增长率最高为 864.71%；镇江由 2013 年的 2 个增长至 2019 年的 514 个，年增长率最高为 500.00%。

表 7-2　2011—2019 年案例城市 Airbnb 房源数量统计

	2011	2012	2013	2014	2015	2016	2017	2018	2019
上海	38	239	511	1 117	3 271	7 705	13 073	19 655	29 659
苏州	7	10	17	164	498	1 617	3 203	5 942	7 737
镇江	/	/	2	5	30	83	183	321	514

资料来源：根据 Airbnb 提供的数据整理

将各年份的房源数量和增速可视化（图 7-1、图 7-2、图 7-3），可以直观地发现，虽然 3 个城市 Airbnb 的起步时间不同，但它们在城市的扩张却呈现出相似的发展阶段，即迅速起步阶段和平稳发展阶段。上海的 2010—2015 年，苏州的2011—2016年，镇江的2013—2016年为迅速起步阶段，这一时期Airbnb在中国刚刚兴起，总体数量较少，注重品牌的打造，易出现高增长率的现象；上海的2016—2019年，苏州和镇江的2017—2019年为平稳发展阶段，这一时期的Airbnb已正式进入中国市场，市场宣传与营销力度增强，房源总量增长，覆盖区域扩大，但由于体量较大，增长率较前一阶段会更低。

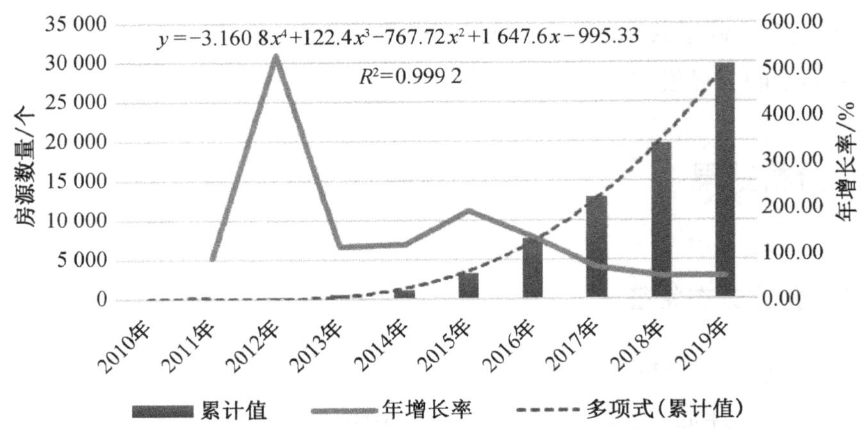

图7-1 上海市Airbnb扩张趋势

（图源：作者自绘）

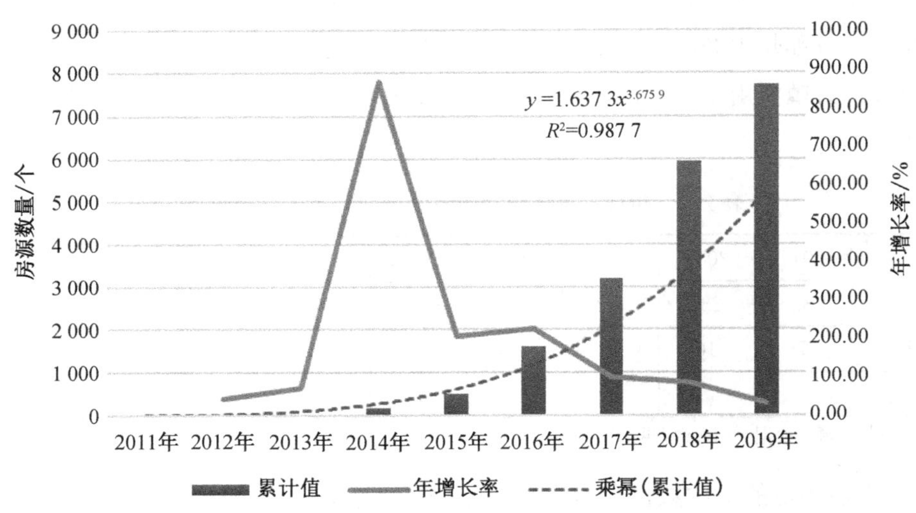

图7-2 苏州市Airbnb扩张趋势

（图源：作者自绘）

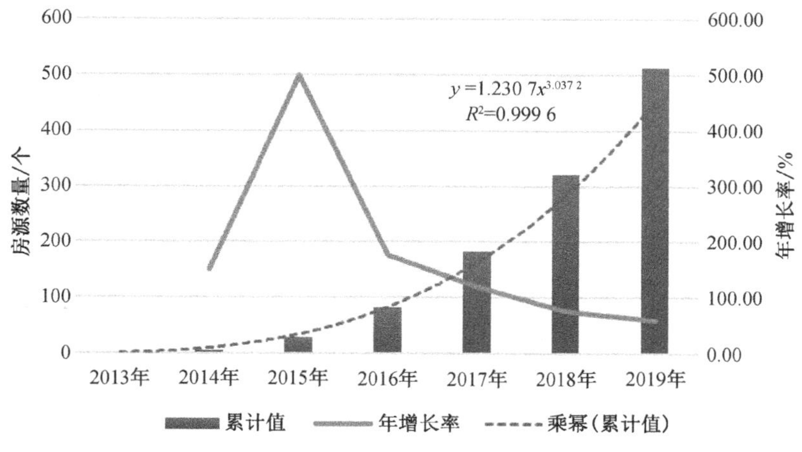

图 7-3　镇江市 Airbnb 扩张趋势

（图源：作者自绘）

拟合每个城市的增长函数，式子如下：

上海：$y = -3.1608x^4 + 122.4x^3 - 767.72x^2 + 1647.6x - 995.33$ $(R^2 = 0.9992)$

苏州：$y = 1.6373x^{3.6759}$ $(R^2 = 0.9877)$

镇江：$y = 1.2307x^{3.0372}$ $(R^2 = 0.9996)$

其中，y 表示 Airbnb 房源数量；x 为研究年份；R^2 为可决系数，用以判断函数的拟合程度。可见，上海 Airbnb 房源数量呈多项式增长特征，苏州和镇江则呈幂函数增长特征。从增长趋势上看，苏州和镇江的共享住宿行业有更广阔的增量前景。

在保证基本分析数量的前提下，考虑到案例城市 Airbnb 房源数量的差异性，为最大限度展现案例城市 Airbnb 房源的时空演化特征，本章将上海市的研究年份定为 2013 年、2016 年和 2019 年，苏州市和镇江市的研究年份均定为 2016 年和 2019 年。

（2）平均最邻近分析

分别以上海、苏州和镇江的行政区划作为底图，根据 Airbnb 房源的经纬度坐标分别绘制其代表年份的房源分布图。并以各房源间的实际分布距离为基础，计算 3 个城市共享住宿业的平均最近邻分析的各项指数值，研究其整体分布特征（表 7-3）。

表 7-3　平均最近邻分析的各项指数值

	年份	平均观测距离/km	预期平均距离/km	最近邻比率	z 得分	p 值
上海	2013	472.974 0	1 644.957 0	0.287 530	−30.811 163	0.00
	2016	175.651 4	714.568 4	0.245 815	−126.647 115	0.00
	2019	87.625 9	369.440 3	0.237 186	−251.320 543	0.00
苏州	2016	250.238 3	1 060.651 2	0.235 929	−58.778 652	0.00
	2019	115.479 8	911.892 2	0.126 638	−146.964 249	0.00
镇江	2016	1 400.530 4	3 226.786 5	0.434 033	−9.864 189	0.00
	2019	363.628 2	1 528.815 9	0.237 850	−33.056 216	0.00

资料来源：根据数据分析整理

可以发现(图 7-4、图 7-5、图 7-6)：3 个城市的最近邻比率的数值均<1，且通过了显著性检验($p<0.01$)，说明从整体分布上看，上海、苏州和镇江的共享住宿均存在空间集聚的现象，即共享住宿业在空间上具有不均衡性。并且 3 个城市的最近邻比率均呈逐年递减趋势，上海由 2013 年的 0.287 530 下降至 2019 年的 0.237 186，苏州由 2016 年的 0.235 929 下降至 2019 年的 0.126 638，镇江由 2016 年的 0.434 033 下降至 2019 年的 0.237 850，可见其整体上空间集聚的程度在加深，即共享住宿业在空间上的不均衡性呈现出强化趋势。

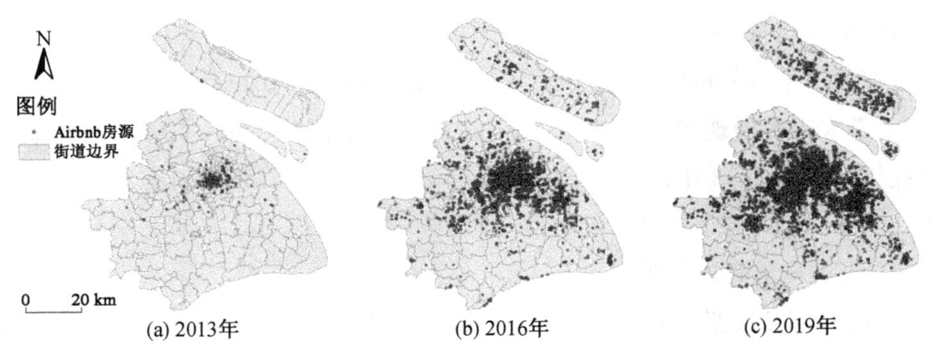

图 7-4　上海市 Airbnb 房源空间分布

(图源：作者自绘)

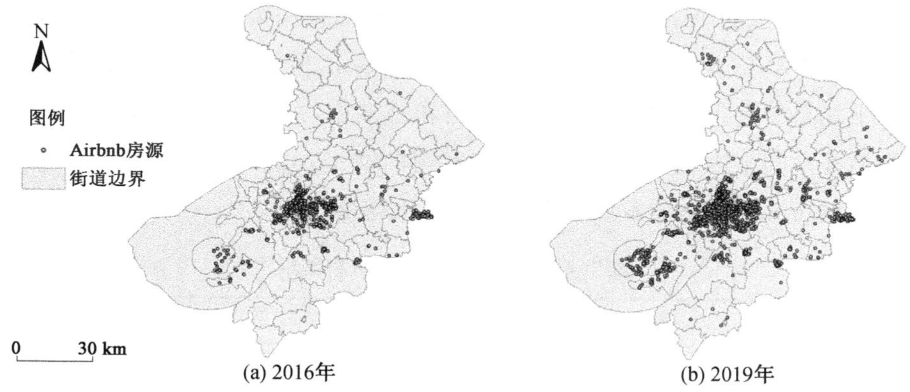

图 7-5 苏州市 Airbnb 房源空间分布

（图源：作者自绘）

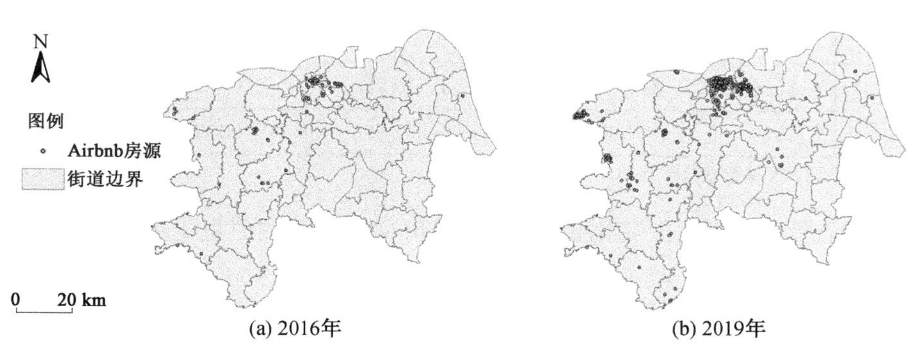

图 7-6 镇江市 Airbnb 房源空间分布

（图源：作者自绘）

7.2.2 集聚分布特征

对比分析 3 个城市的整体分布特征，可初步揭示其房源数量扩展规律和整体分布格局的异同，但无法识别具体的空间分布格局。即 Airbnb 房源是否在某些区域出现了集聚现象？若有，还需明确具体是在哪个区域出现了集聚现象。空间自相关便能解决这一问题，全局自相关用以判断空间内是否出现了集聚或异常值，局部自相关用以判断出现集聚或异常值的具体区域。

（1）全局空间自相关

以乡镇街道为分析单位，房源数量为分析指标，利用全局莫兰指数对上海、苏州和镇江的 Airbnb 房源分布进行全局空间自相关分析(表 7-4)，发现 3 个城市的全局莫兰指数都为正，且 P 值<0.01，Z 值得分>2.58，说明其空间分布上均呈显著正相关，即在上海、苏州和镇江中，Airbnb 房源数量相近的乡镇街道在空间上表现为集聚。这一点也与前文平均最近邻分析结果相验证，即 3 个城市共享住宿业发展在空间上存在不均衡性。

表 7-4　全局空间自相关分析结果

城市	年份	全局莫兰指数	Z 值	P 值	标准化
上海	2013	0.319 087	25.659 063	0.000 000	否
	2016	0.219 440	18.368 358	0.000 000	否
	2019	0.035 004	3.959 355	0.000 000	否
苏州	2016	0.431 723	12.610 393	0.000 000	否
	2019	0.553 667	14.993 226	0.000 000	否
镇江	2016	0.403 572	5.750 720	0.000 000	否
	2019	0.506 593	6.862 026	0.000 000	否

资料来源：根据数据分析整理

从全局莫兰指数的变化趋势上看，苏州和镇江的数值呈上升趋势，分别由 2016 年的 0.431 723 和 0.403 572 升至 2019 年的 0.553 667 和 0.506 593，说明苏州和镇江各分析单位空间上的集聚程度在上升，即房源数量相近的乡镇街道的空间自相关性在加强。

而上海的全局莫兰指数则呈现出完全相反的发展趋势，其数值由 2013 年的 0.319 087 下降至了 2019 年的 0.035 004。这说明，虽然上海 Airbnb 房源存在着空间自相关性，但这一相关性正随时间流逝而逐渐减弱。导致这一现象的最大原因则是近年来上海共享住宿业“多集聚中心”现象的出现，即 Airbnb 房源在上海呈现出多个集聚区域，导致其空间分布出现了更多的随机性，呈现出朝向均匀分布的发展趋势。

上海的全局莫兰指数所呈现趋势与前文平均最邻近的分析结果并不相悖。上海 Airbnb 房源在空间上表现为集聚，具有不均衡性，且截至 2019 年底，该不均衡性一直呈现出加强的变化状态。与此同时，如全局莫兰指数的变化所示，上海 Airbnb 房源在空间上的集聚状态已经由中心城区集聚的简单模式向多中心的复杂模式演变。由于多中心模式尚在形成发展阶段，目前尚未对其整体布局的不均衡性产生决定性的影响。但可预见的是，未来上海的共享住宿会继续呈现出集聚中心逐渐增多，集聚区域逐渐扩散的发展趋势。

（2）局部空间自相关

全局莫兰指数反映出 Airbnb 房源在上海、苏州和镇江均出现了空间聚类情况，因此利用 Anselin Local Moran's Ⅰ模块分别对 3 个城市进行局部空间自相关分析，识别具体的聚类区域。

从上海的变化情况来看（图 7-7），2013 年在静安区南部（江宁路街道、曹家渡街道、静安寺街道、南京西路街道、石门二路街道）、普陀区东南部（长寿路街道）、长宁区东部（华阳路街道、江苏路街道、新华路街道）、徐汇区北部（徐家汇街道、湖南路街道、天平路街道）、黄浦区（南京东路街道、瑞金二路街道、淮海中路街道、打浦桥街道、外滩街道、豫园街道、五里桥街道、半淞园街道）、虹口区南部（嘉兴路街道、北外滩街道）、浦东新区西部（陆家嘴街道、潍坊新村街道、周家渡街道、花木街道）出现了 26 个"高—高"聚类区，主要分布于上海中心城区。同时，在"高—高"聚类区的外围，即虹口区南部（四川北路街道）、静安区东南部（北站街道）、杨浦区南部（平凉路街道）出现了 3 个"低—高"聚类区，2013 年也是研究年份中唯一出现"低—高"聚类区的年份。与周围房源数量较多的街道形成对比，该聚类区内房源数量相对较少，为当年共享住宿的空间凹陷区。2016 年出现了 29 个"高—高"聚类区，对比上个研究年份，失去了黄浦区（五里桥街道、豫园街道）、浦东新区西部（周家渡街道）、静安区西南部（曹家渡街道）、虹口区南部（嘉兴路街道）共 5 个"高—高"聚类区，新增了徐汇区东北部（枫林路街道、斜土路街道）、静安区东南部（北站街道）、浦东新区中部（张江镇、康桥镇、周

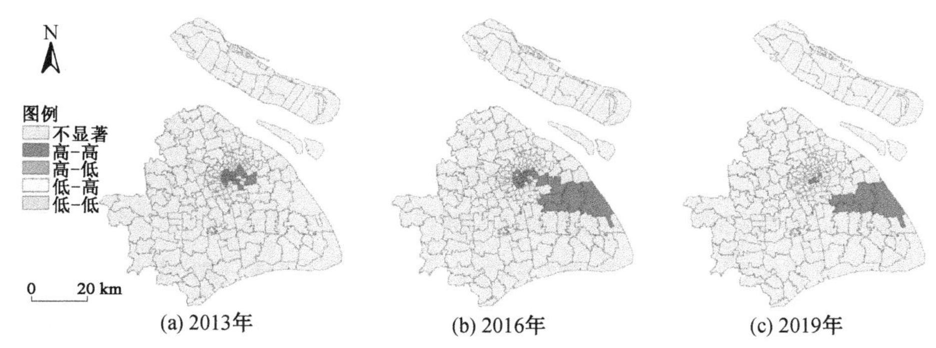

图 7-7　上海市 Airbnb 局部空间自相关

（图源：作者自绘）

浦镇、川沙新镇、祝桥镇)共 8 个“高—高”聚类区。其中,失去的街道主要分布于中心城区,新增的街道主要分布于浦东新区,“高—高”聚类区逐渐由中心城区向浦东新区扩散。2019 年这一特点更加显著,在徐汇区北部(湖南路街道、天平路街道)、黄浦区(瑞金二路街道、打浦桥街道、外滩街道)、浦东新区中部(康桥镇、周浦镇、川沙新镇、祝桥镇)共存有 9 个“高—高”聚类区,即上海在中心城区和迪士尼区域形成了两个共享住宿的明显热点区域。

从苏州的变化情况来看(图 7-8),2016 年在姑苏区大部(平江街道、观前街道、双塔街道、沧浪街道、桃花坞街道、苏锦街道、城北街道、苏州工业园区直属镇)、相城区南部(元和街道)、吴中区东北部(苏苑街道、郭巷街道)出现了 11 个“高—高”聚类区,主要分布于苏州的中心城区,且空间距离比较接近。2019 年新增了 2 个“高—高”聚类区,分布于姑苏区中西部(石路街道、虎丘街道),与苏州中心城区的范围更加契合,存在一个明显的共享住宿热点区域。

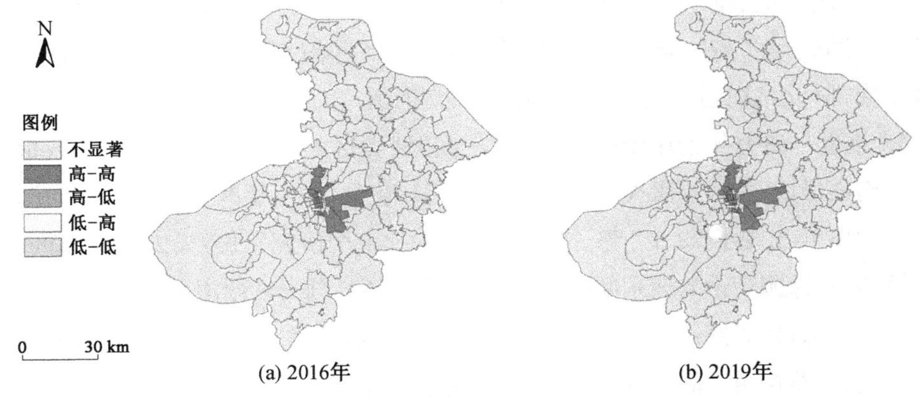

图 7-8　苏州市 Airbnb 局部空间自相关

(图源:作者自绘)

从镇江的变化情况来看(图 7-9),2016 年在润州区东部(金山街道、宝塔路街道)、京口区西部(大市口街道、健康路街道、象山街道)出现了 5 个“高—高”聚类区,与镇江的中心城区范围较为接近。2019 年失去了 2 个“高—高”聚类区——京口区(大市口街道、象山街道),新增了 1 个“高—高”聚类区京口区(丁卯街道),共享住宿的空间热点有细微变化,但总体来说,其“高—高”聚类区的范围依然与中心城区相契合。从整体来说,镇江也存在一个明显的共享住宿热点区域。

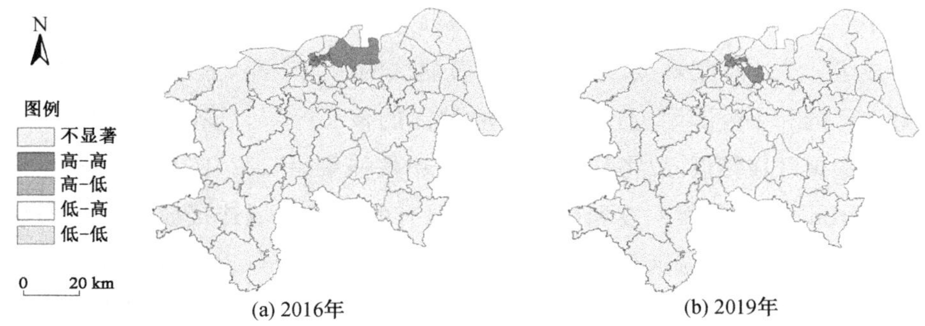

图 7-9　镇江市 Airbnb 局部空间自相关

（图源：作者自绘）

从空间自相关分析结果可以看出，3 个城市均出现了空间集聚现象。但其集聚程度的变化却有所不同。上海的空间集聚模式出现了变化，由中心城区集聚的简单模式向多中心集聚的复杂模式改变，并在中心城区和迪士尼区域形成了两个共享住宿的明显热点区域，这也是全局莫兰指数出现下降的一个重要原因。苏州和镇江的空间集聚模式并没有出现明显变化，依然仅存在一个明显的热点区域，且该区域与中心城区范围相契合。

7.2.3　时空格局及演变

空间自相关性以乡镇街道为分析单位，能够识别出房源的基本空间分布格局。但其对房源的坐标属性利用得还不够充分，导致分析结果稍显粗糙，不能判断未出现显著聚类现象区域中的房源分布情况。因此，需要利用房源的坐标属性进行进一步的核密度分析与标准差椭圆分析，以此把握共享住宿的时空格局和演变路径。

（1）核密度(Kernel Density)分析

以房源坐标属性为基础，利用 Kernel Density 模块分别计算 3 个城市的核密度分布情况，并根据每个城市的计算值大小，依次设置了 10 个区间，用以展示不同城市共享住宿在不同年份的空间分布情况。

2013—2019 年，上海市的 Airbnb 房源地理特征由"单核强集聚"格局过渡到"单核多中心"格局，最后发展为"双核多中心"格局(图 7-10)。期间上海市 Airbnb 房源的主要分布范围由中心城区向外围交通枢纽、旅游度假区等区域扩散，并形成多个集聚中心。其中迪士尼区域的房源集聚趋势最为明显，形成了与中心城区集聚程度相匹配的第二个核心区域。2013 年，上海的 Airbnb 房源形成了 3 个小型集聚点，主要分布于黄浦区的南京东路、浦东新区的陆家嘴和虹口区的和平公园附近，为上海中心城区的核心区域。该年份房源分布范围小且集聚区域接近，故将其特征总结为“单核强集聚”。2016 年，上海中心城区的 Airbnb 房源集聚程度和范围加强，原有的集聚区域连接成片，为该分布格局的主核心；中心城区外围也出现多个集聚区域，分布于浦东新区、闵行区北部、青浦区西部、松江区中部、崇明区西北部，呈现出多中心集聚的发展趋势；而外围的集聚区域则以浦东新区的上海迪士尼度假区和闵行区的虹桥交通枢纽为主，其中上海迪士尼的开业年份与研究年份相重合，且迪士尼区域的房源数量、增长速度和集聚程度均高于虹桥区域，为该分布格局的次核心，故将其特征总结为“单核多中心”。2019 年，上海中心城区的集聚程度和范围继续加强，呈现出同心圆扩张模式；同时，原有的次核心迪士尼区域的房源数量和分布密度显著提升，呈现出与原有主核心相同的同心圆模式，两者组合形似“双黄蛋”，上海 Airbnb 房源的双核心分布格局形成；原有的多中心发展趋势在这一研究年份得到巩固，在闵行区北部的虹桥交通枢纽、青浦区西部的朱家角古镇、浦东新区东南部的滴水湖、崇明区的东平国家森林公园和陈家镇等区域形成了多个 Airbnb 房源集聚中心。自此，上海共享住宿业的“双核多中心”分布格局形成。

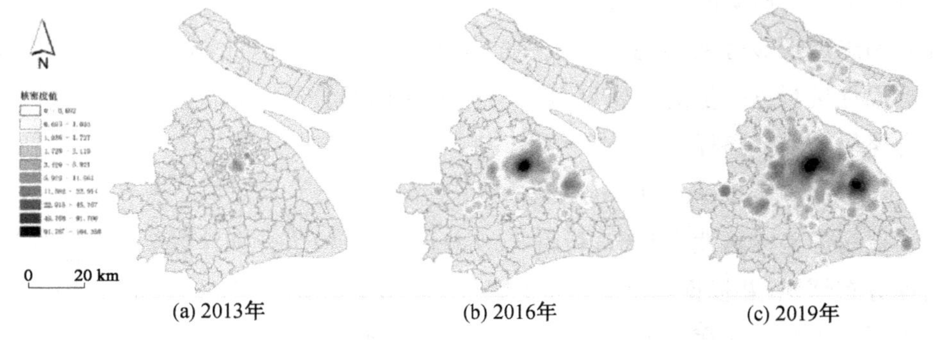

图 7-10　上海市 Airbnb 核密度分布

（图源：作者自绘）

2016—2019 年，苏州市的 Airbnb 房源分布特征由“单核多飞地”向“单核多中心”发展（图 7-11）。期间，姑苏老城区作为集聚核心的地位不断强化，集聚范围也得以扩张。同时，该核心外围多个飞地式集聚区域内的 Airbnb 房源集聚程度与范围也得到提升，出现了多个集聚中心。2016 年，苏州的 Airbnb 房源形成了一个集聚主核心，分布于以拙政园、平江历史文化街区为代表的姑苏老城；在主核心以东，姑苏新城区的金鸡湖区域也存在着一个较高等级的集聚中心，为该研究年份的集聚次核心；同时在城区外围，吴江区的同里古镇、昆山市的周庄古镇和花桥地铁站、吴中区的太湖旅游度假区域出现了 Airbnb 房源的集聚趋势，又因其距集聚核心较远，符合飞地式扩张的条件，故将其特征总结为"单核多飞地"。2019 年，苏州姑苏老城的 Airbnb 房源集聚程度加剧，其原有的主核心地位得到巩固；次核心的数量增长为 3 个，主要分布于姑苏新城的金鸡湖、吴中区东部的独墅湖和木渎古镇区域，且空间距离与主核心距离接近，有融入姑苏老城主核心的集聚趋势；此外，外围原有的飞地式集聚中心的集聚程度和范围得到加强，形成了以同里古镇、周庄古镇区域、昆山花桥地铁站、太阳山国家公园和太湖旅游度假区为代表的多个外围集聚中心，即形成了苏州共享住宿业的"单核多中心"分布格局。

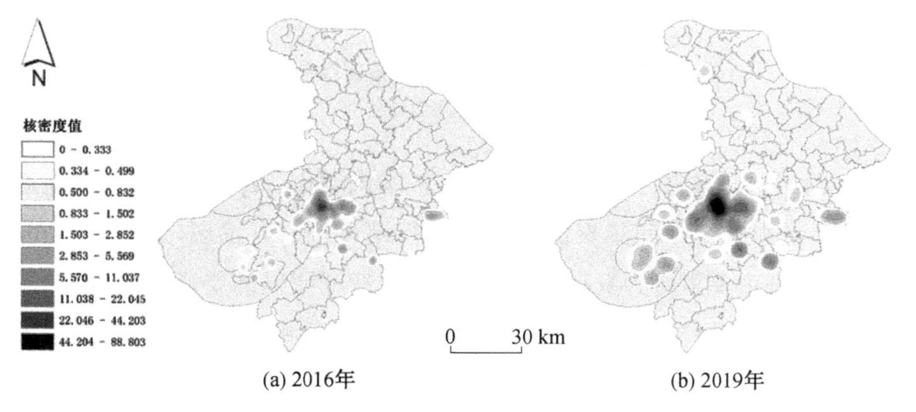

(a) 2016年　　(b) 2019年

图 7-11　苏州市 Airbnb 核密度分布

（图源：作者自绘）

2016—2019 年，镇江市的 Airbnb 房源集聚特征由"单核小集聚"向"单核多飞地"发展（图 7-12）。期间，京口区的大市口和江苏大学区域 Airbnb 房源的集聚变化明显，为镇江 Airbnb 房源的绝对主核心。其余 Airbnb 房源则更多地受到了南京市的影响，在镇江市西部出现飞地式集聚。2016 年，以中山东路、第一楼街步行街为代表的大市口区域，即镇江市的中心城区出现了 Airbnb

房源的较高等级集聚，为该研究年份的集聚主核心；此外，在京口区的江苏大学区域和句容市的仑山湖度假区形成了较低等级的集聚；由于 2016 年镇江市的 Airbnb 房源体量极小，故将其特征总结为“单核小集聚”。2019 年，大市口区域和江苏大学区域的集聚加剧，因两者空间距离接近且有合并的强烈趋势，故将其看作为单一主核；位于镇江市西部的宝华山、句容市区和 S6 号线黄梅站的 Airbnb 房源数量增长迅速，形成了新的集聚区域，与原有的仑山湖区域同为主核心外围的飞地式集聚区，也形成了镇江共享住宿业的“单核多飞地”分布格局。

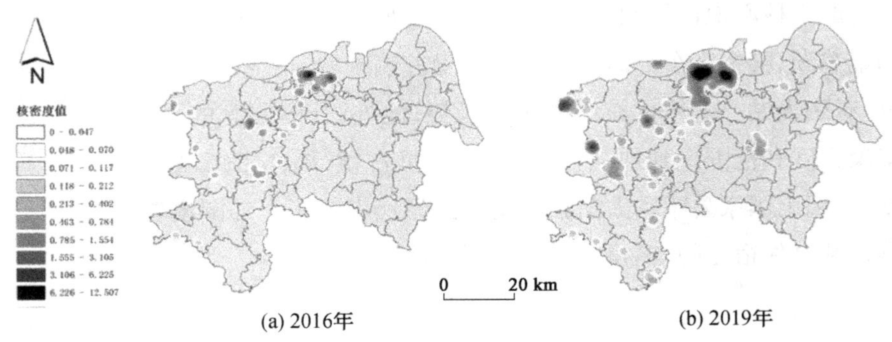

(a) 2016年　　(b) 2019年

图 7-12　镇江市 Airbnb 核密度分布

（图源：作者自绘）

将核密度图层与高德地图相结合，分析案例城市 Airbnb 集聚区域附近的城市要素，对影响其空间集聚的因素进行模糊评价。可发现，上海 Airbnb 集聚区附近的城市要素更为复杂，其中旅游休闲特征明显的要素出现频率较高。除去中心城区、虹桥枢纽等商业、交通特征明显的区域，迪士尼乐园、东平国家森林公园、朱家角古镇和滴水湖公园等要素附近都出现了明显的空间集聚现象。这类要素的旅游休闲特征明显，且多为近年来的新兴集聚区，这也反映出上海 Airbnb 房源选址分布的一个新导向性。

苏州 Airbnb 分布与上海相似，除去姑苏的中心城区，在同里古镇、周庄古镇、太阳山国家公园等旅游休闲特征明显的要素附近，都出现了新兴的集聚区。值得一提的是，在苏州东部的昆山花桥地铁站附近，也出现了一个明显的 Airbnb 集聚区，该集聚区域的形成与上海 11 号地铁线的影响关系密切，这也反映出周边较高等级城市对本城市内 Airbnb 空间分布的辐射影响。而这一影响，随城市等级的降低会愈发明显。

镇江 Airbnb 集聚区附近的城市要素则显得更为简单，除房源规模持续增长的中心城区和房源扩张趋于停滞的昆山湖度假区外，其余集聚区则主要分布于句容市，即镇江西部的仙林东路、碧桂园欢乐城、句容市政府等城市要素附近。前者地理位置与南京市的仙林大学城邻近，后两者受南京 S6 地铁线的站点影响较大，反映出南京对镇江境内 Airbnb 空间分布的强势影响。

(2) 标准差椭圆分析

在结合城市现实情况进行核密度分析的基础上，利用标准差椭圆工具分别计算 3 个城市的房源均值中心、方向分布及逐年变化情况（表 7-5、图 7-13）。研究使用第一级标准差，其椭圆范围内包含的房源数量约占房源总数的 68%。

表 7-5 标准差椭圆分析结果

城市	年份	椭圆周长/km	椭圆大小/km^2	椭圆转角/(°)	椭圆扁率
上海	2013 年	65.401 484 4	338.974 763 6	76.387 769	0.099
	2016 年	127.937 143	1 294.745 693 8	113.136 855	0.119
	2019 年	139.715 789 4	1 528.024 088 7	105.481 347	0.189
苏州	2016 年	103.789 889 8	757.969 513 5	79.645 657	0.441
	2019 年	103.083 761 0	818.978 764 3	75.565 361	0.254
镇江	2016 年	100.502 439 7	627.058 441 2	55.575 621	0.567
	2019 年	104.386 122 8	725.866 191 2	63.513 210	0.504

资料来源：根据数据分析整理

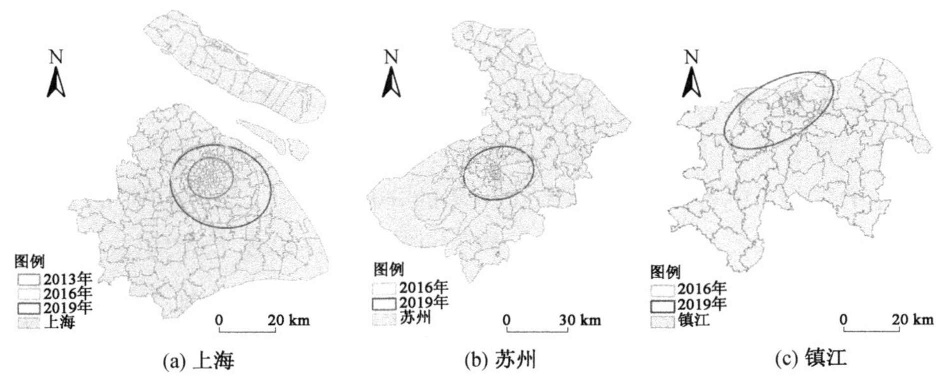

图 7-13 共享住宿的时空分布方向

(图源：作者自绘)

2013—2019 年，上海椭圆面积由 338.974 763 6 km^2 增长为 1 528.024 088 7 km^2，均值中心由西北向东南移动，椭圆扁率由 0.099 增长为 0.189，方位角由 76.387 769°转向 105.481 347°。可以看出，上海 Airbnb 的分布范围逐年扩大，受迪士尼区域影响，其分布重心向东南方向移动。分布方向转为“西北—东南”，即“中心城区—迪士尼区域”一线，且该方向性不断增强。

2016—2019 年，苏州椭圆面积由 757.969 513 5 km^2 增长为 818.978 764 3 km^2，均值中心由东南向西北移动，椭圆扁率由 0.441 缩减为 0.254，方位角由 79.645 657°转向 75.565 361°。可以看出，苏州 Airbnb 的分布范围逐年扩大，受中心城区房源规模迅速扩张的影响，其分布重心向西北方向略微移动。分布方向保持着“西南—东北”朝向，但该方向性正被“西北—东南”朝向上的新兴集聚区所削弱。

2016—2019 年，镇江椭圆面积由 627.058 441 2 km^2 增长为 725.866 191 2 km^2，均值中心由东南向西北移动，椭圆扁率由 0.567 缩减为 0.504，方位角由 55.575 621°转向 63.513 210°。可以看出，镇江 Airbnb 的分布范围逐年扩大，受句容的新兴集聚区影响，其分布重心向西北方向略微移动，“西南—东北”的分布方向也有略微削弱。

(3) 时空分布特征小结

总的来说，3 个案例城市 Airbnb 均出现了空间集聚现象，它们在整体上都呈现出不断增强的空间不均衡性。与此同时，不同等级城市的 Airbnb 也呈现出不同的时空分布格局，其发展历程与城市等级也存在一定程度上的相关性。

上海 Airbnb 的空间分布格局历经了由“单核强集聚”到“单核多中心”再到“双核多中心”的 3 个发展阶段。这 3 个阶段的变化也对其空间分布重心与方向产生了重大的影响。苏州 Airbnb 的空间分布格局则历经了“单核多飞地”向“单核多中心”发展的阶段。这 2 个阶段也对其空间分布重心与方向产生了一定的影响。值得一提的是，其 2019 年的分布特征与上海 2016 年的分布特征具有高度的相似性。镇江 Airbnb 的空间分布格局出现了由“单核小集聚”向“单核多飞地”的发展阶段。这两个阶段对其空间分布重心与方向产生了略微的影响。并且镇江 2019 年的分布特征与苏州 2016 年的分布特征也具有高度的相似性。

并且分析发现，案例城市 Airbnb 的空间分布会受多种因素的综合影响，不同等级城市的 Airbnb 分布格局背后的影响因素也存在着不同的复杂性与倾向性。上海 Airbnb 分布的背后因素更为复杂，旅游休闲特征更为明显，也更具城市独立性；苏州 Airbnb 分布的影响因素复杂程度居中，同样具备着较高程度的旅游休闲特征，但会受周边高等级城市的影响，其独立性较前者更弱；镇江 Airbnb 分布的影响因素较为简单，商业特征更为显著，受周边高等级城市影响较大，独立性最弱。

7.2.4 影响因素分析

参考前人的不同尺度的相关文献，结合前文对影响因素的归纳与猜想，考虑到案例地的城市尺度和数据获取的可行性，本章将从商业便利度、交通可达性、人口因素、旅游吸引力和行业竞争关系这 5 个维度，选取 11 个要素指标，将其作为影响共享住宿空间分布格局的因素进行探测。影响维度、要素指标及其指标阐释如表 7-6 所示。

表 7-6 影响因素指标的选取与阐释

影响维度	要素指标	指标阐释
商业便利度	购物服务设施个数 X1	网格内购物服务设施的总数/个
	餐饮服务设施个数 X2	网格内餐饮服务设施的总数/个
	生活服务设施个数 X3	网格内生活服务设施的总数/个
交通可达性	公交车站个数 X4	网格内公交车站的总数/个
	距最近地铁站的距离 X5	网格中心至最近地铁站的直线距离/km
人口因素	住宅小区个数 X6	网格内住宅小区的总数/个
旅游吸引力	距风景名胜区的最近距离 X7	网格中心至最近风景名胜区的直线距离/km
	距公园广场的最近距离 X8	网格中心至最近公园广场的直线距离/km
	体育休闲设施个数 X9	网格内体育休闲设施数量/个
行业竞争关系	距经济酒店的距离 X10	网格中心至最近经济型酒店的直线距离/km
	距星级酒店的距离 X11	网格中心至最近星级酒店的直线距离/km

资料来源：根据数据分析整理

商业便利度：Airbnb 的产品多面向外来人员，而非本地居民。因此，其房源总是集中在配套设施完善、商业便利度高的地区（贾文通 等，2021）。这类地区往往商业网点发达，生活服务设施健全。为此，本章将购物服务设施个数 X1、餐饮服务设施个数 X2 和生活服务设施个数 X3 作为该维度的代理变量。

交通可达性：考虑到 Airbnb 消费者多为外地人，房源的交通可达性尤其是公共交通便利性，也是影响其分布的主要因素之一。而公交站点、地铁站点所覆盖的区域交通通达性较高，往往成为许多商业服务业布局的首选地点（La et al.，2021）。为此，本章将公交车站个数 X4 和距最近地铁站的距离 X5 作为该维度的代理变量。

人口因素：人口规模是共享民宿市场发展的基本要素（Adamiak et al.，2019）。Airbnb 以闲置房屋资源为基础，供给充足与否与其平台房源的分布密度有很大联系。因此，本章将住宅小区个数 X6 作为其代理变量。

旅游休闲性：相比传统酒店，Airbnb 与城市主要旅游景点更为接近（陈蔚珊等，2015）。同时，在对案例城市 Airbnb 空间集聚区附近城市要素的分析中，本章也发现城市内的休闲因素（如旅游景区、公园广场等旅游休闲设施）对 Airbnb 空间分布的密切影响。因此，本章选择将距风景名胜区的最近距离 X7、距公园广场的最近距离 X8 和体育休闲设施个数 X9 作为该维度的代理变量。

行业竞争关系：相较于传统酒店，Airbnb 作为新兴住宿产品，它在选取布局时必然还要考虑目标区域的市场竞争情况，如传统住宿产业所带来的竞争压力。因此，本章将距经济酒店的距离 X10 和距星级酒店的距离 X11 作为该维度的代理变量。

在已创建的 1 km×1 km 网格的基础上，利用空间连接工具，连接网格图层和要素指标，统计各单元格内的资源点数量；利用近邻分析工具，导入网格中心点和资源点，计算各单元格中心点到最近资源点的直线距离。在此基础上，剔除无数据区域，避免其对分析结果的影响。最终得到有效数据共 2 666 条，其中上海 1 990 条、苏州 645 条、镇江 121 条。同时，利用自然间断点法对 11 个要素指标的原始数据进行分级处理。最后，导入地理探测器，进行因子探测和交互探测。

（1）因子探测结果

因子探测可得出各影响因素对 Airbnb 分布格局的决定力及其显著性水平，计算结果如表 7-7 所示。表中信息表明，各影响指标对于上海和苏州 Airbnb 分布情况的解释能力整体上较为显著，整体因子探测效果较好，旅游休闲维度的表现较为突出。但镇江的影响指标探测效果较差，且指标较为集中于“商业便利度”这一影响维度。

表 7-7　影响因素地理探测结果

要素指标	上海		苏州		镇江	
X1	0.072 9***	6.75%	0.098 4***	7.97%	0.646 3***	19.18%
X2	0.138 8***	12.83%	0.169 5***	13.74%	0.500 5***	14.85%
X3	0.111 3***	10.29%	0.150 3***	12.18%	0.589 5***	17.49%
X4	0.062 5***	5.78%	0.053 9***	4.37%	0.225 9	6.70%
X5	0.058 6***	5.42%	0.064 6***	5.23%	0.161 0	4.78%
X6	0.164 7***	15.23%	0.181 7***	14.72%	0.246 3	7.31%
X7	0.087 9***	8.12%	0.105 1***	8.51%	0.175 8	5.22%
X8	0.044 0***	4.07%	0.067 7**	5.48%	0.099 2	2.94%
X9	0.203 5***	18.81%	0.161 0***	13.04%	0.393 8**	11.68%
X10	0.058 1***	5.37%	0.088 6***	7.18%	0.174 9	5.19%
X11	0.079 3***	7.33%	0.093 6***	7.58%	0.157 1	4.66%

注：* 代表在 0.05 的水平下显著；** 代表在 0.01 的水平下显著；*** 代表在 0.001 的水平下显著
资料来源：根据数据分析整理

具体到案例城市，上海的 11 个指标均通过 0.001 的显著性水平检验，表明 11 个指标均对上海 Airbnb 分布格局具有显著的决定力，反映出上海 Airbnb 分布影响因素的复杂性。其中体育休闲设施个数 X9 和住宅小区个数 X6 的决定力排名前二，解释能力分别高达 18.81%和 15.23%；距经济酒店的距离 X10 的决定力最小，指标权重仅占 5.37%。另外，商业便利维度中的餐饮服务设施个数 X2 和生活服务设施个数 X3 同样具有较大的决定力，其权重均超过了 10%，这与中心城区长期形成的 Airbnb 集聚核心关系密切。值得一提的是，上海的旅游休闲性维度整体解释能力高达 31%，说明旅游休闲性维度对上海 Airbnb 的分布格局具有重要影响。

苏州的 11 个指标均通过了显著性检验，其中有 10 个指标通过 0.001 的显著性水平检验，整体探测结果较好。指标住宅小区个数 X6 的决定力最大，解释能力高达 14.72%；公交车站个数 X4 的决定力最低，指标权重为 4.37%。苏州的因子探测结果与上海大致相似，X2、X3、X6、X9 的解释能力均超过了 10%。但相较于上海，苏州在商业便利维度的决定力更为明显，旅游吸引力维度的决定力则稍显弱小，这与其“单核心多中心”分布格局的中心城区单核地位密切相关。

镇江的探测效果不佳，仅有购物服务设施个数 X1、餐饮服务设施个数 X2、生活服务设施个数 X3 和体育休闲设施个数 X9 共 4 个指标通过显著性水平检验，反映出镇江 Airbnb 分布影响因素较为简单。与上海和苏州相比，镇江的商业便利维度展现出巨大的决定力，解释能力高达 51.52%，这与其“单核心多飞地”分布格局的中心城区绝对核心地位关系密切。

(2) 交互探测结果

在因子探测的基础上，对所有指标进行交互探测，进一步探究各项指标对不同城市 Airbnb 分布格局的交互影响程度。结果显示，双因子交互结果的 q 值都大于单因子，即 3 个城市共享住宿分布格局受到任意两个因子的交互都强于一个因子的决定力。从交互作用类型来看，存在有双因子增强和非线性增强 2 种结果。不同城市的影响因素在交互前后的变化也呈现出了明显的差异性。

就上海的交互探测结果(表 7-8)来说，体育休闲设施个数 X9 对因子交互作用的影响最大，其他因素在与该因素产生交互作用后，解释力均获得了大幅度增长，并出现了多个高值结果。住宅小区个数 X6 在交互作用中也表现突出。相较于单因子探测时的低影响力，公交车站个数 X4 和距最近地铁站的距离 X5 在与其他因素交互后的决定力增长最多，说明交通维度的影响因素在与其他因素相叠加时，会对上海 Airbnb 分布格局产生更重要的影响。上海的双因子增强型交互作用共 14 种，即两因子交互的解释力大于各单因子的最大值。住宅小区个数 X6 和体育休闲设施个数 X9 交互后的解释力最强；非线性增强型交互作用共 41 种，即两因子交互的解释力大于两因子影响力之和。公交车站个数 X4 和体育休闲设施个数 X9 交互后的解释力最强。

表 7-8　上海市影响因子交互探测结果

	X1	X2	X3	X4	X5	X6	X7	X8	X9	X10	X11
X1	0.073										
X2	0.243	0.139									
X3	0.228	**0.242**	0.111								
X4	**0.163**	0.250	0.214	0.062							
X5	0.120	**0.192**	**0.155**	0.161	0.059						
X6	0.260	0.309	**0.254**	0.275	**0.216**	0.165					
X7	0.195	0.270	0.225	0.218	0.191	0.270	0.088				
X8	0.130	0.204	0.183	0.144	0.107	0.227	0.146	0.044			
X9	0.319	**0.318**	0.332	0.344	**0.249**	**0.340**	0.314	0.262	0.203		
X10	0.143	0.215	0.178	0.156	0.119	0.238	0.182	0.104	**0.259**	0.058	
X11	0.154	**0.211**	0.194	0.174	0.140	0.251	0.217	**0.121**	**0.272**	**0.133**	0.079

注：加粗字体表示交互作用类型为双因子增强，浅灰色填充表示交互作用类型为非线性增强
资料来源：根据数据分析整理

与上海相似，苏州的交互探测结果（表 7-9）中体育休闲设施个数 X9 指标对因子交互作用的影响最大，单因子解释力较低的公交车站个数 X4 指标在与其他因素交互后的决定力增长也最为明显。与上海不同，苏州所有因子的交互作用类型均为非线性增强型，即任意两因子交互的解释力均大于两因子影响力之和。购物服务设施个数 X1 和餐饮服务设施个数 X2 在交互作用中表现突出，其中购物服务设施个数 X1 和生活服务设施个数 X3 交互后的解释力最强。反映出商业便利维度的影响因素，在交互作用前后对苏州 Airbnb 分布格局的重大影响力。

表 7-9　苏州市影响因子交互探测结果

	X1	X2	X3	X4	X5	X6	X7	X8	X9	X10	X11
X1	0.098										
X2	0.479	0.170									
X3	0.735	0.404	0.150								
X4	0.277	0.515	0.465	0.054							
X5	0.257	0.322	0.342	0.153	0.065						

（续表）

	X1	X2	X3	X4	X5	X6	X7	X8	X9	X10	X11
X6	0.531	0.535	0.468	0.528	0.367	0.182					
X7	0.313	0.576	0.384	0.254	0.239	0.401	0.105				
X8	0.260	0.391	0.362	0.153	0.179	0.370	0.198	0.068			
X9	0.537	0.568	0.634	0.559	0.314	0.649	0.407	0.286	0.161		
X10	0.254	0.413	0.347	0.251	0.239	0.362	0.228	0.201	0.319	0.089	
X11	0.337	0.499	0.454	0.285	0.203	0.386	0.337	0.213	0.504	0.414	0.094

注：加粗字体表示交互作用类型为双因子增强，浅灰色填充表示交互作用类型为非线性增强

资料来源：根据数据分析整理

镇江的交互探测结果（表 7-10）中，购物服务设施个数 X1 指标对因子交互作用的影响最大，其中公交车站个数 X4 在与其交互后的决定力高达 0.984，是影响镇江 Airbnb 分布格局的最主要因素。镇江双因子增强型交互作用共 15 种，非线性增强型交互作用共 40 种。值得一提的是，虽然镇江拥有极少的地铁站点，并且距最近地铁站的距离 X5 的单因子解释力也没有达到显著水平，但在与其他因素交互后，其解释力却获得了大幅度的增长，这表明南京 S6 地铁线带来的城市要素集聚对镇江 Airbnb 分布格局产生了重大影响。

表 7-10　镇江市影响因子交互探测结果

	X1	X2	X3	X4	X5	X6	X7	X8	X9	X10	X11
X1	0.646										
X2	**0.766**	0.501									
X3	**0.732**	**0.677**	0.589								
X4	0.984	0.785	**0.792**	0.226							
X5	0.817	0.820	0.824	0.814	0.161						
X6	0.953	0.796	**0.796**	0.762	0.836	0.246					
X7	**0.828**	0.780	**0.759**	0.799	0.482	0.664	0.176				
X8	0.816	0.772	0.760	0.628	0.485	0.405	0.385	0.099			
X9	**0.784**	**0.749**	**0.712**	0.829	0.636	0.844	0.680	0.671	0.394		
X10	**0.801**	0.761	**0.737**	0.797	0.699	0.485	0.568	0.368	0.768	0.175	
X11	**0.770**	**0.542**	**0.684**	0.763	0.382	0.600	0.429	0.315	0.680	0.411	0.157

注：加粗字体表示交互作用类型为双因子增强，浅灰色填充表示交互作用类型为非线性增强

资料来源：根据数据分析整理

7.3 本章小结

7.3.1 结论

(1) 案例城市共享住宿的发展历程相似,空间上都存在不均衡性

上海、苏州和镇江 Airbnb 的起步时间不同,分别为 2010 年、2011 年和 2013 年,但它们拥有着相似的发展历程,即起步扩张阶段和迅速发展阶段。起步扩张阶段,Airbnb 在中国刚刚兴起,总体数量较少,注重品牌的打造,易出现高增长率的现象;迅速发展阶段,Airbnb 已正式进入中国市场,市场宣传与营销力度增强,房源总量增长,覆盖区域扩大,但由于体量较大,增长率较前一阶段会更低。3 个城市 Airbnb 的平均观测距离均远小于预期平均距离,且空间自相关都呈现正相关性,说明它们在空间上都表现为集聚,存在明显的不均衡性。

(2) 案例城市共享住宿时空演变的阶段特征明显,城市间具有差异性

上海 Airbnb 的空间分布格局历经了由"单核强集聚"到"单核多中心"再到"双核多中心"的 3 个发展阶段。其分布重心向东南方向的迪士尼区域转移,分布方向也与"中心城区—迪士尼"的一线相吻合。"中心城区—迪士尼"双核格局的形成,也导致了上海 Airbnb 的空间自相关呈现出缩小态势,即空间集聚程度的削弱。苏州 Airbnb 的空间分布格局历经了由"单核多飞地"向"单核多中心"的发展阶段。其空间自相关性呈现出扩大态势,但出现了多核格局的发展趋势。镇江 Airbnb 的空间分布格局历经了由"单核小集聚"向"单核多飞地"的发展阶段。其分布重心受句容新兴集聚区的影响,向西北方向移动,整体呈现出单核格局继续强化的趋势。

(3) 案例城市共享住宿分布格局的影响因素复杂,且城市间的差异性显著

上海、苏州和镇江共享住宿分布格局受到任意两个因子的交互影响的决定力都会强于一个因子解释力,其中交通便利维度的因子在与其他因子叠加时,会展现出更好的解释效果。上海 Airbnb 分布格局的影响因素最为复杂,旅游休闲性的特征突出。其因子探测结果较好,11 项指标均通过 0.001 显著性水平检验,都对 Airbnb 空间分布有决定能力,其中旅游休闲性维度的解释

能力突出，高达31%。相较于上海，苏州Airbnb分布格局的影响因素的复杂性稍弱，其中商业维度的决定力更明显，旅游吸引力维度的决定力则略逊一筹。苏州的11个指标中有10个通过0.001的显著性水平检验，基本具备对Airbnb空间分布的决定能力，其中商业便利维度的决定力占33.89%，高于上海的29.87%，旅游吸引力维度的决定力占27.03%，低于上海的31%。镇江Airbnb分布格局的影响因素则较为简单，商业特征最为突出。其因子探测效果不佳，仅有4个指标通过显著性水平检验，具有决定力的因子数量少，维度单一。其中，商业便利维度展现出巨大的决定力，解释能力高达51.52%。

(4) 共享住宿的空间分布格局及影响因素与城市等级密切相关

综合前文对各个案例城市共享住宿时空分布及影响因素的特征总结，本章发现各城市间存在着明显的差异性，即城市等级与其空间分布格局和影响因素具有明显的相关性。具体可叙述为以下四点：一是共享住宿空间分布格局的先进性随城市等级升高而升高。高等级城市共享住宿的规模体量大，起步时间较早。相较于低等级城市，高等级城市会更早地出现多中心乃至多核心的发展趋势与分布格局，为空间集聚扩散过程中的更高级形态，可视为具备空间分布格局上的先进性。二是共享住宿空间分布格局的独立性随城市等级升高而升高。高等级城市通常在经济、行政、交通等方面拥有着更高的话语权，低等级城市的发展也受到高等级城市的辐射。其中，地理位置上的邻近和高等级城市交通线路的延伸，会对低等级城市共享住宿的空间分布格局产生明显的影响力。三是空间分布影响因素的复杂性随城市等级升高而升高。由于共享住宿的大范围分布和城市设施的多种类现状，高等级城市共享住宿的选址分布常常与商业、交通、人口、景区甚至酒店位置等多种因素同时具有关联性。而低等级城市共享住宿的集聚区域附近的城市设施，往往种类更为单一，即商业、交通这类中心城区典型因素。四是空间分布影响因素的休闲性随城市等级升高而升高。城市经济发展水平与城市居民的旅游休闲需求密切相关。相较于低等级城市，高等级城市的居民往往具有更为强烈的旅游休闲动机，从而促使城市内的旅游景区、公园广场等休闲设施附近形成共享住宿的空间集聚现象。

7.3.2 对策建议

对比我国不同等级的典型城市共享住宿时空格局及影响因素的差异，有

助于提出针对性的发展对策。基于以上内容和本章结论,对大中小3个等级城市提出相应的发展建议,具体如下:

高等级城市应优化共享住宿的整体空间格局。高等级城市往往走在共享住宿产业发展的前列,其整体分布格局较为均衡。共享住宿在空间上已经由城市核心区向城市外围渗透,形成多中心乃至多核心的分布格局。在此基础上,建议高等级城市优化共享住宿核心区与外围的空间关系,在巩固提升核心区地位的同时,加大对外围集聚区共享住宿的特色发掘、政策扶持、专业指导和基础设施建设,引导各集聚区内共享住宿的差异化运营,促进城市内部的区域平衡。

中等级城市应升级共享住宿的空间分布格局。中等级城市往往处于共享住宿发展的转型期,单核特征显著,但同时在空间上呈现出向城市核心区外围渗透的趋势。在此基础上,建议中等级城市推进现有分布格局的升级优化,优先以政策手段引导共享住宿的选址分布,推动城市核心区外围的旅游休闲区域的空间集聚,促进多核分布格局的形成与发展。

低等级城市应开拓共享住宿的分布空间。低等级城市往往处于共享住宿发展的较低水平,在数量规模和空间均衡性上都具有明显劣势,其城市本身产生的住宿需求有限。在此基础上,建议低等级城市采取积极的共享住宿发展政策,积极融入都市圈规划建设,利用较高等级城市的辐射能力,开拓共享住宿的分布空间,引导促进核心区外围集聚区的形成,促进共享住宿的空间均衡性。

7.3.3 创新、不足与展望

本章分别从时间和空间维度研究了长三角3个不同等级城市共享住宿的发展态势,并探讨了其背后影响因素,在一定程度上丰富了共享住宿这一新兴业态的研究内容。创新之处体现如下:从研究结果上看,上海、苏州和镇江共享住宿的空间分布均表现出中心集聚与外围分散的基本格局,验证了经济地理学的经典理论。同时,不同等级城市间共享住宿分布格局呈现出的区别与联系,也与"核心—边缘"理论中对空间集聚扩散的四个演变阶段的描述相印证。因此,本章创新性地将城市等级与案例城市所呈现出的分布特征与影响因素相挂钩,并提供针对性的建议。从研究内容上看,本章引入多个研究案例，分别作为不同等级的城市代表，包含多个时间节点，弥补了过往单案例、大城市、单一时间点分析共享住宿空间结构的不足，在填补研究空白和丰富研究思路上具有创新性。

但同时，本章也在以下三方面存在局限性。一是研究时间具有局限性，为避免疫情对分布格局产生的复杂影响，本章将房源数据的时间选定为 2020 年之前年份。但疫情暴发距今已超过两年，后疫情时代的共享住宿业依然存在，且正在复苏，未来可考虑将 2020 年以后的年份也纳入研究之中。二是房源类型具有局限性，Airbnb 虽以“P2P”的商业运作模式闻名，但其中仍存有一定数量的专业房东，以酒店的方式运营房源，这与共享住宿的基本概念不符，未来可考虑将其剔除，筛选出准确的“P2P”类型的房源。三是影响因素具有局限性，本章将分析背景设为了 2019 年，缺少纵向的动态变化分析。同时，选取量化的指标涵盖维度不够全面，未涉及政策等定性类因素。未来可考虑弥补现有不足，顾及影响因素分析的时序性和全面性。

第八章

共享住宿时空分布及影响因素：南京案例

作为旅游共享住宿的典型，Airbnb 平台采用 P2P 商业模式，颠覆了传统的住宿行业模式(Guttentag et al.，2017;Garcia-Ayllon，2018)。一方面，共享住宿对传统住宿业的颠覆体现在区位选择上。位置决定了住宿在市场中的竞争地位和消费者对住宿的体验(Yang et al.，2018；Yang & Mao，2020)。共享住宿可以在现存建筑的地方扩张，而酒店需要有整栋建筑和相关建造手续才能进一步扩张(Gutiérrez et al.，2017)。因此，共享住宿相较于传统住宿有着更强的渗透性，在对区位的选择上和酒店有所不同。另一方面，共享住宿的区位决定因素和优势可能会随着时间的推移和城市结构的演变而变化(Yang & Mao，2020)，共享住宿也会对传统住宿业态的生态结构产生较大影响。因此城市管理者和规划者需要了解共享住宿的地理动态，从而能够有效管理城市(Zhang & Chen，2019)。共享住宿在时空中呈现怎样的演变特征，共享住宿的发展受到哪些因素的影响，这些问题都值得探讨。

共享住宿在我国迅速发展，正深刻地影响着旅游消费模式，也引起了我国旅游学、地理学和城市规划学等领域学者对共享住宿的关注。近两年相关研究聚焦于共享住宿的空间布局和影响机制，并且集中一线大城市，如北京、上海(夏馨颖 等，2020；赵海溶和陆林，2021；朱怡帆 等，2021；贾文通 等，2021)，但共享住宿在其他城市诸如新一线城市、旅游发达的三线城市中的发展也相当迅猛，应当予以关注。共享住宿分为整栋房源、独立房间和共享房间，这三种房源也存在差异性(Gutiérrez et al.，2017)，既往研究缺乏对共享住宿房源异质性的探究。

因此，本章以新一线城市南京为案例地，探究共享住宿的时空分布及影响因素，研究目标主要包括以下三方面：(1)揭示南京共享住宿空间布局特征；(2)探讨南京共享住宿空间布局的时空演化规律，以及不同类型共享住宿房源的时空演化特征；(3)挖掘南京不同类型共享住宿房源空间布局的影响因素。

8.1 理论基础

8.1.1 Airbnb 空间分布和影响因素

国际学者较早关注 Airbnb 的空间分布，研究尺度分为小范围区域和大范围区域，两者都验证了 Airbnb 空间分布和城市中心、旅游地区有着密切关系。从大范围区域来看，主要从国家和多个市域范围层面探讨 Airbnb 的分布，如 Cesarani 和 Nechita(2017)探讨了 Airbnb 在意大利整个国家领域内空间上的供需匹配，强调大城市和海岸线的重要性。从小范围区域来看，Gutiérrez 等(2017)认为巴塞罗那的 Airbnb 呈现中心—外围模式，Airbnb 比酒店部门更能利用靠近城市主要旅游景点这一优势。Xu 等(2020)对伦敦的研究结果表明共享住宿主要集中于市中心及旅游景点周边区域。不同地域范围内 Airbnb 空间分布的研究显示，Airbnb 的空间分布形态很可能遵循着以城市中心向外围辐射渗透和沿着旅游点分布的规律。

近两年，国内学者将研究视角投向共享住宿空间分布，地理学与旅游学相结合的研究范式逐渐成为潮流。如北京的共享住宿呈现出中心城区—边缘的集聚特征(夏馨颖 等，2020；贾文通 等，2021；肖梦林 等，2021)，但空间分布趋向于向郊区扩散，总体上更均衡分散。上海的共享住宿呈现中心高、外围低的“大聚集，小分散”的分布特征(朱怡帆 等，2021；李莉 等，2021a)。在大尺度研究上，马小宾等(2021)研究了 9 个国家中心城市共享住宿的时空演变，指出共享住宿的集聚分布特征。

目前，国内外的多数研究都聚焦特大城市，但有少数学者开始将目光投向中小城市。Hübscher 等(2020)关注到 Airbnb 在非旅游城市的空间布局，也说明了 Airbnb 从大城市向中小城市下沉的进程。将时间维度引入共享住宿的空间形态研究，会更直观地呈现 Airbnb 的形态演变，有助于理解 Airbnb 在中小城市中渗透发展的规律。但在当今信息技术快速发展和产业转移频繁的时代，对长三角地区的住宿研究比较匮乏，而共享住宿的渗透性在承接着上海特大城市产业的重要城市可能更加明显，其空间分布和驱动机制值得关注。

共享住宿和酒店住宿虽然在运营思维和形式上有着很大的差异，但是其同酒店一样，空间分布受多个因素的影响（Adam & Amuquandoh, 2014），主要有以下因素：

（1）城市中心和旅游景点。到城市中心、旅游景点的距离是影响 Airbnb 的重要因素（Gyódi, 2018; Gunter & Önder, 2018），消费者倾向于在城市中心的特定地区集中使用设施和服务（Gutiérrez et al., 2017），而旅游点周边的共享住宿能带来更具有优势的距离感知。Airbnb 比酒店对城市中消费者流量大的区域更加敏感，也更能受益于庞大的消费者流量（Gutiérrez et al., 2017）。

（2）交通便利性。交通是旅游得以实现的支撑，对住宿业分布也有着重要影响，与住宿业集聚程度关系密切，共享住宿房源往往位于公共交通便利和可达性高的地区（Yang et al., 2018; Xu et al., 2020）。

（3）社会人口因素。共享住宿更倾向于集中在一定规模体量的城市和人口稠密的地区（Domènech et al., 2019），教育水平（Sarkar et al., 2017）、家庭收入（Lagonigro et al., 2020; Roelofsen, 2018）、就业人口（Domènech et al., 2019）等指标对共享住宿的空间分布具有影响。但部分研究表明，不同城市的社会人口要素对 Airbnb 空间分布的解释力可能不同（Domènech & Zoğal, 2020）。

（4）传统住宿。大多数研究指出酒店对共享住宿的布局会产生影响（Yang & Mao, 2020; Gyódi, 2018）。学者们一般认为共享住宿与酒店互为替代品，二者存在竞争关系，但也有学者指出 Airbnb 和酒店不一定产生强烈的竞争关系，甚至会形成相互合作关系（Gutiérrez et al., 2017; Adamiak et al., 2019）。

（5）生活服务设施。生活服务设施是住宿布局中的重要因素，是一个现代人为保持生活质量和城市旅游品质的重要考量要素。餐馆、休闲娱乐、购物场所等与住宿服务存在互补性，所以这些要素也会影响共享住宿的空间布局（Xu et al., 2020）。此外，稀缺的医疗资源、优质的教育资源、兼具生活服务和旅游性质的诸多要素也会吸引共享住宿的集聚(胡小芳 等,2020;李莉 等,2021b;朱怡帆 等,2021)。

(6) 房源供给。共享住宿的主要产品仍然是房源,个性化服务则是一种附加性产品,因此房源供给量、房产价格等也是影响共享住宿分布的重要因素。相对于乡村,Airbnb 更加集中在城市,其中重要原因之一是城市房屋数量多、集聚密度大,出租的潜在性更大(Adamiak et al., 2019),Airbnb 比起酒店更容易在公寓住宅区域扩散,特别对于闲置房屋,Airbnb 表现出更强的渗透性(Gutiérrez et al., 2017),因此公寓住宅的集聚现象会塑造 Airbnb 的空间分布格局(Zhang & Chen, 2019)。在中国,房产以及房产价格对于经济和社会发展起着重要的支撑作用,房产价格对于共享住宿的分布也具有较强的解释力(贾文通 等,2021;马小宾 等,2021)。

8.1.2 Airbnb 房源异质性及相关研究

不同类型的 Airbnb 提供不同的服务,迎合不同的需求,而共享住宿本身对需求和人流量的敏感性比较高(Gutiérrez et al., 2017),需要针对不同群体布局在距离细分市场更近的位置,因此不同类型的 Airbnb 的空间布局可能具有一定的差异性,影响因素也不同。Gutiérrez 等人(2017)指出巴塞罗那的 Airbnb 房源中 54%是整栋房源,45%是独立房间,只有 1%是共享房间。这说明三种房源数量有差异,共享房间最少。Yang 和 Mao(2020)沿用这种分类方法,研究了不同类型 Airbnb 房源供应的影响因素,发现独立房间的供应与低档酒店是竞争关系,但所有的 Airbnb 房源与低档酒店为互补合作关系,消费者数量对整栋房源的影响最大。Adamiak 等(2019)在对西班牙的 Airbnb 研究中得出,共享房间在空间上比整栋房源更加集中,而独立房间相对分散,整栋房源大多数集中在海岸线的旅游度假区,与海岸线位置、酒店房源供应是正向影响,而共享房间和独立房间主要集中在大中城市,与城市住房动态和城市旅游相关。

由于不同类型的房源区位分布、影响因素是有差异的,对城市空间结构、城市生态系统和社会的影响也是不同,所以对于不同类型的 Airbnb 房源应当区别研究(Adamiak et al., 2019)。但目前国内缺乏对共享住宿房源异质性的研究,因此有必要对此展开研究。

8.1.3 空间结构相关理论

(1) 从地理学第一定律到地理学第二定律

托布勒(Tobler)于1970年提出地理学第一定律,即任何事物都与其他事物有联系,但与邻近的事物联系更加紧密。虽然该定律已融入人们的生活和潜意识中的认知,但这是第一次从定性角度概括了地理现象在空间上的相关性,并引发了地理学界的深入研究,无论是拥护还是争论,都为地理学理论的建设做出了贡献(孙俊 等,2012),并对其他学科产生了知识溢出(覃青连 等,2021)。在地理学第一定律的基础上,Anselin(1989)提出了地理学第二定律,即所有的事物都不是均质的,描述了地理现象的空间变化以及变化的差异性(朱阿兴 等,2020)。事实上,地理学第一定律阐述的是空间自相关性,地理学第二定律强调的是空间异质性,但地理学第一定律并不排斥地理学第二定律,二者产生的作用都影响着地理事物的空间组合(朱阿兴 等,2020)。从地理学第一定律到地理学第二定律,是对地理现象认知的深入。

目前,已经有国内外研究将地理学第一定律应用到共享住宿空间布局,伦敦的共享住宿、上海的共享住宿都遵循着地理学第一定律(Xu 等,2020;李莉 等,2021a),即共享住宿的空间分布与邻近的事物呈现出空间距离衰减规律(岳丽莹 等,2021)。但现在鲜有对地理学第二定律的验证研究。

(2) 核心—边缘理论

1966年,著名区域规划家弗里德曼(Friedman)在《区域发展政策》(*Regional Development Policy*)一书中,在中心地理论等理论的基础上提出核心—边缘理论,认为区域发展结构由核心区域和边缘区域组成。在区域经济增长过程中,核心区域处于主导位置,边缘区依赖核心区,二者关系不平等(汪宇明,2002),但核心区和边缘区空间系统边界和相互关系并不是静止的,在区域发展过程中不断相互影响,彼此重叠或组合,关系不断调整,最后形成区域空间有机整体(黄细嘉和黄贵仁,2011)。核心—边缘理论可以解释区域空间结构和形态演化(史春云 等,2007;郭文炯,2014),是重要的区域结构系统分析模型(于涛方 等,2007)。

在旅游方面,国内外学者用核心—边缘理论研究旅游现象和旅游要素,用来指导旅游规划,进一步发展丰富了核心—边缘理论内容,拓展了它的应用方向。Hills 和 Lundgren(1977)将此理论运用到国家旅游流研究中，成为旅游地核心—边缘结构模型的雏形(黄薇薇和沈非，2015)。Murphy 和 Andressen (1988)在此理论基础上研究区域旅游发展。汪宇明(2002)运用核心—边缘理论整合旅游资源、优化都市旅游，从而推动区域旅游发展。

一方面，从目前国内外学者对共享住宿的研究来看，城市中的共享住宿空间布局基本上遵循了“核心—边缘”结构(夏馨颖 等，2020；Garcia-Ayllon, 2018；Zhang & Chen, 2019)。另一方面，在全球化和信息技术迅速发展的时代背景下，各要素关联性和流动性进一步增强，传统的、相对静态的、孤立的理论不再适用于解释一些现象(杨永春 等，2011；周佳宁 等，2020)，核心—边缘理论提供了一个理解共享住宿区域发展动力与发展水平空间差异和空间演化的地理学思维框架(史春云 等，2007)。

8.2 研究设计

8.2.1 案例地选择和区域发展现状

本章选取旅游城市南京作为案例地。第一，南京坐落在长三角城市群北翼，是江苏省省会和长三角中心城市，长三角地区辐射带动中西部地区发展的重要门户城市，也是“一带一路”倡议与长江经济带战略交汇的重要节点城市，对长三角甚至全国来说都有着重要的地位。第二，南京总面积 6 587.04 平方千米，截至 2019 年，常住人口 850.00 万人，城镇化率 83.2%，GDP 为 14 030.15 亿元。正常年份 2019 年接待海内外消费者 14 682 万人次，旅游业总收入 2 784.95 亿元，受疫情影响，2020 年接待海内外消费者总人次 9 704 万人次、下降 33.9%，旅游业总收入 1 822.64 亿元，比上年下降 34.6%，但旅游业仍有一定的体量。总体上，南京旅游发展水平和城市化水平较高，是国内以及国外消费者重点考虑的城市旅游目的地之一。

自 2015 年 Airbnb 宣布正式进入中国市场，共享住宿在北京、上海等地迅猛发展，截至 2019 年，已经有上万家房源，Airbnb 在中国一线城市遍地开花的同时，也逐步辐射发展到新一线城市、二线城市等，2019 年《Airbnb 爱彼迎中国房东社区报告》中指出，南京的夫子庙商圈与新街口市中心的共享住宿处于供不应求的状态。以 Airbnb 为代表的共享住宿需求旺盛且发展迅速，有学者指出 Airbnb 主要集中在旅游城市（Adamiak，2019），而南京作为中国重要的旅游城市之一，Airbnb 发展速度也相当快。

综上所述，以南京为案例地有以下三点原因：第一，南京共享住宿的市场庞大，亟须对南京共享住宿供应市场进行研究，而南京 Airbnb 空间分布及影响机制的研究对推动南京共享住宿的发展具有实践价值和意义；第二，南京共享住宿处在供不应求的局面，发展前景广阔，需要从各方面加深对共享住宿的理解，从而更加科学合理地规划城市旅游发展；第三，南京作为新一线城市，可以作为典型案例研究 Airbnb 从中国一线城市下沉到新一线城市中的发展规律。

8.2.2 数据来源和处理

（1）数据来源

根据前文探讨的共享住宿的经营模式，Airbnb 在共享住宿领域更具有代表性，这也是陆林、侯国林等国内学者的共识（赵海溶和陆林，2021；李莉 等，2021a；马小宾 等，2021）。因此本章选取 Airbnb 中的房源信息作为研究数据。

利用 Python 爬虫程序从数据平台 Airbnb 官网（https://www.Airbnb.cn/）获取南京 Airbnb 房源数据，截至 2021 年 12 月 31 日，共获取 12 021 条房源数据。剔除重复、无效数据后，运用 ArcGIS 10.2 软件的 UTM 投影（Universal Transverse Mercator，通用横轴墨卡托投影）和“相交”功能，进一步剔除不属于南京市域的共享房源点，共获得有效房源数据 11 638 条，具体信息包括 Airbnb 房源经纬度、房东注册时间、房间价格、房间类型、房价评价等，一般认为用房东注册时间来模拟房源上线时间具有一定可靠性（李莉 等，2021b）。

利用 Python 爬虫程序从开放平台百度地图 JavaScript API 平台上获取南京 POI（Point of Interest）数据，采集时间为 2020 年 12 月，共获取 571 977 条 POI 数据，包括交通、酒店、居民住宅、商业金融、景区景点等，房价数据来自安居客平台数据（https://nanjing.anjuke.com/market/）。

（2）数据清洗处理和 POI 要素选择

将获取的 Airbnb 数据在 ArcGIS 10.2 软件中与南京行政区划进行叠加，统一地理坐标系为 WGS 1984 坐标系，并进行 UTM 投影，投影坐标系为

WGS_1984_UTM_Zone_50N。从下图 8-1 来看，可得：南京 Airbnb 主要集中在主城区，江宁区、溧水区、栖霞区、六合区和浦口区等区域的 Airbnb 分布较为分散。另外，考虑到规范研究，使用 ArcGIS 10.2 软件中“创建渔网”功能将南京按照 2 km×2 km 的规格划分网格，一共得 1 811 个网格，以 4 km^2 为一个空间单元进行分析，并删除无 Airbnb 要素点分布的网格，减少无要素点区域对整个区域共享住宿研究的干扰，一共 249 个网格，并生成质心。

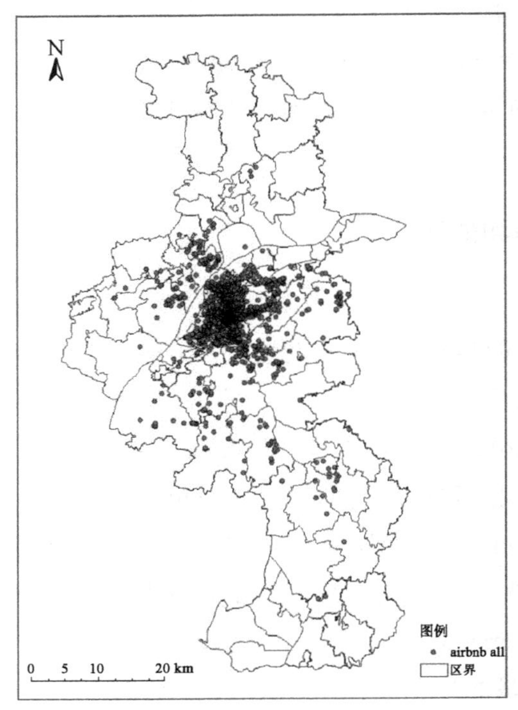

图 8-1　南京 Airbnb 房源空间分布图

（图源：作者自绘）

结合以往研究和所能获取的 POI 数据，将生活服务（高等院校、医院、文化艺术场所、购物场所、体育场馆、休闲娱乐设施、餐饮、酒店）、交通便利性（地铁站、车站、机场）、房源供给（酒店、公寓住宅）、旅游吸引力（景区景点）作为影响因素，如下表 8-1。其中，景区距离的计算是通过的 ArcGIS 10.2 软件描出南京所有 4A 级以上景区，并做质心处理。平均距离计算是通过 ArcGIS 10.2 软件“近邻分析”计算得出最近距离，并以每个网格为单位做平均最近距离计算得出。

表 8-1　南京 Airbnb 空间分布影响因素选取和 POI 数据清洗过程

指标维度	影响因素	定义	数据性质
生活服务	高校距离	网格内共享住宿要素点到高等院线的平均最近直线距离	距离
	医院距离	网格内共享住宿要素点到三甲医院的平均最近直线距离	距离
	文化艺术场所数量	网格内文化艺术场所设施数量	数量
	购物场所数量	网格内购物中心、便利店数量	数量
	体育场馆数量	网格内体育场馆数量	数量
	休闲娱乐设施数量	网格内康养娱乐休闲设施数量	数量
	餐饮数量	网格内餐饮店数量	数量
	酒店数量	网格内经济型酒店、中高档酒店数量	数量
交通便利性	地铁站距离	网格内共享住宿要素点到地铁站的平均最近直线距离	距离
	车站机场距离	网格内共享住宿要素点到车站机场的平均最近直线距离	距离
	地铁公交数量	网格内地铁公交站的数量	数量
	市中心距离	网格中心到市中心直线距离	距离
房源供给	住宅数量	网格内居民住宅数量	数量
	房价水平	网格内房价的平均水平	数量
旅游吸引力	景区距离	网格内共享住宿要素点到 4A 级以上景区的平均最近直线距离	距离
	景区景点数量	网格内景区景点的数量	数量

资料来源：根据以往文献整理

虽然南京城市空间结构逐渐从以新街口为核心的单中心结构向多中心发展(郝丽莎 等,2019),但新街口仍是最主要中心区域。本章将新街口地铁 2 号线和 3 号线交叉点,同时是汉中路和珠江路的交叉点作为市中心(经纬度:118.790 604°E,32.047 999°N),此十字路口有着多个大型购物场所和多个商务区,是南京主要的中央商务区。

8.2.3　分析方法

(1) 空间自相关

空间自相关是用于检验某一要素属性值在同一个区域潜在的相互依赖性的

空间统计方法(李少琦 等,2020)。本章采用莫兰指数进行空间自相关分析。莫兰指数分为全局莫兰指数(Global Moran'I)和局部莫兰指数(Local Moran' I)。通常情况,全局莫兰指数用来描述所有的空间单元在整个区域上与周边地区的平均关联程度,局部莫兰指数用来检测空间中是否出现了集聚或异常值。

全局莫兰指数大于 0 时,表示数据呈现空间正相关,其值越大空间相关性越明显;全局莫兰指数小于 0 时,表示数据呈现空间负相关,其值越小空间差异越大;全局莫兰指数为 0 时,空间呈随机性,无空间相关性。全局莫兰指数公式如下:

$$I=\frac{n}{S_0}\times\frac{\sum_{i=1}^{n}\sum_{j=1}^{n}w_{ij}(y_i-\bar{y})(y_i-\bar{y})}{\sum_{i=1}^{n}(y_i-\bar{y})^2} \quad (式 8-1)$$

公式中,$S_0=\sum_{i=1}^{n}\sum_{i=1}^{n}w_{ij}$,$n$ 为空间单元总个数,y_i 和 y_j 分别表示第 i 个空间单元和第 j 个空间单元的属性值,$\bar{y}$ 为所有空间单元属性值的均值,w_{ij} 为空间权重值。

局部莫兰指数公式如下:

$$I_i=\frac{Z_i}{S^2}\sum_{j\neq i}^{n}w_{ij}Z_j \quad (式 8-2)$$

其中,$Z_i=y_i-\bar{y}$,$Z_j=y_i-\bar{y}$,$S^2=\frac{1}{n}\sum(y_i-\bar{y})^2$,$w_{ij}$ 为地区 i 和地区 j 空间权重值,n 为研究区域上所有地区的总数,I_i 则代表第 i 个地区的局部莫兰指数,I 为正,表示该单元的值被与之相似的值包围,分为“高—高”分布(即高值被高值包围)和“低—低”分布(即低值被低值包围);I 为负,表示该单元的值被与之相异的值包围,分为“高—低”分布(即高值被低值包围)和“低—高”分布(即低值被高值包围)。ArcGIS 软件根据给定的显著性水平下,将通过显著性检验的区域以地图的方式呈现出来,即 LISA 聚集图。其中全局莫兰指数和局部莫兰指数的关系如下:

$$I=\frac{\sum_{i}I_i}{n} \quad (式 8-3)$$

(2) 标准差椭圆分析

标准差椭圆分析可用于探究点要素的分布重心及空间分布方向，其中，平均中心代表点要素在空间分布上的相对位置，正北方向与顺时针旋转的主轴之间形成的夹角为方位角，代表空间分布的主趋势方向。长半轴代表主趋势方向上离散程度，短半轴代表次趋势方向上的离散程度(李莉 等，2021b)，计算公式如下：

$$M(\bar{X}\bar{Y}) = \left| \sum_{i=1}^{n} \frac{x_i}{n},\ \sum_{i=1}^{n} \frac{y_i}{n} \right| \qquad (式 8-4)$$

$$\tan\theta = \left[(\sum_{i=1}^{n} x_i^2 - \sum_{i=1}^{n} y_i^2) + \sqrt{(\sum_{i=1}^{n} x_i^2 - \sum_{i=1}^{n} y_i^2) + 4(\sum_{i=1}^{n} x_i y_i)} \right] \qquad (式 8-5)$$

式中 $M(\bar{X}, \bar{Y})$ 为要素的平均中心坐标，x_i 和 y_i 为要素点 i 的空间坐标，n 为要素点总数，θ 为椭圆方位角。

(3) 核密度分析

核密度分析可以通过对离散数据的空间平滑处理计算要素在其周围邻域中的密度，从而反映出离散要素点的在空间上扩散的距离衰减规律(李莉 等，2021b)，清楚表达离散要素点的离散特征。计算公式如下：

$$f(x) = \frac{1}{nh} \sum_{i=1}^{n} k\left(\frac{x - c_i}{h}\right) \qquad (式 8-6)$$

其中，$f(x)$为空间内 x 处的核密度计算函数；h 为距离衰减阈值，可以是固定值或动态值；n 为与 x 的距离小于或等于 h 的要素点数；k 代表距离衰减函数；c_i 为核心要素的位置。

(4) 地理探测器

地理探测器是分析空间数据的有力的工具(王劲峰 等，2014)，用来探测共享住宿空间分异性，检测地理事物空间分布的驱动力，核心思想是基于这样的假设：如某个自变量对因变量有重要影响，那么两个变量的空间分布具有相似性(王劲峰和徐成东，2017)，即根据两个自变量和因变量之间的耦合，而不假设两个变量关联的线性。

普通的线性回归是基于自变量之间具有平稳性和线性的假定，但地理探测器避开了传统回归方法对数据过多的假设前提(马小宾 等，2021)。由于共享住宿及其影响因素面板数据在空间上表现的复杂性、自相关性和空间异质性，地理探测器适用于共享住宿空间分布驱动力研究，并且这种方法的优势还在于可以探测两种变量之间交互作用对因变量的解释力。

分异及因子探测：主要用来探测自变量对因变量的空间集聚特征的解释力。

$$q=1-\frac{\sum_{h=1}^{L}N_h\sigma_h^2}{N\sigma^2}=1-\frac{SSW}{SST},\ h=1,\ 2,\ \cdots,\ L \quad (式\ 8\text{-}7)$$

$$SSW=\sum_{h=1}^{L}N_h\sigma_h^2,\ SST=N\sigma^2 \quad (式\ 8\text{-}8)$$

式中：h 为变量 Y 或因子 X 的分类或分区；N_h 代表层 h 的样本个数；N 代表全区的样本个数；σ_h^2 为层 h 的 Y 值方差；σ^2 为全区的 Y 值方差；SSW 代表层内方差和；SST 代表全区总方差。

q 值最大为 1，表示因子 X 完全控制了 Y 空间分布，最小为 0，表示因子 X 与自变量 Y 没有关系，除了 0 和 1 以外的情况，q 值的大小表示这个因子在多大程度上解释了自变量，q 值越大说明此自变量对共享住宿的空间分异性解释程度越强，q 值越小说明此自变量对共享住宿的空间分异性解释程度越弱，地理探测器原理如下图 8-2 所示。

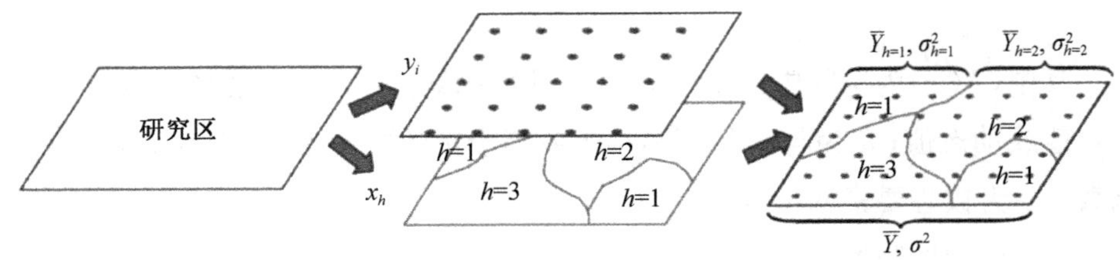

图 8-2　地理探测器原理

（王劲峰 等，2014）

交互作用探测：用来探测两个自变量之间的交互作用对因变量的解释力。这有利于解释共享住宿复杂的影响要素之间的关系对共享住宿空间分布的影响。

交互作用探测主要比较两个自变量独立的 q 值与交互在一起的 q 值的大小，主要有五种交互作用的类型：

第一种，当两个交互的自变量的 q 值小于两个自变量中最小 q 值，则两个自变量呈现出非线性减弱关系；

第二种，当两个交互的自变量的 q 值大于两个自变量中最小 q 值，小于两个自变量中最大 q 值，则两个自变量对因变量呈现出单因子非线性减弱关系；

第三种，当两个交互的自变量的 q 值大于两个自变量中最大 q 值，那么两个自变量对应变量的关系是双因子增强；

第四种，当两个交互的自变量的 q 值等于两个自变量 q 值的和，那么两个自变量对因变量的影响是独立关系；

第五种，当两个交互的自变量的 q 值大于两个自变量 q 值的和，那么两个自变量对因变量的影响是非线性增强关系。

8.3 南京共享住宿空间格局和时空演变

8.3.1 南京共享住宿空间分布特征和时空演变

（1）南京 Airbnb 全局发展演变和趋势

全局莫兰指数根据要素位置和要素值度量空间自相关。以南京全市域街道为单位，房源数量为分析字段，运用 ArcGIS 10.2 进行全局莫兰指数分析。Global Moran's Ⅰ指数都为正，且 P 值为 0，Z 得分大于 2.58，说明在 99%的置信区间内，2015—2021 年南京 Airbnb 房源在空间分布上呈显著正相关，即相邻的街镇在空间上表现为集聚。且又因为 Z 值较大，说明 Airbnb 在南京全域范围内聚类程度较高。

Global Moran's Ⅰ指数和 Z 得分都在 2016 年达到最高，2017—2018 年逐年下降，这说明南京 Airbnb 在 2016 年聚类程度最高，2019 年 Global Moran's Ⅰ指数和 Z 得分均有所提高。2020—2021 年，大幅下降。这说明 2015 年、2016 年和 2019 年新增的共享住宿保持着高聚类的分布，2016—2019 年共享住宿稳定发展，大体上保持着较高聚类的空间分布，根据南京 Airbnb 房源分布图，大致能判断 Airbnb 主要集聚在主城区。

值得注意的是，根据表 8-2 和图 8-3，南京市共享住宿在 2015 年新增数量最少，在 2019 年最多，但全局莫兰指数和 Z 得分却相近，而 2020 年与 2018 年、

2019 年新增数量相近，但 2020 年全局莫兰指数和 Z 得分却有所下降，因此每年新增的共享住宿数量的多少对全市域内共享住宿空间自相关影响并不是很大。那么 2020—2021 年，共享住宿的聚类程度降低，可以排除受到疫情影响才导致南京市新增的共享住宿数量降低可能。这进一步地说明南京市的共享住宿以 2020 年为分界点，空间分布呈现出不均衡向均衡发展的趋势。

表 8-2　2015—2021 年南京市每年新增 Airbnb 全局莫兰指数

年份	全局莫兰 I 指数	Z 得分	P 值
2015 年	0.132 927	9.680 550	0.000 000
2016 年	0.138 208	10.134 486	0.000 000
2017 年	0.111 731	8.430 680	0.000 000
2018 年	0.110 280	8.410 322	0.000 000
2019 年	0.132 086	9.757 611	0.000 000
2020 年	0.108 033	8.050 191	0.000 000
2021 年	0.043 722	3.724 490	0.009 246

资料来源：根据以往文献整理

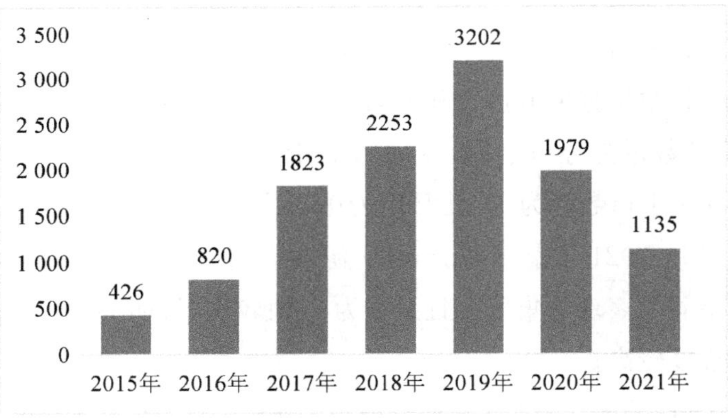

图 8-3　2015—2021 年南京市每年新增 Airbnb 统计

资料来源：根据以往文献整理

（2）南京 Airbnb 局部集聚特征及演化

全局莫兰指数只能分析南京共享住宿空间分布区域内是否聚集和总体关联特征，但无从得知局部区域聚集程度和空间关联性。运用 ArcGIS 10.2 的“聚类和异常值分析”模块，以南京全域街道为分析单位，以房源数量为指标，对 2015—2021 年每年新增的共享住宿进行局部空间自相关分析，得出图 8-4、图 8-5。

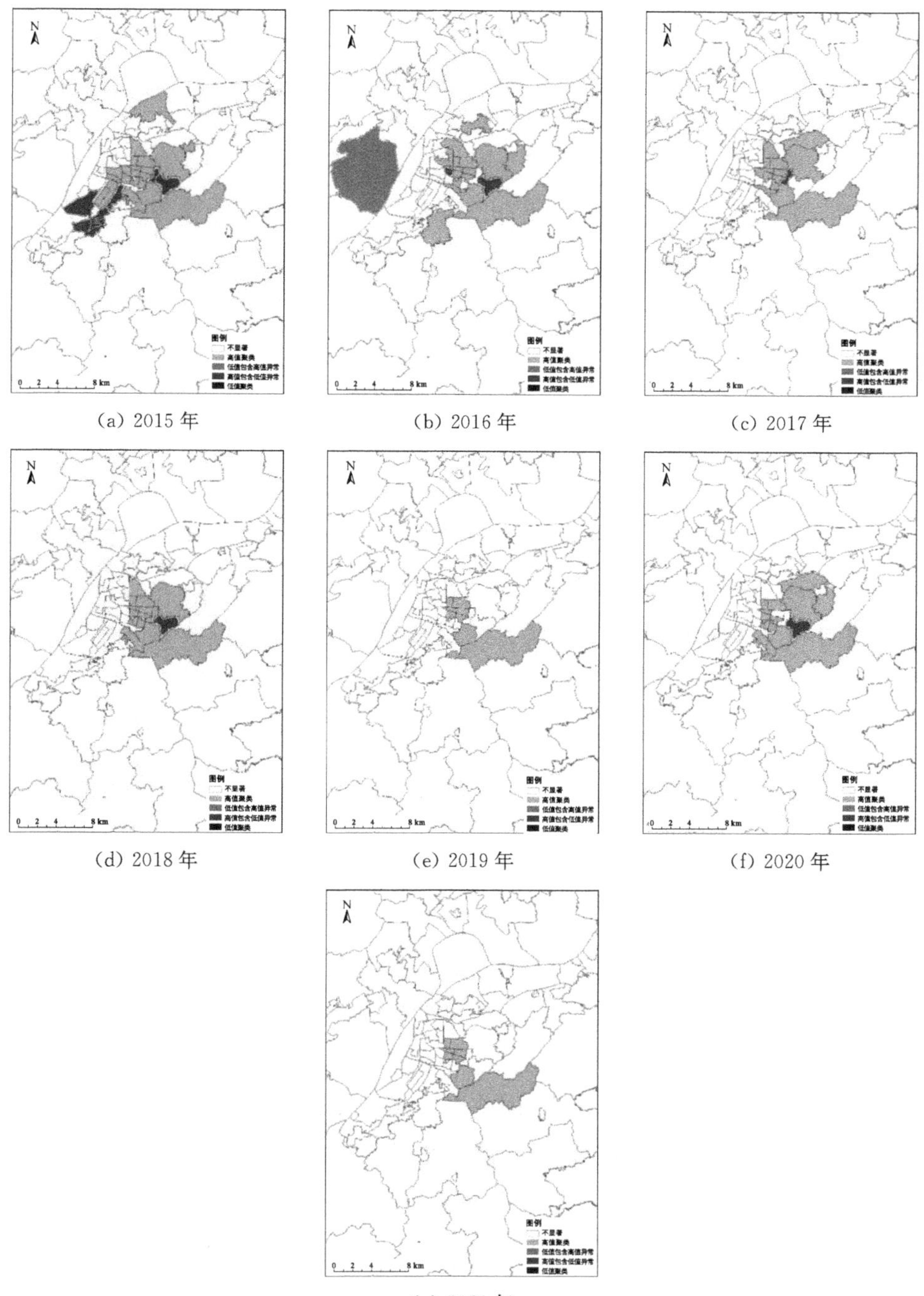

(a) 2015 年　(b) 2016 年　(c) 2017 年

(d) 2018 年　(e) 2019 年　(f) 2020 年

(g) 2021 年

图 8-4　2015—2021 年南京市每年新增 Airbnb 局部莫兰指数分析图

（图源：作者自绘）

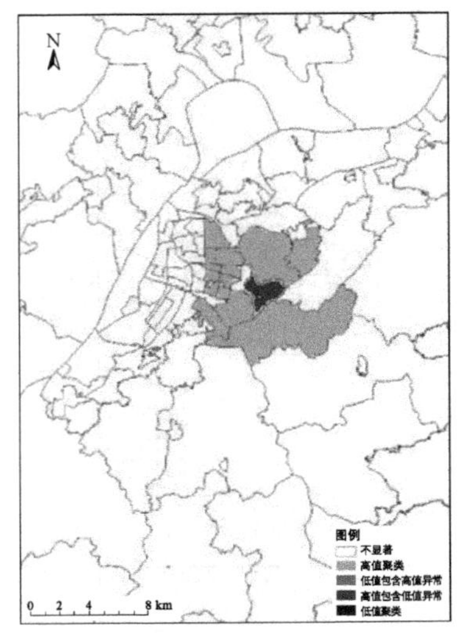

图 8-5 2015—2021 年南京市累计新增 Airbnb 局部莫兰指数分析图

（图源：作者自绘）

根据分析结果，2015 年，新增的共享住宿在玄武区的玄武门街道、新街口街道、梅园新村街道、孝陵卫街道，栖霞区的燕子矶街道和马群街道，秦淮区的大部分街道，建邺区东部莫愁湖街道和南苑街道，雨花台区雨花街道，以及江宁区东山街道都出现了高聚类现象，说明这些街道出现共享住宿房源聚类程度高，周边聚类程度也高，同时在秦淮区光华路街道、月牙湖街道，雨花台区西部赛虹桥街道、西善桥街道，建邺区的双闸街道出现了低高聚类，说明在高聚类周边，这几个街道形成了共享住宿分布的低值中心。2016 年的空间异质性和 2015 年大体上一致，局部有变化，值得注意的是新增的共享住宿在栖霞区西南方向迈皋桥街道形成了高聚类，可能与 2015 年栖霞区燕子矶街道共享住宿扩散有关，浦口区东部江浦街道出现了高低聚类，说明共享住宿已经在 2016 年渗透到江北浦口并在一定程度上形成了空间聚类。2017—2019 年，高聚类的地区逐渐减少，但都集中在夫子庙秦淮风光带区域及周边。2020 年，即使受到疫情的冲击，但新增的共享住宿出现高聚类的地区增加，如玄武湖街道。2021 年，出现高聚类的街道减少，秦淮区光华路街道低高聚类现象也消失。

从 2015—2021 年累计注册的共享住宿空间异质性方面来看，出现高聚类的街道主要为玄武区玄武门街道、新街口街道、梅园新村街道、孝陵卫街道，栖霞区马群街街道，秦淮区五老村街道、瑞金路街道、洪武路街道、大光路街道、夫子庙街道、秦虹街道、红花街道，雨花台区雨花街道和江宁区东山街道，其中秦淮区光华路街道形成低高聚类，和周边街道形成强烈对比。

总体上，每年新增的共享住宿在夫子庙—新街口地区以及周边东部地区形成了高聚类，和累积注册的共享住宿空间分布聚类地区相吻合，说明在这些地区共享住宿的聚类程度每年都在加深。

（3）南京 Airbnb 空间分布范围及走向

在探索南京共享住宿聚类程度的时空演变后，进一步研究南京共享住宿空间分布的时空演变特征，主要运用标准差椭圆进行分析。以每年增加的 Airbnb 房源点要素作为分析数据，运用 ArcGIS 10.2 的“标准差椭圆”和“平均中心”模块分析，椭圆大小选择“2_STANDARD_DEVIATIONS”，即椭圆范围内包含的房源数量约占房源总数的 95％，得到图 8-6。

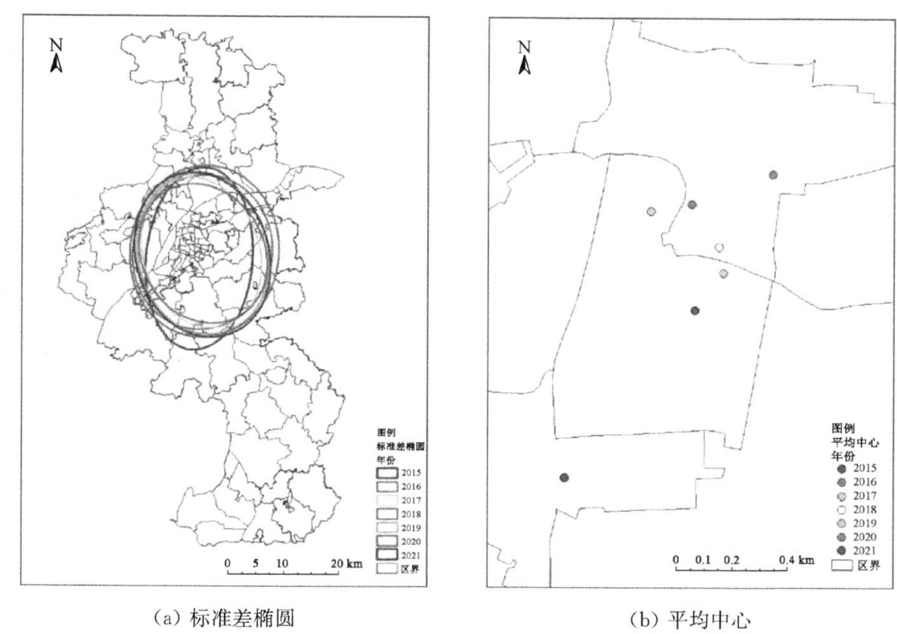

(a) 标准差椭圆　　(b) 平均中心

图 8-6　2015—2020 年南京市每年新增 Airbnb 房源空间分布标准差椭圆和平均中心分析

（图源：作者自绘）

平均中心主要集中在秦淮区的中华门街道、秦虹街道和大光路街道，2015 年新增共享住宿空间布局的平均中心落在中华门街道东部，2016 年平均中心向东北偏移到 2 300 m 外的大光路街道，2017—2021 年，平均中心在秦虹街道和大光路街道交界处来回转移，最长的距离有 1 100 m。总的来说，每年新增的共享住宿空间分布平均中心较为集中，2016 年之后逐渐向东北方向偏移，也说明了每年 95％新增的共享住宿逐渐向东北方向偏移。

根据标准差椭圆分析结果，2015 年，在以长半轴为 27 103 m，短半轴 15 405 m，扁率为 0.432，转角为北偏东 4.46°，面积为 13.12 km^2 的椭圆囊括了 Airbnb 95％的房源，集聚区域呈现“南—北”走向，覆盖鼓楼区、玄武区、秦淮区、建邺区、雨花台区、江宁区西北部、栖霞区西部、浦口区东北部和六合区南部的小块区域。2016 年，标准差椭圆长半轴为 22 874 m，短半轴为 20 140 m，扁率为 0.12，共享住宿分布的方向性减弱，但 2017—2018 年的椭圆呈现出微弱的“西北—东南”走向，也说明了 95%的共享住宿从南北走向逐渐向“西北—东南”走向偏转。从椭圆面积来看，2015—2020 年，椭圆面积分别为 13.12 km^2、14.47 km^2、11.96 km^2、11.85 km^2、14.19 km^2、17.22 km^2 和 14.96 km^2，从 2015 年小范围分布在 2020 年达到峰值，Airbnb 房源溢出效应得以体现，在 2019 年，新增的房源分布范围又扩大。

（4）南京 Airbnb 空间分布聚类、离散特征

按照年份，对 2015—2021 年新增的房源要素点依次进行核密度分析，使用自然间断法将核密度值分成 7 个类别。

2015 年，共享住宿房源以夫子庙秦淮风光带为核心形成了集聚区，其中五老村街道、洪武路街道形成了一级核心，建邺河西中央商务区和建邺新城科技园交界处形成了二级核心。2015 年是 Airbnb 正式进军中国市场的阶段，此阶段 Airbnb 主要分布在夫子庙一级核心集聚区，在鼓楼区、江宁区、雨花台区和栖霞区等区域形成低密度聚集中心。

2016 年，共享住宿房源主要呈现出南北纵向分布。夫子庙团块状集聚区向北扩大，密度值提高，有向北部新街口等地区溢出趋向，栖霞区马群街道北部出现二级核心，秦淮区红花街道西南部和浦口区江浦街道东北角出现三级核心，同时建邺河西中央商务区和建邺新城科技园交界处的二级核心相对消失。同时集聚区向四周扩张，分布区域变大。

2017 年，共享住宿房源整体密度值提高，夫子庙秦淮风光带一级核心集聚区仍然维持密度值中心，栖霞区马群街道北部二级核心相对消失，秦淮区红花街道西南部三级核心仍然存在。

2018 年，共享住宿房源整体核密度有所下降，但空间分布状态总体上保持不变，秦淮区红花街道西南部三级核心提升为二级核心，与北部夫子庙秦淮风光带一级核心形成南北呼应，夫子庙—新街口双核团状集聚区形成，并向四周发展，周边区域出现多个离散型独立发展状态的房源。

2019 年，共享住宿房源整体密度值提高，秦淮区红花街道西南部二级核心相对消失，空间分布范围进一步向四周拓展渗透，覆盖面积变大，同时，与玄武区孝陵卫街道的低密度集聚区连成一片。

2020 年，共享住宿新增房源空间分布密度值下降，可能和新冠肺炎疫情相关。值得注意的是，夫子庙秦淮风光带一级核心区域向南北延伸，秦淮区红花街道三级核心再次显现。同时，江宁区麒麟街道东北部、东山街街道西部等区域集聚程度相对明显。

2021 年，新增的房源仍然以秦淮观光带为核心，形成集聚区，其周边区域呈现出低密度离散型发展状态，南北纵向发展较为明显。

从 2015—2021 年，累计新增的共享住宿来看，形成了夫子庙秦淮风光带一级核心和秦淮区红花街道的次级核心，并围绕着双核形成了南北纵向发展的团块状区域，同时向东渗透到栖霞区南部和江宁区北部等区域。

综上所述，2015—2021 年，南京共享住宿房源空间分布以南北纵向发展为主，遵循着以夫子庙区域为核心，向周边呈现距离衰减规律，并且出现了组团连片发展情况。从发展趋势来看，以团块状延伸的栖霞区南部和江宁区北部等区域的共享住宿集聚程度可能会进一步加强。

8.3.2 不同类型共享住宿的时空演变

为研究共享住宿微观房源异质性，根据 Adamiak 等人(2019)、Yang 和 Mao (2020)对 Airbnb 房源类型分类，将南京 Airbnb 房源分为独立房间(8 692 间，占比 74.69%)、整栋房源(2 737 间，占比 23.52%)、共享房间(209 间，占比 1.79%)。不同的房源类型代表着不同的生产效率，一般认为共享房间生产效率最低，独立房间效率最高，这是因为共享房间单独出租床位，在强调隐私性、安全性的当代，陌生人之间往往存在信任危机，导致共享房间的市场选择率较低，而独立房间比整房源价格低，且比共享房间有着更为独立的私人空间，物美价廉而更受欢迎。

(1) 不同类型 Airbnb 空间分布范围及走向的差异

对不同类型的 Airbnb 房源做标准差椭圆分析。三种类型的房源平均中心分布较为集中，共享房间、整栋房屋和独立房间分别分布在秦淮区洪武路街道、大光路街道和红花街道，几乎呈“西北—东南”直线分布，最远相距约 3 700 m，和 2015—2020 年 Airbnb 房源空间分布平均中心位置相差不大，再次说明南京 Airbnb 房源无论在年份还是房源类型上，都主要出现在秦淮区夫子庙景区周边。

从标准差椭圆分析结果来看，以长半轴为 18 671 m，短半轴 7 606 m，面积为 9.96 km^2 的椭圆囊括了 95%的共享房间，覆盖秦淮区、鼓楼区、玄武区、栖霞区西南角、建邺区东北部、雨花台区东北部和江宁区的北部，总体走向呈现出"西北—东南"，空间分布的方向性比较明显。整栋房屋的分析结果显示，以长半轴为 19 011 m，短半轴 16 680 m，面积为 4.46 km^2 的椭圆囊括了 95%房源，在"西北—东南"方向上分布范围和共享房间类似，但在"东北—西南"方向上，分布范围更广，也意味着整栋房屋的分布方向性减弱。独立房间的分析结果显示，以长半轴为 33 764 m，短半轴 25 595 m，面积为 27.15 km^2 的椭圆囊括了 95%的房源，总体上仍然呈现出"东西北—东南"方向的空间分布，覆盖空间更广，几乎覆盖南京整个主城区，涉及浦口区、栖霞区、江宁区的大部分区域和六合区的北部。

(2) 不同类型 Airbnb 空间分布聚类、离散特征差异

1) 整栋房源

对 2015 年、2016—2017 年、2018—2019 年、2020—2021 年、2015—2021 年新增的 Airbnb 整栋房源要素点依次进行核密度分析，使用自然间断法将核密度值分成 7 个类别。

2015 年，共享住宿整栋房源空间分布在秦淮区五老村街道和洪武路街道，以及建邺新城科技园和河西中央商务区交界处形成了两个核心，房源以秦淮区五老村街道和洪武路街道为中心向周边小范围区域内分布，且核密度逐渐下降。建邺河西中央商务区和建邺新城科技园交界处的核心较为孤立。围绕着两个核心集聚区，整栋房源发散分布，离散性较强，密度较低。

2016—2017 年，新增的 Airbnb 整栋房源分布整体核密度值大幅提高，出现更大范围的低密度区域。建邺河西中央商务区和建邺新城科技园交界处核心区相对消失，秦淮区五老村街道和洪武路街道一级核心地位加强，同时出现秦淮区红花街道次级核心，南北向发展趋势更明显，且也出现向东发展趋势，如玄武区孝陵卫街道。

2018—2019 年，整体核密度值进一步小范围提升，夫子庙秦淮风光带一级核心区进一步加强，并扩散到新街口街道和梅园新村街道交界处，秦淮区红花街道次级核心范围也有所扩大。围绕着两个核心，向外进一步扩张渗透，与建邺河西中央商务区和建邺新城科技园连成一片，形成团块状发展。与此同时，

江宁区东山街道西南部、麒麟街道东部、湖熟街道西部、浦口区江浦街道东北部等区域出现低密度聚集。

2020—2021年，新增的Airbnb整栋房源仍然以秦淮夫子庙风光带一级核心聚集为主，并呈现更为明显的南北走向发展。受疫情影响，中心密度较2018—2019年有所下降。围绕着一级核心集聚区，低密度的房源空间分布较为离散且相对独立，没有形成连片发展。

从整体上看，2015—2021年，累计的整栋房源在空间分布上，形成了以秦淮夫子庙风光带一级核心和秦淮红花街道次级核心，以及主要核心和次级核心形成团块状发展的分布状态，玄武区孝陵卫街道、栖霞区马群街道、江宁区东山街道西南部、麒麟街道东部、湖熟街道西部、浦口区江浦街道东北部等区域出现独立发展的低密度区域。

由此可见，南京Airbnb整栋房源主要分布在夫子庙秦淮风光带一带，整体呈现出以该核心聚集区向北边、南边纵向扩散溢出，横向上分布着零星的房源和低密度集聚区的格局。

2）独立房间

对2015年、2016—2017年、2018—2019年、2020—2021年、2015—2021年新增的Airbnb独立房间要素点依次进行核密度分析，使用自然间断法将核密度值分成7个类别。

2015年，新增的独立房间房源空间分布较为离散，且数量少，主要在主城区秦淮区、玄武区、建邺区，以及江宁区谷里街道和禄口街道、浦口区、栖霞区等地区零星分布，尚未形成一定程度的聚集区。

2016—2017年，整体核密度值有所提高，且出现了夫子庙秦淮风光带一级核心、秦淮区红花街道三级核心，围绕着一级核心形成了南北方向纵深发展、东西方向零星分布的局面。江宁区汤山街道东北角出现了二级核心，江宁区秣陵街道西南角出现三级核心，但都是独立发展，并未形成片状、块状分布。同时在离主城区偏远的地区，如江宁区的南部、溧水区、浦口区等地区也有低密度分布。

2018—2019年，夫子庙秦淮风光带一级核心向北移动至新街口街道、梅园新村街道和五老村街道的交界处，秦淮区红花街道二级核心地位相对下降，江宁区汤山街道东北角二级核心地位相对下降，玄武区孝陵卫街道南部出现较高密度聚集。

2020—2021年，整体核密度值有所下降，新增的独立房间房源仍然以夫子庙秦淮风光带一级核心为中心，向四周逐渐扩散。整个南京区域内的独立房间房源独立离散分布非常明显，呈现出扩散的状态。除了主城区连片发展，浦口区东北部、江宁区等区域，零星分布着独立房间房源，也意味着共享住宿向郊区、乡村渗透。

独立房间房源在秦淮区五老村西部，南京市中心(新街口十字路口)形成了一级核心集聚区，五老村东部形成了二级核心集聚区，夫子庙秦淮风光带东北部、栖霞区马群街道和玄武区孝陵卫街道交界处形成了低密度核心集聚区。

2015—2021年，累计新增的独立房间房源形成了以夫子庙秦淮风光带为一级核心的团块状分布，向南与秦淮区的红花街道西南部的二级核心相连，向东与玄武区的孝陵卫街道二级核心相连形成连体发展趋势。江宁区汤山街道东北角形成独立的小范围聚集，同时在江宁区西部南部、浦口区的东北部形成离散型的低密度聚集区。

3）共享房间

对新增的共享房间要素点进行核密度分析，使用自然间断法将核密度值分成7个类别。但由于共享房间数量比较少，所以将要素点分为2015—2018年、2019—2021年、2015—2021年三个时间段依次进行分析。

从分析结果来看，2015—2018年，新增的单间房间房源核密度值较小，主要出现三个核心集聚区：夫子庙街道，瑞金路街道和梅园新村街道五老村街道的交界处，五老村街道华、侨路街道和新街口街道的交界处，围绕着三个核心的低密度集聚片区也比较小，秦淮区红花街道、玄武区玄武街道、江宁区东山街道、江宁区淳化街道、溧水区永阳镇北部等区域出现了离散型低密度聚集。

2019—2021年，新增的单间房间房源较为分散，且数量本身就较少，所以核密度分析结果不明显。

2015—2021年，所有的共享房间形成了以瑞金路街道和梅园新村街道五老村街道的交界处为一级核心，向外核密度值逐渐降低的小范围分布状态，核密度值有所提高，但比起整栋房源和独立房间仍然比较低。

8.3.3 小结

从对南京共享住宿整体的空间异质性分析，以及对不同年份、不同类型的房源空间分布分析来看，南京市的共享住宿呈现出“核心—边缘”的空间分布，并且呈现出核心区域聚集程度提升、周边区域渗透组团发展、郊区乡村扩散的时空演变特征。一方面，在空间上主要形成了以新街口—夫子庙为核心的共享住宿集聚核心，并且每年都出现了多个街道的高聚类，但不同的年份新增的房源聚集程度从高聚类到低聚类逐渐均衡发展，逐渐由新街口—夫子庙核心向外围和郊区发展。另一方面，每年新增的共享住宿房源的95％整体上呈现南—北向分布，这和南京市南北空间结构有着密切关系，但是共享住宿分布自新街口—夫子庙核心向东部、东南方向呈现出渗透和兼并小聚集中心的态势，从离散型分布逐渐呈现为块状分布，产业集聚效应和渗透效应增强。

对于不同类型的房源分析，共享房间、整栋房屋和独立房间的房源分布在方向上大体上一致，呈“西北—东南”分布，但在分布范围上，独立房间更加广泛，整栋房屋次之，由此可见，独立房间向周边地区、郊区乡村的渗透性更强。对于这三种类型的共享住宿在各年份的空间分布，可以发现在同一个年份不同类型的共享住宿出现的集聚中心地点并不完全一致，如整套房源在2015年出现了两个集聚核心，独立房间在2016—2017年形成了两个临近核心联动发展态势。但总体上而言，不同类型的共享住宿都从多个集聚核心逐渐发展为以新街口—夫子庙为核心的集聚区，并且随着时间的推移，向外围兼并小集聚中心形成更大的团块状产业形态，而在郊区、乡村也逐渐出现离散型独立发展的小聚集。

8.4 南京共享住宿空间分布影响因素分析

8.4.1 地理探测器分析结果

地理探测器可以进一步探究空间分异性和影响因素，适用于对分布趋于一致的两种变量衡量统计关联性，有助于研究人员了解空间混杂、样本偏差和数据间的过度拟合（王劲峰 等，2014）。

ArcGIS 10.2 对自变量数据的处理结果主要是数值量，需要对原始数据进一步的处理。采用 Python 3.8 编程技术，运用自然断点法，对自变量和因变量的原始数据进行离散化处理，并将处理后的数据导入到地理探测器软件（软件教程和下载网址：http://www.geodetector.org/），运用地理探测器分析，结果如下：

（1）单个因子对不同类型房源空间分布的解释力差异

地理探测器分异 q 值主要用来衡量因子在多大程度上解释了 Airbnb 的空间分异（王劲峰 等，2014）。运用地理探测器分别对共享住宿（指所有房源）、独立房间、整栋房源、共享房间进行分析，有助于了解不同类型房源空间分布影响因素的差异性。

因子探测结果显示（表 8-3），对于共享住宿，16 个因素中有 10 个因素对共享住宿空间分布解释在 0.001 的水平下显著，1 个因素在 0.05 的水平下显著，这表示整体因子探测效果较好。从 q 值来看，景区景点数量对 Airbnb 空间分异解释力度最强的，其次是餐饮数量、购物场所数量、娱乐场所数量。而高校距离、地铁站距离、车站机场距离、景区距离、体育场所数量对共享住宿空间分布解释力不显著。

对于独立房间，16 个因素中有 10 个因素在不同显著水平下对 Airbnb 空间分布解释力是显著的，这表示整体上因子探测效果较好。其中，市中心距离对独立房间空间分布解释力最强，达到了 0.591 3，其次是餐饮数量、景区景点数量、购物场所数量。而高校距离、地铁站距离、景区距离、酒店数量、房价水平、体育场所数量对独立房间空间分布解释力不显著。

对于整栋房源，16 个因素中有 10 个因素在不同显著水平下对 Airbnb 空间分布解释力是显著的，这表示整体上因子探测效果较好。其中，景区景点数量对整栋房源空间分布解释力最强，其次是餐饮数量、购物场所数量、住宅数量。而高校距离、地铁站距离、车站距离、医院距离、景区距离、体育场所数量对整栋房源空间分布解释力不显著。

对于共享房间，16 个因素中有 2 个因素在 0.001 的水平下对 Airbnb 房源空间分布解释力是显著的，文化艺术场所数量、景区景点数量对共享房间房源空间分布解释力较强，整体上因子探测效果较差。这可能是共享住宿中共享房间房源数量过少（只有 209 间，占比 1.79%），导致地理探测器分析结果不理想。

表 8-3　南京市 Airbnb 空间分布特征的因子探测结果

	共享住宿	独立房间	整栋房源	共享房间		共享住宿	独立房间	整栋房源	共享房间
高校距离	0.086 6	0.088 3	0.076 5	0.120 8	住宅数量	0.264 3***	0.271 4**	0.295 6***	0.656 4
地铁站距离	0.073 9	0.095	0.064 3	0.106 1	地铁公交数量	0.212 6***	0.203 0*	0.204 3*	0.364 1
车站机场距离	0.072 1	0.199 3**	0.079	0.333 9	房价水平	0.234 9***	0.201 5	0.273 7**	0.428 3
医院距离	0.126 9*	0.259 7***	0.117	0.186 3	文化艺术场所数量	0.230 5***	0.180 0**	0.218 4***	0.949 1***
市中心距离	0.225 8***	0.591 3***	0.196 4*	0.183 5	购物场所数量	0.295 6***	0.343 7***	0.320 3***	0.615 7
景区距离	0.115 4	0.126 3	0.114 5	0.218 8	体育场所数量	0.018 4	0.017 5	0.016 2	0.213 1
餐饮数量	0.342 0***	0.380 2***	0.373 0***	0.326 7	娱乐休闲场所数量	0.275 7***	0.226 6*	0.261 6***	0.334 4
酒店数量	0.270 5***	0.264	0.254 5**	0.303 5	景区景点数量	0.382 2***	0.350 0***	0.389 3***	0.929 5***

注：* 代表在 0.05 的水平下显著；** 代表在 0.01 的水平下显著；*** 代表在 0.001 的水平下显著
资料来源：作者整理

(2) 影响因子交互作用对不同类型房源空间分布的解释力差异

地理探测器与其他方法相比，还能探测不同因子之间的交互作用对因变量空间分异的解释程度(王劲峰 等，2014)，交互作用类型有五种，但本章只出现了两种：双因子增强和非线性增强。由于地理探测器对共享房间因子探测结果不理想，因此在影响因子交互探测中就不对共享房间做展示了。表 8-4 分析结果显示，非线性增强一共有 106 种，双因子增强一共有 14 种。在非线性增强中，住宅数量和景区景点数量的交互作用对南京共享住宿空间分异的解释程度最强，达到 0.975 0，在双因子增强中，餐饮数量和文化艺术场所数量对共享住宿解释程度最强。

表 8-5 分析结果显示，非线性增强一共有 107 种，双因子增强一共 13 种。在非线性增强中，酒店数量和房价水平的交互作用对南京独立房间空间分异的解释程度最强，其次是住宅数量和房价水平的交互作用，分别达到 0.974 2、0.940 9，在双因子增强中，市中心距离和餐饮数量的交互作用对独立房间解释程度最强，其次是市中心距离和购物场所数量交互作用，分别达到了 0.917 0、0.916 0。

表 8-6 分析结果显示，非线性增强一共有 108 种，双因子增强一共 18 种。在非线性增强中，酒店数量和房价水平的交互作用对南京整栋房源空间分异的解释程度最强，其次是住宅数量和景区景点数量的交互作用，分别达到 0.987 7、0.980 1，在双因子增强中，餐饮数量和地铁公交数量的交互作用对整栋房源解释程度最强。

8.4.2 南京共享住宿空间分布影响因素分析

(1) 生活服务的影响

生活服务包括了旅游中吃、住、购、娱四大要素和医疗教育等因素，其中，吃、住、医疗为刚性需求。通过地理探测器分析，生活服务中各因子对共享住宿、不同类型房源的空间分布的解释力大小不一。

高校属于生活服务中的重要因素，近些年，高校逐渐成为网红打卡的地点。李莉等(2021b)对上海共享住宿的研究中，认为高校能吸引猎奇群体，高等院校整体上和共享住宿是负相关关系，即共享住宿更倾向于靠近高等院校分布。在单因子探测结果中发现，高校对 Airbnb 空间分布特征的解释力并不显著，虽然南京高校数量大，但共享住宿的分布和高校关系较小，由此可以认

表 8-4 影响因子交互探测下对南京市 Airbnb 空间集聚特征的解释力

	高校距离	地铁站距离	车站机场距离	医院距离	市中心距离	景区距离	餐饮数量	酒店数量	住宅数量	地铁公交数量	房价水平	文化艺术数量	购物场所数量	体育场所数量	娱乐休闲场所数量	景区景点数量
高校距离	0.086 6															
地铁站距离	0.217 4	0.073 9														
车站机场距离	0.268 3	0.223 2	0.072 1													
医院距离	0.223 8	0.350 2	0.389 3	0.126 9												
市中心距离	0.344 6	**0.303 7**	0.342 6	**0.304 1**	0.225 8											
景区距离	0.279 9	0.233 6	0.298 5	**0.230 6**	**0.268 1**	0.115 4										
餐饮数量	0.609 0	0.459 4	0.919 1	0.507 0	**0.505 2**	0.527 2	0.342 0									
酒店数量	0.384 0	0.549 1	0.725 5	0.481 5	**0.437 7**	0.460 2	0.656 7	0.270 5								
住宅数量	0.465 2	0.515 5	0.862 2	0.455 2	0.604 7	0.586 6	0.817 6	0.929 3	0.264 3							
地铁公交数量	0.367 5	0.392 2	0.708 4	0.359 5	0.491 4	0.369 4	0.580 1	0.510 0	0.802 8	0.212 6						
房价水平	0.546 0	0.862 8	0.555 6	0.918 7	0.891 5	0.882 6	0.943 8	0.988 7	0.964 8	0.922 6	0.234 9					
文化艺术场所数量	0.527 8	0.480 5	0.872 8	0.516 6	0.539 0	0.524 8	**0.555 9**	0.957 3	0.965 2	0.556 1	0.876 3	0.230 5				

(续表)

	高校距离	地铁站距离	车站机场距离	医院距离	市中心距离	景区距离	餐饮数量	酒店数量	住宅数量	地铁公交数量	房价水平	文化艺术数量	购物场所数量	体育场所数量	娱乐休闲场所数量	景区景点数量
购物场所数量	0.593 5	0.491 9	0.908 4	**0.413 2**	**0.518 1**	0.600 1	**0.481 2**	0.962 6	0.961 0	0.575 7	0.941 4	0.412 0	0.295 6			
体育场所数量	**0.112 6**	0.158 0	0.156 9	0.168 6	0.302 2	0.158 8	0.444 3	0.510 7	0.480 6	0.342 9	0.497 9	0.464 7	0.454 7	0.018 4		
娱乐休闲场所数量	0.544 0	0.513 0	0.726 1	0.551 4	0.551 0	0.466 6	0.789 5	**0.510 2**	0.806 8	**0.394 8**	0.925 0	0.889 9	0.943 7	0.497 0	0.275 7	
景区景点数量	0.595 3	0.591 9	0.930 9	**0.463 2**	0.914 1	0.551 3	0.931 2	0.960 4	0.975 0	0.921 2	0.923 8	0.898 4	0.942 9	0.523 8	0.938 2	0.382 2

注：加粗表示两个因子交互作用类型为双因子加强，灰色背景表示非线性增强

资料来源：作者整理

表 8-5 影响因子交互探测下对南京市 Airbnb 独立房间空间集聚特征的解释力

	高校距离	地铁站距离	车站机场距离	医院距离	市中心距离	景区距离	餐饮数量	酒店数量	住宅数量	地铁公交数量	房价水平	文化艺术数量	购物场所数量	体育场所数量	娱乐休闲场所数量	景区景点数量
高校距离	0.088 3															
地铁站距离	0.289 3	0.095 0														
车站机场距离	0.426 6	0.556 8	0.199 3													

（续表）

	高校距离	地铁站距离	车站机场距离	医院距离	市中心距离	景区距离	餐饮数量	酒店数量	住宅数量	地铁公交数量	房价水平	文化艺术数量	购物场所数量	体育场所数量	娱乐休闲场所数量	景区景点数量
医院距离	0.437 5	0.455 8	**0.392 2**	0.259 7												
市中心距离	0.717 8	0.795 4	**0.780 4**	**0.767 9**	0.591 3											
景区距离	0.378 1	0.484 6	0.401 4	0.418 6	**0.722 0**	0.126 3										
餐饮数量	0.634 2	0.823 4	0.651 1	**0.639 5**	**0.917 0**	0.693 7	0.380 2									
酒店数量	0.758 7	0.805 3	0.749 7	0.541 4	**0.773 0**	0.652 6	0.748 9	0.264 0								
住宅数量	0.502 2	0.671 1	0.492 3	0.635 1	0.924 3	0.622 6	0.842 8	0.796 2	0.271 4							
地铁公交数量	0.438 7	0.689 9	0.525 9	0.711 2	**0.777 8**	0.587 2	0.698 2	0.580 4	0.830 1	0.203 0						
房价水平	0.700 0	0.695 7	0.770 6	0.736 0	0.895 9	0.729 2	0.853 4	0.974 2	0.940 9	0.810 1	0.201 5					
文化艺术数量	0.383 7	0.574 8	0.529 2	0.501 7	0.835 4	0.545 0	0.592 9	0.826 6	0.843 8	0.562 3	0.657 2	0.180 0				
购物场所数量	0.668 8	0.815 0	0.563 8	0.739 7	**0.916 0**	0.663 3	**0.648 7**	0.893 2	0.840 7	0.634 1	0.882 5	0.444 1	0.343 7			
体育场所数量	0.152 7	0.204 7	0.273 5	0.348 0	0.762 2	0.173 2	0.493 4	0.432 6	0.369 2	0.373 0	0.525 5	0.368 5	0.533 5	0.017 5		

（续表）

	高校距离	地铁站距离	车站机场距离	医院距离	市中心距离	景区距离	餐饮数量	酒店数量	住宅数量	地铁公交数量	房价水平	文化艺术数量	购物场所数量	体育场所数量	娱乐休闲场所数量	景区景点数量
娱乐休闲场所数量	0.403 4	0.699 9	0.609 3	0.625 0	**0.732 1**	0.496 7	0.869 7	0.626 0	0.808 9	0.490 4	0.771 4	0.652 1	0.826 0	0.376 1	0.226 6	
景区景点数量	0.642 3	0.764 4	**0.553 6**	0.738 9	**0.886 9**	0.540 8	0.816 3	0.877 2	0.843 8	0.770 1	0.757 5	0.691 6	0.858 9	0.491 1	0.780 6	0.350 0

注：加粗表示两个因子交互作用类型为双因子加强，灰色背景表示非线性增强

资料来源：作者整理

表 8-6　影响因子交互探测下对南京市 Airbnb 整栋房源空间集聚特征的解释力

	高校距离	地铁站距离	车站机场距离	医院距离	市中心距离	景区距离	餐饮数量	酒店数量	住宅数量	地铁公交数量	房价水平	文化艺术数量	购物场所数量	体育场所数量	娱乐休闲场所数量	景区景点数量
高校距离	0.076 5															
地铁站距离	0.196 4	0.064 3														
车站机场距离	0.264 7	**0.238 1**	0.079 0													
医院距离	0.216 6	0.326 2	0.368 3	0.117 0												
市中心距离	0.310 3	**0.267 5**	0.316 3	**0.279 7**	0.196 4											

（续表）

	高校距离	地铁站距离	车站机场距离	医院距离	市中心距离	景区距离	餐饮数量	酒店数量	住宅数量	地铁公交数量	房价水平	文化艺术数量	购物场所数量	体育场所数量	娱乐休闲场所数量	景区景点数量
景区距离	0.245 6	0.217 2	0.327 4	**0.212 0**	**0.239 2**	0.114 5										
餐饮数量	0.571 3	0.589 9	0.940 5	**0.492 1**	**0.463 3**	**0.493 2**	0.373 0									
酒店数量	0.357 6	0.522 5	0.710 0	0.447 9	**0.417 2**	0.436 0	0.637 9	0.254 5								
住宅数量	0.558 5	0.511 9	0.882 0	0.559 0	0.584 7	0.570 7	0.790 5	0.935 4	0.295 6							
地铁公交数量	0.337 7	0.379 7	0.702 0	0.368 6	0.452 9	0.338 4	**0.573 4**	0.502 2	0.780 2	0.204 3						
房价水平	0.531 6	0.881 1	0.540 5	0.933 8	0.906 5	0.900 5	0.953 0	0.987 7	0.970 5	0.939 4	0.273 7					
文化艺术数量	0.507 0	0.476 2	0.919 4	0.506 2	0.529 3	0.533 5	**0.537 1**	0.957 2	0.967 1	0.537 4	0.892 4	0.218 4				
购物场所数量	0.561 8	0.456 8	0.926 8	0.521 7	**0.478 1**	0.575 6	**0.448 0**	0.963 0	0.965 3	0.553 8	0.948 6	0.398 2	0.320 3			
体育场所数量	0.102 0	0.166 7	0.182 7	0.159 5	0.275 9	0.157 2	0.438 8	0.506 8	0.493 6	0.329 6	0.876 6	**0.455 3**	0.436 5	0.016 2		
娱乐休闲场所数量	0.517 3	0.515 9	0.719 0	0.530 3	0.524 5	0.446 7	0.762 7	**0.490 3**	0.779 6	**0.375 4**	0.938 3	0.906 0	0.942 1	0.497 2	0.261 6	
景区景点数量	**0.572 4**	0.569 7	0.939 5	**0.439 1**	0.925 2	0.539 4	0.943 9	0.963 4	0.980 1	0.933 9	0.930 4	0.910 8	0.948 7	0.536 1	0.948 9	0.389 3

注：加粗表示两个因子交互作用类型为双因子加强，灰色背景表示非线性增强

资料来源：作者整理

为本章得出了与上海共享住宿研究不一致的结论。这可能是由于南京共享住宿的空间分布并不针对这类网红打卡群体。

医院距离对南京市共享住宿不同房源的空间分布解释力具有差异性。一般来说，在中国医疗资源地区分布不均衡的大背景下，大城市就医需求是难以忽视的重要因素。医院距离对于独立房间的影响是显著的，但对整栋房源和共享房间是不显著的。对于需要过夜的就医群体来说，整栋房源价格高不划算，共享房间由于共享公共和私密睡眠空间，会打扰到就医群体休息，这两种房源必然不会成为就医群体的选择，而独立房间由于物美价廉、私密性强，便成为就医群体的主要选择，因此医院距离对独立房间的解释力显著，影响较强。本章在对南京共享住宿类型的细化研究中发现，医疗资源对不同类型共享住宿房源的解释性是不一样的，医疗资源对共享住宿空间分布具有解释力的是独立房间。

餐饮是旅游六要素中的第一要素，餐饮点的数量对南京共享住宿空间分布的解释力达到了 0.342 0，意味餐饮数量解释了 34.2%的共享住宿空间分异，餐饮点的数量对独立房间、整栋房源的空间分布的解释力分别达到了 0.380 2、0.373 0，意味餐饮数量分别解释了 38.02%的独立房间空间分异、37.3%的整栋房源空间分异，对共享房间空间分布影响不显著。同时，在交互探测作用中，餐饮数量和文化艺术场所数量交互作用对共享住宿解释程度，市中心距离和餐饮数量的交互作用对独立房间解释程度，餐饮数量和地铁公交数量的交互作用对整栋房源解释程度都非常强。这可能是由于餐饮设施常在交通通达性高的地区布局，依附于景区景点、娱乐休闲场所、购物场所等人流量大的地方，良好的生活服务进一步吸引共享住宿布局(贾文通 等，2021)，地理事物具有空间自相关性(Tobler, 1970)。

酒店属于传统住宿业，与共享住宿有着错综复杂的关系。因子探测结果显示，酒店数量对整栋房源具有显著影响，对于独立房间、共享房间影响不显著，此外，影响因子交互探测结果显示，在非线性增强中，酒店数量和房价水平的交互作用对南京整栋房源空间分异的解释程度最强。这说明，南京共享住宿中的酒店对于整栋房源影响较大，但对于其他房源类型影响不大。酒店与房价水平对整栋房源空间分布的影响具有极强的非线性增强作用，这可能是由于整栋房源是出租的是一套房屋，因此对房价和周边酒店数量更敏感。酒店对不同类型共享住宿房源的影响不一致，这验证了城市酒店与共享住宿之间并非存着非此即彼的强烈竞争关系（Yang & Mao，2018），共享住宿也可以是对传统住宿的补充（Domènech & Zoğal，2020）。Adamiak 等（2019）的研究表明整栋房源与酒店房源供应是正向影响，酒店房间供应越多，整栋房源供应也越多，呈现出合作关系，对其他房源的影响并不大。对南京共享住宿不同类型房源的空间分布影响因素的分析类似 Adamiak 等（2019）的研究，整栋房源和酒店的关系更加的密切。因此，酒店与共享住宿之间的竞合关系，用来区分共享住宿类型会使得分析更加明确。

娱乐休闲场所、文化艺术场所、购物场所对独立房间和整栋房源的解释力都显著，南京 98.21%的共享住宿（独立房间和整栋房源）空间分布都与餐饮、休闲娱乐场所、购物场所相关，与其他变量交互作用也都是增强的，这可能与娱乐休闲场所、体育场馆、文化艺术场所、购物场所和其他变量依附性较强有关，形成的具有活力的、产业环境能吸引共享住宿在此分布（Wegmann & Jiao，2017；马小宾 等，2021）。

（2）交通通达度的影响

交通可达性是对一个区域可进入性的衡量，反映了生产要素流通的潜力和社会经济发展程度。本章用地铁站距离、车站机场距离、地铁公交数量作为直观指标代表区域的交通可达性，市中心距离作为重要参考因素。从因子探测结果来看，地铁站距离对三种类型共享住宿房源影响不显著；车站机场距离对独立房间空间分布影响较为显著，和医院类似，奔波的消费者一般不会选择价格高、功能较强的整栋房源和私密性低的共享房间，独立房间以私密性强和价格低受到市场欢迎，布局在车站机场附近更能招来顾客；地铁公交数量对独立房间和整栋房源空间分布的影响都是较为显著，说明南京 98.21% 的共享住宿（独立房间和整栋房源）空间分布对公共交通站点的数量密度更为敏感，而对公共交通的密度不是很敏感；市中心距离对独立房间、整栋房源的影响都是显著的，这也从侧面解释了南京共享住宿在市中心新街口和夫子庙一带形成了聚集的原因，市中心意味交通可达性高，和大多数研究一致，市中心距离是一个影响南京市共享住宿的强有力的因素（夏馨颖 等，2020；Garcia—Aylon，2018；Zhang & Chen，2019）。其中市中心距离对独立房间的影响显著性更强，市中心距离对独立房间和整栋房源的 q 值分别是 0.591 3 和 0.196 4，这种差异可能是由于独立房间比起整栋房源更加依赖市中心高密度的设施和服务，在交互探测结果中，市中心距离分别和餐饮数量、购物场所的交互作用对独立房间的双因子增强作用 q 值达到了 0.917 0、0.916 0 也印证了这一点。

研究结果肯定了交通可达性是共享住宿空间布局的有利因素(Adamiak et al.，2019)，但不同的交通指标对不同的共享住宿房源类型的解释力是不一样的。绝大多数的共享住宿(共享房间除外)对公共交通站点的数量密度更加敏感，独立房间比整栋房源对市中心距离更加敏感，更加依赖市中心高密度的设施和服务。

(3) 房源供给的影响

房源供给反映了一个地区房产情况，是共享住宿发展需要依托的设施基础，用住宅数量、房价水平衡量房源供给情况。根据因子探测结果，住宅数量对独立房间、整栋房源空间分布的影响都是较为显著的，这也验证了相关研究：住宅密度高的地区共享住宿分布密度也高(Gutiérrez et al.，2017；贾文通 等，2021；李莉 等，2021b；马小宾 等，2021)。房价水平只对整栋房源空间分布影响显著，可能是因为整栋房源比起独立房间、共享房间面积更大，因此对于房价更加敏感，交互探测结果也显示，酒店数量和房价水平的交互作用对南京整栋房源空间分异的非线性增强最强，其次是住宅数量和景区景点数量的交互作用，两种作用分别达到 0.987 7、0.980 1，住宅数量和房源供给与酒店、旅游吸引力的交互作用非常强，这说明共享住宿中整栋房源对房源供给要素依赖性更强。

研究结果显示南京房源供给因素和北京、上海的共享住宿研究(李莉 等，2021b；马小宾 等，2021)类似，是重要的影响因素，但是对共享住宿细分研究发现，住宅数量、房价水平对独立房间、整栋房源的解释力是不一致的。

(4) 旅游吸引力的影响

旅游吸引力是衡量一个区域旅游发展水平的重要指标之一，本章测度了景区距离、景区景点数量对共享住宿分布的影响。因子探测结果显示，景区距离对独立房间、整栋房源和共享房间空间分布的影响不显著，景区景点数量对三种类型房源空间分布的影响都是非常显著的，q 值分别是 0.350 0、0.389 3 和 0.929 5。结合前文来看，南京共享住宿主要集中在新街口、夫子庙等核心及外围地区，并且共享房间在空间上更为集聚，且主要集聚在夫子庙等景区，由此可见集聚在此受到景区景点数量因素的影响较大。因此研究结果从定量上也验证了共享住宿主要集中在旅游景区(Domènech et al.，2019)。

与赵海溶和陆林(2021)的研究不同：旅游吸引力对上海 Airbnb 空间分布的影响不显著，但在南京案例中，旅游吸引力对 Airbnb 空间影响是显著的。与上海特大城市共享住宿空间布局影响因素的差异，可能是由于上海产业相对于南京来说更加完善健全，集聚区域大多数为商业中心、购物中心，比南京新街口等地区更为集中，另外上海集聚区周边的景区景点，如上海外滩、东方明珠等，严格意义上，这些景区景点范围小，也没有南京夫子庙秦淮风光带景点密集，而且更倾向于商业金融，所以旅游要素对共享住宿空间分布的影响并不是主要的。而南京共享住宿主要集中在新街口—夫子庙一带区域，旅游因素对 Airbnb 空间分布的影响得以体现。

8.5 本章小结

8.5.1 结论

本章以南京 Airbnb 为研究对象，通过全局莫兰指数分析、核密度分析、标准差椭圆分析等空间分析方法研究了共享住宿的空间布局和时空演变，运用地理探测器分析共享住宿空间分布影响因素，有利于加强对共享住宿空间分布规律的认知，为城市管理和规划提供参考和理论依据。主要结论如下：

(1) 共享住宿空间布局具有核心—边缘集聚、南北纵向分布特征

通过空间分析发现，Airbnb 整体上形成了夫子庙—新街口一级核心，整体呈现出以核心区为中心，纵向上向北边、南边扩散溢出，横向上分布着零星的房源点和低密度集聚区。空间结构南北纵向分布明显，平均中心落在秦淮区的中华门街道、秦虹街道和大光路街道，并且在周边街道形成了高聚类，说明夫子庙秦淮风光带及周边区域是共享住宿的集聚区，从新街口—夫子庙一级核心向周边呈现距离衰减规律。城市空间结构影响 Airbnb 空间格局(夏馨颖 等，2020)，南京城市空间结构主要为南北走向，对 Airbnb 空间分布格局也产生了影响。一方面，这样的空间布局证实了南京共享住宿具有典型的空间异质性。另一方面，也说明了共享住宿无论是在特大城市还是在南京这种新一线城市，都会在市中心及周边区域形成核心—边缘的产业集群。这是因为

共享住宿需要借助市中心客流量大的优势(Gutiérrez et al.，2017)，市中心丰富的商业要素也有利于形成产业集群(Gutiérrez et al.，2017；Roelofsen et al.，2018)。

(2) 共享住宿空间布局时空演变呈现出组团连片发展趋势，总体发展趋向均衡

2015—2016 年，每年新增的共享住宿，在空间格局上大体上以夫子庙秦淮风光带及周边街道区域为核心，周边边缘区密度逐渐增强，整体上，遵循着以夫子庙—新街口区域为核心区，向周边呈现距离衰减规律，出现了组团连片发展情况，形成核心—边缘分布(Friedman，1966)。对不同类型的共享住宿的空间分析发现，在时空演化方面，三种类型的房源都从多个集聚核心并存逐渐发展为以夫子庙—新街口为核心的集聚形态，并且随着时间的推移，向外围兼并小集聚中心形成更大的团块状产业形态，另一方面，全局莫兰指数结果显示，南京市新增共享住宿在 2015—2016 年集聚效应加强，2020—2021 年集聚效应减弱，呈现出不均衡向均衡发展的趋势。这说明共享住宿遵循着核心—边缘理论(Friedman，1966)，核心区和边缘区不断影响，不断调整空间关系，最后演化形成区域空间有机整体(黄细嘉和黄贵仁，2011)。

(3) 各要素对共享住宿布局的影响具有自相关性和空间分异性

通过地理探测器分析可知，生活服务、交通便利性、房源供给和旅游吸引力这四个维度对共享住宿空间分异具有一定的解释力，可能由于消费者更倾向于选择生活服务水平高、交通便利和具有旅游吸引力的地区住宿，所以共享住宿业倾向于选择这样的区位(贾文通 等，2021)，这也说明了共享住宿空间分布遵循了地理学第一定律，即空间自相关。

各要素对共享住宿空间的影响和解释具有空间分异性，这与前人的研究一致(贾文通 等，2021；李莉 等，2021b；Xu et al.，2020)，符合地理学第二定律，即空间异质性。不同的变量对共享住宿空间分布的解释力是不一样的，各个变量之间的交互作用对共享住宿空间分异的影响存在差异，各种影响因素对共享住宿布局的作用并不是单一的，空间格局的形成是多个因素综合结果(李莉 等，2021b)。

从案例地城市来看，旅游要素的重要性在上海共享住宿空间分布影响因素中没有得到验证，但在南京却得到了印证，既往研究也指出城市 Airbnb 数

量与城市规模及作为休闲旅游目的地的重要性呈现出正相关关系(Domènech et al., 2019),可能由于上海作为休闲旅游目的地重要性相对来说没有那么突出,城市规模、城市功能及其商业金融对上海共享住宿影响更大,而南京作为休闲旅游目的地的重要性与共享住宿空间分布关系更紧密。同时,在北京、上海等特大城市,医院、高校的因素对共享住宿空间分布都是显著的,但是在南京却不显著。由此可见,选择不同类型的案例地,其影响因素是不一样的,这与城市空间结构以及城市的功能特征等不无关系,需要具体问题具体分析。对南京共享住宿空间分布和影响因素的研究弥补了国内对新一线城市共享住宿研究的不足,有利于搭建起对我国不同等级、不同类型、不同功能城市中的共享住宿发展规律的更为完整的认知体系和研究框架,还有助于洞察共享住宿在不同级别城市的空间演变规律、驱动机制和未来走向。

(4) 不同类型共享住宿房源有着不同的区位选择偏好,分布影响因素具有差异性

不同类型的共享住宿房源有着不同的区位选择偏好,独立房间会选择边缘区域布局,并且向边缘扩散的趋向比整栋房源和共享房间强。共享房间分布范围更加集中,倾向于选择共享住宿核心集聚区——夫子庙秦淮风光带,这与Adamiak等(2019)的研究一致,共享房间空间分布更加集中,独立房间更加分散。

同一个影响因素对于不同类型的共享住宿空间分布的解释力是具有差异的,在生活服务中,医院距离、市中心距离、车站机场距离对于独立房间空间分布影响更为显著,酒店数量、住宅数量和房价水平对于整栋房源空间分布影响更为显著,文化艺术场所数量、景区景点数量对共享房间空间分布影响显著。由此可知,独立房间对交通通达度、医疗服务等因素更加敏感,整栋房源对房源供给因素更加敏感,共享房间对景区景点、文艺场所因素更敏感。其中,共享住宿和酒店的关系并不单一地呈现出竞争或者合作关系,对酒店与共享住宿的竞合关系的讨论应当区分共享住宿房源的异质性。由此可见,共享住宿异质性房源空间分布影响因素具有复杂性、差异性。

8.5.2 对策建议

(1) 优化共享住宿空间结构,加强与城市空间规划的衔接

提高对共享住宿的调控水平,加强与城市规划的衔接,推动共享住宿空间

布局的合理发展。共享住宿兼具住宿业、旅游业的性质，对城市的空间结构、住宿业生态系统具有深刻的影响。根据研究结论，南京市共享住宿的时空演化遵循着“核心—边缘”理论，因此要优化城市核心区和边缘区的关系，应该加强与城市空间结构和城市规划的衔接。南京市城市空间结构逐渐从以新街口为核心的单中心结构向多中心发展（郝丽莎 等，2019），因此要引导共享住宿空间格局逐渐向多中心发展，进一步优化共享住宿空间结构，避免夫子庙、新街口地区共享住宿过度聚集，从而降低城市中心区域出现“旅游绅士化”的可能性。

（2）缓解核心区压力，引导共享住宿在乡村旅游区扩散

为缓解城市中心压力，需要积极引流核心区的房源，可以引导共享住宿往乡村旅游地区发展。南京共享住宿虽然在城市中心区密度过大，但外围郊区乡村地区共享住宿的密度也逐渐增强，这说明共享住宿往郊区乡村溢出的效果逐渐明显，可通过政策宣传、财政补贴和相关培训，引导村民出租闲置房屋，从而实现核心区旅游流的分流，带动乡村旅游经济的发展、推动乡村产业转型，助推乡村地域系统和乡村空间的演化，助力乡村振兴战略的发展。

（3）完善周边区域服务设施，引导不同类型共享住宿合理发展

针对不同类型共享住宿，应根据其空间分布特征进行合理规划、引导，通过完善相关地区服务设施，引导居民出租闲置房屋。据58同城、安居客发布的《2019年中国住房租赁报告》，南京是除北京、上海和深圳之外，全国房屋租赁供应量最多的城市，领先于其他城市，即使在2020年疫情影响下，《2020年中国住房租赁市场总结报告》中指出南京在线出租房稳居新一线城市前三，因此南京闲置房屋出租潜力比较大。因此，完善周边服务设施，根据不同的房源类型的主要影响因素，完善相关要素配套，推动闲置房屋加入共享经济，进一步推动城市空间结构的更新。

另一方面，独立房间比共享房间的扩散性更强，也意味着其在外围地区产生的产业集聚效应并不是很强，因此要推动外围地区共享住宿产业集聚的形成，向多中心发展的同时形成共享住宿的良性竞争（贾文通 等，2021）。对于整栋房源和共享房间，应适当引导向周边区域扩散，减少在夫子庙、新街口区域由于密度过大产生恶性竞争的可能性。

8.5.3 局限与展望

从旅游学和地理学学科的角度出发，本章探究了南京共享住宿空间布局的时空分布特征和演化、不同类型共享住宿房源空间演化，总结了共享住宿空间区位布局的演化规律，并进一步研究了南京不同类型的共享住宿房源空间布局的影响因素，具有一定的理论贡献和实践价值。但也存在不足：(1)数据收集具有局限性。地理探测器的应用限制于共享住宿 Airbnb 数据和 POI 数据的截面数据，只能实现截面数据的研究，无法实现各要素对共享住宿空间分布影响的时空演变的研究。同时，由于部分数据难以获取，本章只能对酒店、交通、景点等 POI 数据进行分析，无法实现对更为精确的人口属性、房源闲置率等社会要素的分析，而这些精确的社会性要素对共享住宿空间分布的影响是更为直接的。这类数据的获取涉及技术和社会层面，具有较大难度。但也要看到，从社会要素研究对共享住宿空间分布的影响对城市管理有更大的参考价值。(2)因数据现实情况而无法实现更为科学的研究。在对不同类型的共享住宿的分析中，由于三种类型共享住宿数量上有较大差异，虽然符合共享住宿房源类型的占比分布，但是共享房间的数量过少，地理探测器分析结果不够理想。(3)目前使用的地理探测器方法无法做到更为深入地研究。地理探测器只能实现对影响因子、影响因子交互作用的解释力度分析，无法得出影响因子对于共享住宿的正负相关性。

未来除了突破数据局限性之外，共享住宿研究仍然值得深入探索。共享住宿驱动机制是一个非常复杂的系统，需要建立更加全面的指标体系，本章只从供给角度对影响因素进行分析，难以实现共享住宿空间分布的需求方影响因素分析，未来还需要建立更加全面的指标体系深入研究共享住宿产业发展。并且，如果能实现对 Airbnb 和 POI 数据的长期监测，可以通过收集各个时间序列的城市要素截面数据，运用时空地理加权回归研究共享住宿影响机制的时空演变，实现共享住宿时空分布影响因子的正负相关性研究。

第九章

共享住宿时空分布及其与周边建成环境的关系：伦敦案例

学者们已经识别到了一些可能会影响共享住宿分布的地理要素，如距离和交通。然而，其他周边环境因素对其的影响却被忽略了。Crecente 等(2012)以及 Yang 等(2018)用周边环境因素来指代自然地理条件(空气质量、水景、植被)、公共设施(公园、公共区域)、兴趣点和文化多样性。以往研究认为周边环境因素对酒店业很重要(Yang et al.，2012；Adam & Amuquandoh，2013)。在酒店相关研究中可以看出，周边环境对顾客体验和满意度有影响(Rigall-I-Torrent & Fluvià，2011；Walker，2008；Yang et al.，2014)。在共享住宿这个新行业中，42%的顾客将时间花在消费者常停留的周边区域。这显示出在选择共享住宿时，周边拥有餐饮、零售和其他商业设施是非常重要的。此外，共享住宿是一个非传统的行业，在以下几个方面都和传统酒店有所区别。第一，它是 P2P、C2C 而非 B2C 的。但是，随着越来越多的职业投资者进入了这个行业，共享住宿变得愈发商业化，其背后的原因需要进一步探索。第二，住宿房源的提供是基于所有者的闲置房产，而非单纯的建筑。Zervas 等(2017)和 Gutiérrez 等(2017)指出，Airbnb 的供给比酒店更容易扩张。Airbnb 可以基于已有的住宅建筑来扩大其供给，这与酒店的情况截然不同。酒店的选址不仅受到当地规划需求的限制，还需要完整的建筑物和当地部门的许可。因此，周边环境因素和酒店空间分布之间的关系未必适用于这种新型住宿形式。而目前的实证研究还非常有限，多数研究仅着眼于影响共享住宿的社会经济因素(Quattrone et al.，2016；Gunter & Önder，2018)。但共享住宿的周边地理条件因素不应该被忽略。

除此之外，尽管不同学者在他们的研究中提出了不同的因素，但在这些因素中哪一个是最重要的尚不明确。并且，多数研究是基于回归分析，没有考虑空间偏差，只有少数例外(Sarkar et al.，2017)。Sarkar 等(2017)指出，“不考虑空间偏差，基于回归的因素联系可能会产生误导”。因此，考虑到这一点并引入空间自相关作为替代方案是至关重要的。即使是对某一特定因素，也需要考虑空间异质性，因为它在不同地区可能是不同的(Tobler，1970)。Zhang 等(2017)指出，不仅要识别空间分布可能的决定要素，研究这些因素在不同地区的空间异质性也是至关重要的。比如，Zhang 等(2017)考虑到空间异质性，采用地理加权回归(GWR)方法构建了比全局回归模型(GRM)更具解释力的 Airbnb 房价模型。

本章旨在探究周边环境对伦敦共享住宿空间分布的影响，研究共收集了内伦敦 14 个区中 29 780 套房源的数据，采用了最小二乘法和地理加权回归方法进行分析，深入讨论了影响 Airbnb 空间分布的因素，并给出结论以及对未来研究的建议。

9.1 研究方法

9.1.1 案例地选择

本节选择伦敦的 Airbnb 房源进行空间分布影响因素的检验。伦敦是世界上最著名的旅游目的地之一，人们在此广泛使用共享住宿。并且伦敦的 Airbnb 房间数(包括房间共享和整间别墅/公寓)已经超过 55 000 间。其中 Airbnb 房源主要集中在热门的旅游区域，如西敏寺(Westminster)，卡姆登(Camden)和陶尔哈姆莱茨(Tower Hamlets)(见图 9-1)。

旅游业是伦敦产业的重要组成部分，它为约 276 000 人提供了就业岗位，贡献了英国国内生产总值(GDP)的 8%。整个伦敦被划分为 32 个伦敦自治市和伦敦市(一个独立的县，但仍然是这个区域的一部分。在研究中出于计算目的，也将其当作一个自治市)(Zhang et al.，2017)。内伦敦包括卡姆登(Camden)、哈克尼(Hackney)、哈默史密斯(Hammersmith)、富勒姆(Fulham)、哈林盖(Haringey)、伊斯灵顿(Islington)、肯辛顿(Kensington)和切

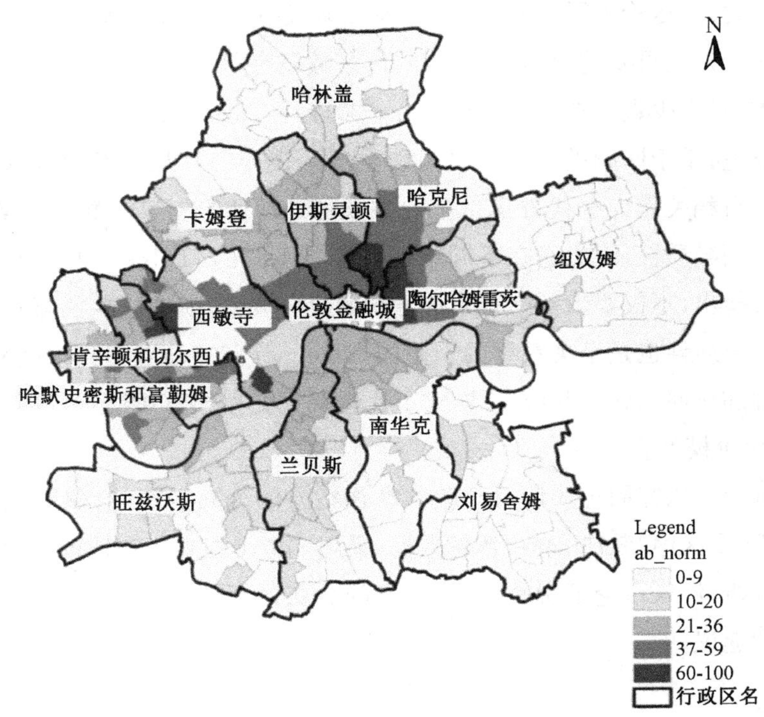

图 9-1　每个单位归一化的共享住宿密度图

注：按照自然断裂点方法进行分类和显示，其中颜色越深，房源越密集；资料来源于 Airbnb.com。

尔西(Chelsea)、兰贝斯(Lambeth)、刘易舍姆(Lewisham)、纽汉姆(Newham)、南华克(Southwark)、陶尔哈姆雷茨(Tower Hamlets)、西敏寺(Westminster)和伦敦金融城(The City of London)(出于研究目的，本章使用了内伦敦的这一定义)。根据大伦敦当局的资料(https://www.london.gov.uk)，伦敦中心区包括伦敦金融城(The City of London)、西敏寺(Westminster)的大部分，以及卡姆登(Camden)、伊斯灵顿(Islington)、哈克尼(Hackney)、陶尔哈姆雷茨(Tower Hamlets)、南华克(Southwark)、兰贝斯(Lambeth)、肯辛顿(Kensington)和切尔西(Chelsea)的内部。这是许多重要组织的所在地，例如中央政府办公处，公司总部和大使馆，金融与商业服务部，贸易、专业团体、机构、协会、通讯、出版、广告和媒体办事处。因此，以上区域被称作伦敦的中心区。

根据伦敦旅游局(Visit London)，伦敦的热门景点包括伦敦眼、大英博物馆、国家美术馆、伦敦塔、维多利亚与艾尔伯特博物馆、丘吉尔战时办公室、大本钟、塔桥、议会大厦、圣詹姆斯公园，主要坐落于西敏寺（Westminster）。并且伦敦景点主要位于内伦敦，尤其是西敏寺（Westminster）、卡姆登（Camden）、伊斯灵顿（Islington）、哈克尼（Hackney）、陶尔哈姆雷茨（Tower Hamlets）（见图 9-2）。

9.1.2 数据收集与变量设计

2017 年 7 月 21 日—9 月 11 日，从 Airbnb 网站（http://insideairbnb.com/get-the-data.html）上收集了内伦敦 29 780 个共享住宿房源（公寓/别墅）的位置信息。同时，2017 年 11 月，从 OpenStreetMap 网站上下载了内伦敦 72 609 个兴趣点和它们的位置信息。这些点被分为 7 类活动类型（见表 9-1）。绿地覆盖率的测量是根据 USGS 网站上获取的 2015 年 4 月 9 日拍摄的 Landsat8 遥感图像进行的归一化植被指数（Normalized Difference Vegetation Index，NDVI）计算。人口普查单位是通过伦敦数据仓库（London Datastore）收集的。Quattrone 等（2016）已证明，人口普查单位可以用作 Airbnb 计算的统计单位。在本章中，只使用人口普查单位中“ward”的计算单位作为伦敦行政区域的划分单位。

表 9-1 OLS 与 GWR 模型中各类活动点的信息

活动类别（标签）	定义	场地类型示例	案例点数/个
人文艺术景观（Ar）	每个人口普查单位的人文艺术景观数量	画廊，博物馆，纪念碑，景点	276
大学（Un）	每个人口普查单位的大学数量	大学	128
餐馆与商店（Fo）	每个人口普查单位的餐馆与商店数量	商店，商场，市场，自动售货机，药房，快餐店，咖啡厅，餐厅	7 355
夜生活场所（Ni）	每个人口普查单位的夜生活场所数量	赌场，夜总会，酒吧，酒馆，水疗中心	1 973
交通（Tr）	每个人口普查单位的交通数量	公交车站，地铁站，巴士站，高速公路口	18 206
住宅（Rs）	每个人口普查单位的住宅数量	公寓，房子	42 820

（续表）

活动类别(标签)	定义	场地类型示例	案例点数/个
娱乐场所(Rc)	每个人口普查单位的娱乐场所数量	野餐场地，街柜，公园，主题公园	1 851

注：资料来源于 OpenStreetMap 网站

在接下来的部分，为了进行后续的回归分析，所有相关的空间因素都会被汇总为其在单位中的密度，包括共享住宿密度、7 个活动类型的密度、水域面积密度和平均 NDVI。

9.1.3 数据分析

考虑到空间因素对周边环境的影响，核密度估计被用于计算点特征的密度(Donthu & Roland, 1989)。这个方法可以根据数据集连续计算每个位置的密度，从而将结果表现为栅格曲面。对于"Ar"中的点，表 9-2 给出了价值权重，权重取决于猫途鹰(TripAdvisor，全球领先的旅游网站，网址为：https://www.tripadvisor.cn)中十大景点的评论数。对于水域特征，将每个独立的形状转移到其几何中心点上，并以对应形状的面积作为权重。

表 9-2 "Ar"中要素的权重

类型	名称	权重
十大景点	伦敦眼(London Eye)	69 447
	大英博物馆(British Museum)	57 069
	国家美术馆(National Gallery)	30 693
	伦敦塔(Tower of London)	50 296
	维多利亚与艾尔伯特博物馆(Victoria and Albert Museum)	24 757
	丘吉尔战时办公室(Churchill War Rooms)	16 917
	大本钟(Big Ben)	26 679
	塔桥(Tower Bridge)	27 227
	议会大厦(Houses of Parliament)	13 642
	圣詹姆斯公园(St. James's Park)	14 385

注：资料来源于 Tripadvisor 网站

区间统计将密度值和 NDVI 值聚合到每个普查单元（ESRI：How Contouring Works，2010），因此，对于所有的统计单元而言，每个统计单元都有 10 个变量。为了解决每个变量维度的差异，采用离差标准化（Suarez-Alvarez et al.，2012）来将每个区间的范围归一化到 1～100 的范围内。

为了探究人文艺术景观（Ar）、大学（Un）、餐馆与商店（Fo）、夜生活场所（Ni）、交通（Tr）、住宅（Rs）、娱乐场所（Rc）、水域和绿化率（NDVI）对共享住宿密度的贡献，首先采用了最小二乘回归（OLS）。可以表示为：

$$y_i = \beta_0 + \sum_{k=1}^{p} \beta_k x_{ik} + \varepsilon_i \qquad \text{（式 9-1）}$$

式中 y_i 指第 i 个 ward 归一化的共享住宿密度观测值；x_{ik} 指第 i 个 ward 的第 k 个解释变量的观测值，构成解释变量矩阵；数字 p 表示上面提到的 8 个变量，β_0 和 β_k 代表截距和系数，ε_i 是误差项。

然而，OLS 回归在分析变量之间的关系时没有考虑位置因素，因此所有的系数在空间上都是固定的。1996 年，为了探索位置因素的影响，GWR 被提出。GWR 可以处理空间异质性和空间自相关性（Wooldrige，2003；Mitchell，2005）。一方面，在空间权重矩阵中，带宽内的观测点被赋予权重值，并在带宽内采用最小二乘回归分析。每个 p_i 不是孤立的，由于距离衰减函数，周围每个物体都对它的 b_{ij} 有贡献。另一方面，GWR 给出了每个观测点上每个影响因素的相关系数。如果存在空间自相关性，它们的系数可以反映相似性，相邻的系数拥有更相似的颜色（Mitchell，2005）。

研究者认为，如果相关参数满足以下条件，可以通过 GWR 来优化 OLS 的结果：(1)长期确定的回归系数；(2)解释变量之间不存在冗余；(3)回归系数在统计学上具有显著性（Hamilton，1992）；(4)残差服从正态分布；(5)调整后的 R^2 值较高（Wooldridge，2003；Mitchell，2005）；(6)残差不存在空间自相关（ESRI：How Contouring works，2010）。通过这些条件排除了变量 R_s、R_c 和 F_o。然后运用 GWR 来探究在空间上 Ar、Un、Ni、Tr、水域和 NDVI 如何影响共享住宿密度。可以表示为：

$$y_i = \beta_0(u_i,\ v_i) + \sum_{k=1}^{m} \beta_k(u_i, v_i) x_{ik} + \varepsilon_i \qquad \text{（式 9-2）}$$

$$\beta(u_i,\ v_i) = [X^T W_{(i)} X]^{-1} X^T W_{(i)} Y \qquad \text{（式 9-3）}$$

式中 (u_i, v_i) 为位置 i 的坐标，$\beta(u_i, v_i)$ 为自变量在位置 i 的局部估计系数，代表参数与位置 i 相关；ε_i 代表位置 i 的误差项。$W_{(i)}$ 代表一个 $n \times n$ 的对角空间加权矩阵，可以表示为：

$$W_{(i)} = \begin{matrix} W^{i1} & 0 & \cdots & 0 \\ 0 & W^{i2} & \cdots & 0 \\ \vdots & \vdots & \vdots & \vdots \\ 0 & 0 & \cdots & W^{in} \end{matrix} \qquad \text{（式 9-4）}$$

$$W^{ij} = \exp(-d_{ij}^2 / 2b^2) \qquad \text{（式 9-5）}$$

式 9-4 中的 W^{ij} 采用高斯函数计算，可以表示为式 9-5，其中 d_{ij} 表示第 i 个 ward 的位置和观测点 j 之间的距离；数字 n 表示 ward 的数量；b 表示带宽。依据赤池信息量标准（Akaike Information Criterion，AIC）得分最低的标准，可以确定最佳带宽（Fotheringham et al.，1998）。本节中 GWR 模型中的相关参数设置如表 9-3 所示。

表 9-3　GWR 模型设置

模型类型	高斯函数
地理内核 Geographic Kernel	自适应平方 Adaptive Bi-square
最佳带宽搜索法 Method for Optimal Bandwidth Search	黄金分割搜索法 Golden Section Search
最佳带宽标准 Criterion for Optimal Bandwidth	AIC_c
可变系数的数量 Number of Varying Coefficients	7
固定系数 Number of Fixed Coefficients	0

注：资料来源于软件 GWR 4.09

通过 GWR，每个统计单位 i 的每个变量 j 都拥有唯一的系数 $\beta_j(u_i, v_i)$。这些系数以分布图的形式来展现空间上对共享住宿不同程度的影响（Zhen et al.，2013）。

9.2 研究结果

9.2.1 Airbnb 空间分布

Admiak(2019)的研究发现伦敦的 Airbnb 房源具有很高的集中性。从图 9-1 中可以看出 Airbnb 的空间分布是不均匀的,房源(公寓/别墅)高度集中在中心区域,并向外围延伸。在中心区域和旅游区域,如西敏寺(Westminster)、肯辛顿(Kensington) 和切尔西(Chelsea)、哈克尼(Hackney)和陶尔哈姆莱茨(Tower Hamlets),Airbnb 房源密度最高(图 9-1)。这一特征支持了在伦敦(Quattrone et al., 2016)、巴塞罗那(Gutiérrez et al., 2017)、洛杉矶(Sarkar et al., 2017)的其他研究,证实了 Airbnb 房源集中在市中心(Dudás et al., 2017a; Benítez-Aurioles, 2017),并且向外围扩展。

9.2.2 周边环境对 Airbnb 分布的影响

如表 9-4 所示,第一轮 OLS 分析显示变量 R_s 和 R_c 未能对应统计学上显著的 p 值($p<0.05$)。变量 N_i 和 F_o 的 VIF>7.5,表明这两个解释变量之间存在冗余(ESRI: How Contouring Works, 2010)。由于 R_s、R_c 和 F_o 的 VIF 值较高,因此在第二轮 OLS 中将它们剔除了。第二轮 OLS 回归结果符合要求,雅克-贝拉检验(Jarque-Bera-Test,JB 检验)结果不显著(ESRI: How Contouring Works, 2010),证明回归模型的残差是正态分布的。Global Moran's I 的残差接近 0,表明不存在空间自相关(Goodchild, 1986)。

表 9-4 显示出水域(Water)、NDVI、人文艺术景观(Ar)、交通(Tr)、大学(Un)、夜生活场所(Ni)6 个变量和共享住宿分布之间存在显著的相关性,证明周边环境对共享住宿分布具有重要影响。

表 9-4 OLS 回归结果

变量	系数[1]	概率[3-1]	VIF[2]	T-统计[3-2]
第一轮 OLS 回归				
Water	−0.362	0.000*	1.248	−5.335

（续表）

变量	系数[1]	概率[3-1]	VIF[2]	T-统计[3-2]
NDVI	−0.496	0.000*	2.396	−7.658
Ar	0.281	0.000*	3.508	2.808
Tr	−0.252	0.010*	1.361	−2.619
Un	−0.473	0.000*	2.840	−3.562
Rs	0.073	0.463	1.023	0.734
Rc	0.106	0.081	1.518	1.754
Ni	−1.163	0.000*	24.441	−4.849
Fo	0.869	0.000*	28.338	3.373
第二轮 OLS 回归				
Water	−0.412	0.000*	1.197	−6.073
NDVI	−0.580	0.000*	2.030	−9.533
Ar	0.419	0.000*	3.052	4.389
Tr	−0.194	0.046*	1.305	−2.008
Un	−0.420	0.002	2.784	−3.130
Ni	−0.440	0.000*	3.477	−4.759
全局莫兰的残差[4]		0.014	调整后 R^2[5]	0.320
Koenker (BP)统计量[6]		0.012	残差平方	55 997.045
参数[1]—[6]对应于上述数据分析步骤 3 中提到的条件[1]至[6]。				

注：资料来源于软件 ArcGIS 9.3

9.2.3 关键因素的空间异质性

然而，表 9-5（$p < 0.05$）中科恩克（Koenker）（BP）检验（ESRI：Interpreting OLS results，2010）的显著结果表明某些或全部解释变量与因变量之间的关系不是固定的。这说明某些因素在不同的地区的影响效应不同（Tobler，1970；Kemp，2008；Knegt et al.，2010），GWR 模型的拟合效果更好。

表 9-5 GWR 和 OLS 模型结果对比

变量名称	GWR 结果	OLS 结果
残差平方(Residual Squares)	13 536.985	55 997.045
有效参数数量[模型：Trace(S)]	65	—
自由度[模型：N-trace(S)]	208	—
—2 对数似然(—2 Log-likelihood)	1 910.354	2 228.078
最佳带宽大小(Best Bandwidth Size)	43	—
AICc	2 086	2 092
R^2(R Square)	0.793	0.337
调整后 R^2(Adjusted R Square)	0.700	0.320

注：资料来源于软件 ArcGIS 9.3 和软件 GWR 4.09

对比 GWR 和 OLS 模型的结果(表 9-5)，AIC 从 2 092 到 2 086 进行了 6 次迭代。最低的 AIC 显示最优带宽为 43，说明每个统计单位的搜索结果扩大到了周边的第 43 个单位。对比 OLS 与 GWR 中的标准化残差，标准差在 2.5 倍以上的单位变少，总体残差大幅减少。调整后的 R^2 为 0.700，表明模型的拟合程度与第二轮 OLS 回归相比有所提高。上述结果证明 GWR 模型优于 OLS 模型(Mcmillen，2004；Mitchell，2005)。

图 9-3 展示了区域内变量的密度和解释变量对 Airbnb 房源密度的影响。不同地区的系数差异显示了解释变量的影响存在显著的空间异质性。同时也表明在解释周边环境因素对 Airbnb 房源空间分布的影响时，GWR 模型要优于 OLS 模型。

接下来，详细探讨了这些地理因素的影响。如图 9-1 所示，Airbnb 分布密度最高的地区为陶尔哈姆雷茨(Tower Hamlets)西部、哈克尼(Hackney)南部、西敏寺(Westminster)的西部和南部，以及肯辛顿(Kensington)和切尔西(Chelsea)的西南部。考虑到 GWR 模型中系数结果的空间差异，选取上述区域来分析周边环境因素对 Airbnb 房源分布的影响。

在陶尔哈姆雷茨(Tower Hamlets)西部和哈克尼(Hackney)南部，人文艺

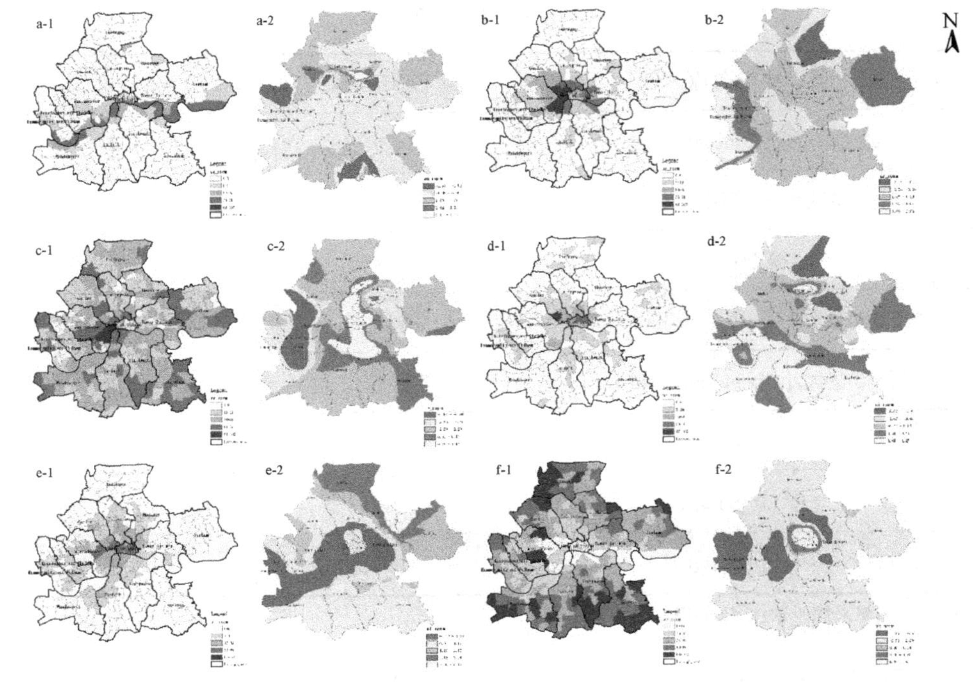

图 9-3　每个单位的归一化均值分布(a/b/c/d/e/f-1)与每个变量基于系数变化的分布图(a/b/c/d/e/f-2)

注：a：水域；b：人文艺术景观；c：交通；d：大学；e：夜生活场所；f：植被；
资料来源于：OpenStreetMap 网站

术景观对 Airbnb 房源密度的影响是显著且正向的(图 9-3b)。距旅游景点越近,共享住宿房源分布越多。这与之前的研究(Quattrone et al.，2016；Dudás et al.，2017a；Gunter & Önder，2018)结果一致,验证了旅游景点在 Airbnb 空间分布中的影响作用。交通对 Airbnb 房源分布也有显著正向影响(图 9-3c)。这也是可以理解的,便利的交通使景点、服务设施具有更高的可达性,这增强了住宿需求,也导致了房源分布较多。同时,这也验证了之前有关 Airbnb 和酒店的研究(Ashworth & Tunbridge，1990；Yang et al.，2012；Wegmann & Jiao，2017)。图 9-3e 中的系数证明夜生活对 Airbnb 房源的影响较小。夜生活场所主要位于伦敦金融城(The City of London),这是伦敦的一个自治市。其可能的原因是便利的交通与可达性使得人们更易接近夜生活娱乐场所,所以区域内的夜生活场所对 Airbnb 房源的分布影响并不显著。

图 9-3c 展示了在西敏寺(Westminster)的西部,肯辛顿(Kensington)和切

尔西(Chelsea)的西南部,交通对 Airbnb 房源密度的影响是负向的。如图 9-3b 所示,人文艺术景观对 Airbnb 房源密度的影响是显著且正向的,系数表明:比起其他区域,这些区域中的 Airbnb 房源密度对景点更为敏感。并且夜生活场所对 Airbnb 房源密度有显著的正向影响(图 9-3e)。由于这些区域的交通可达性有限,旅游景点和夜生活场所会对住宿需求产生显著影响是合乎逻辑的。因此,与其他区域相比,在这些区域内人文艺术景观和夜生活场所是 Airbnb 房源密度更有力的决定因素。

在西敏寺(Westminster)南部,交通对 Airbnb 房源的影响是显著且正向的(图 9-3c)。大学对 Airbnb 房源密度具有正向影响(图 9-3d),而人文艺术景观和夜生活场所与 Airbnb 房源密度之间存在负相关关系(图 9-3b、图 9-3e)。由于该地区的景点和夜生活场所有限,Airbnb 房源密度高主要和大学的分布相关。

9.3 本章小结

共享经济是一个重要的商业现象。由于共享住宿会对当地产生深远的影响,如安全、地方绅士化(Quattrone et al., 2016; Gutiérrez et al., 2017),了解它的空间分布对行业的未来而言是至关重要的。尽管社会经济因素是影响 Airbnb 选址的重要决定因素,但是周边环境因素也是至关重要的。本章采用 OLS 与 GWR 分析,探究了伦敦 Airbnb 的空间分布。结果表明共享住宿在中心区域有较高的集中性,如市中心和旅游景点。这些结果验证了之前研究中关于 Airbnb 房源主要靠近旅游景点分布的结论(Gutiérrez et al., 2017)。Quattrone 等(2016)对伦敦 Airbnb 和酒店数量的研究表明,比起传统酒店,共享住宿的分布更加分散且覆盖面积更广。Gutiérrez 等(2017)指出,共享住宿可以扩散到居民区,但其选址受当地规划需求的限制。

本章还探讨了共享住宿分布与周边环境要素之间的关系。两轮 OLS 分析发现在研究中的 9 个变量中,有 6 个变量(水域、NDVI、人文艺术景观、交通、大学、夜生活场所)和共享住宿的空间分布之间存在显著相关关系,这证明了周边环境在共享住宿选址中的重要性,这与酒店相关研究中的结论相似(Rigall-I-Torrent & Fluvià, 2011; Walker, 2008; Yang et al., 2014)。这部分也验证了之前研究中旅游景点和交通的作用(Quattrone et al.，2016；Gutiérrez et al.，2017；Benítez-Aurioles，2017)，但是将其范围拓展至周围地理环境。此外，本章还采用 GWR 对空间异质性进行进一步探究，表明伦敦 Airbnb 的分布在空间上是不均匀的，有些区域中 Airbnb 房源数量较高是因为交通可达性高，有些区域中则是因为景点或夜生活场所更多，这说明不同因素在不同地区的作用有所差异，验证了托布勒(Tobler)的地理学第一定律。Tobler(1970)和 Goodchild(2003)证明近处的事物比远处的事物具有更强的联系。在研究中，Airbnb 房源和周边地理因素之间的关系在不同地区是不一样的，因此，需要考虑这些因素的空间异质性。

总之，本章为共享住宿选址的决定因素提供了全面且新颖的理解，从而为共享住宿研究做出了贡献。首先，将共享住宿空间分布的研究从之前主要关注社会经济因素(Quattrone et al.，2016)拓展到关注地理因素的影响。同时，本章探究了每个因素在不同地区的空间异质性，验证了托布勒(Tobler)的地理学第一定律。此外，之前共享住宿的研究主要使用多元线性回归分析，无法充分揭示城市土地利用的空间模式及其潜在驱动因素。然而，本次研究对比了最小二乘法(OLS)和 GWR 模型，发现 GWR 的结果表现出了更好的模型拟合度和拟合能力，说明与 OLS 相比，GWR 方法更具优势。考虑到空间异质性的存在，GWR 具有比 OLS 更好的解释力和预测精确度，这与 Zhang 等(2017)在伦敦 Airbnb 房价决定因素研究中的发现一致。本章对 GWR 方法的有效性进行了实证，为深入研究住宿产业的影响因素提供了更好的选择。

从实践的角度上，本章研究可以用于城市住宅管理。随着社区中 Airbnb 房源供给的增加，也需要关注它对社区的潜在影响，如旅游绅士化。本章有助于政府与城市规划者对共享住宿的供给进行管理和控制。因此，政府应当重点关注这些热门地区的管理，避免过多的租赁，同时采取一些措施，如限制或转让共享权。

和许多其他研究一样，本章研究也存在一些不足。地理条件是选址的重要影响因素，它们和社会经济因素共同作用，深刻影响人类活动。本章研究只考虑了地理因素对 Airbnb 分布的影响，但还有很多其他可能影响 Airbnb 的因素，在未来的研究中也需要对其他因素进行探究。此外，本章仅基于伦敦案例，考虑到不同国家的差异，在未来研究中可以探究其他地区和国家的影响作用，可能会产生不同的结果。探究共享住宿的周边环境因素如何影响消费者的居住体验与满意度也是未来研究中值得探讨的话题。

第十章 共享住宿与酒店的关系

10.1 理论框架

10.1.1 酒店区位因素

对于酒店来说，位置是最关键的因素（Rodríguez-Victoria et al.，2017；Urtasun & Gutiérrez，2017）。酒店区位决策考虑包括需求、交通、就业、环境和社会文化等多种因素（Yang et al.，2014）。表 10-1 显示了酒店区位因素和相关研究。

表 10-1 酒店区位相关文献

区位因素	文献
人口 Population	Freedman 和 Kosová(2012)，Fang 等（2019）
旅游景点 Tourist attractions	Marco-Lajara 等（2014），Luo 和 Yang（2016），Aksoy 和 Yetkin Ozbuk(2017)
收入 Income	Fang 等(2019)，Freedman 和 Kosová(2012)
可达性 Accessibility	Crommelin 等(2018)，Valentin 和 Neill(2019)，Li 等(2015)
商业活动 Business Activity	Freedman 和 Kosová(2012)，Popovic 等(2019)
劳动力 Labour	Popovic 等(2019)，Li 等(2015)

（续表）

区位因素	文献
环境 Environment	Adam 和 Amuquandoh(2013)，Li 等(2015)，Batista E Silva 等(2020)
安全 Neighbourhood Safety	Yang 等(2012)，Assaf 等(2015)
社会文化 Social Culture	Woo 和 Mun (2020)，García-López 等(2020)
集聚、监管、政策等 Agglomeration, Regulations, Policies, etc.	Urtasun 和 Gutiérrez(2017)，Rodríguez-Victoria 等(2017)，Cró 和 Martins(2018)

资料来源：根据以往文献整理

前文提到旅游历史城市(THC)模型、单中心模型和集聚模型是酒店区位分布的重要模型。THC 模型最早由 Ashworth 和 Tunbridge(1990)提出，指出酒店在城市中的分布区域包括城门、火车站、主要道路、"好"位置、过渡区域和机场等区域。Oppermann 等(1996)和 Bégin(2000)进一步指出酒店集聚区域还包括历史中心和 CBD。THC 模型强调历史、可达性、资源和土地利用政策的重要性。

Yokeno(1968)提出的单中心模型是基于竞租曲线原理。竞租理论揭示了土地使用模式由租金使用者的支付意愿决定，城市土地利用呈现多个同心圆，酒店位于最内层的 CBD 和商业区之间。

集聚模型突出了外部性的作用(Baum & Haveman, 1998; Fang et al., 2020; Freedman & Kosová, 2012)。酒店集群带来需求溢出、基础设施和熟练劳动力容易获取等好处(Woo & Mun, 2020)。酒店之间的竞争激励他们提高服务水平和创新产品。然而，当竞争处于饱和状态时，集聚带来的好处会减少。

10.1.2 Airbnb 的区位因素

Airbnb 房源的空间分布备受学者关注(Lagonigro et al., 2020; Morales-Pérez et al., 2022)。Airbnb 的特点之一是分布在旅游景点和市中心附近

(Balampanidis et al，2019)。Airbnb 在社会经济和环境因素方面发展不均衡(Eugenio-Martinet al.，2019；Xu et al.，2020)。Quattrone 等(2016)发现 Airbnb 房源与到市中心的距离、旅游景点、年轻人口、收入、房价有显著关系。Gutiérrez 和 Domènech(2020)通过线性回归模型确定了居住区域、工业活动、休闲和餐饮对 Airbnb 房源供应的显著影响。Yang 和 Mao(2018)发现住房供应、酒店供应、年龄中位数、个体营业人口、种族分布和监管政策对 Airbnb 供应有显著影响。Xu 等(2020)利用地理加权回归模型证明了邻里环境因素(包括水、植被覆盖、景点、交通和大学)与 Airbnb 的供应显著相关。Xu 等(2019b)揭示财产和暴力犯罪与共享房间的空间分布呈正相关，与私人房间和整栋房屋的分布呈负相关。Airbnb 的集聚现象还受到居民态度、土地利用、集聚效应、法律法规等多种因素的影响。

然而，以往研究主要是单独讨论人口特征、社会经济条件或环境因素的影响，忽略了对这些因素综合作用的全面理解。实际上，Airbnb 房源空间分布同时受到社会经济和环境因素的影响。此外，以往的研究主要采用线性回归分析的方法，没有考虑空间自相关的影响。根据地理学第一定律，任何事物都与其他事物有联系，且相近的事物比距离较远的事物联系更加紧密(Tobler，1970)。由于空间自相关的影响，地理数据不是独立的，而是相互联系的。因此，本书采用空间计量模型，考虑结果变量的空间交互作用。

10.2 研究设计

10.2.1 案例地选择和数据收集

本章以伦敦为例。旅游业在英国经济发展中发挥着关键作用，并为英国提供了超过 200 万的就业岗位，为英国国内生产总值(GDP)贡献了 1 060 亿英镑(2020 年)。Airbnb 的房源经历了爆炸式增长。Airbnb 在伦敦的房源数量从 2015 年的 14 000 多套(Quattrone et al.，2016)增长到 2019 年的 70 000 多套(网址：https://insideairbnb.com)。因此，选择伦敦作为研究区域。伦敦市由 33 个次级行政区(Borough)和 625 个 ward 单元组成。

为了探究 Airbnb 和酒店之间的空间关系，收集了酒店和 Airbnb 房源的位置数据。Airbnb 的位置数据来自 Inside Airbnb 网站，该网站每月提供 Airbnb 房源位置信息。Adamiak 等(2019)比较了从四个渠道收集到的西班牙 Airbnb 数量，表明 Inside Airbnb 网站和 AirDNA 网站之间的差异很小(Adamiak et al., 2019)。收集了 2016 年 5 月至 2019 年 5 月期间伦敦 Airbnb 房源的累计数量，以尽可能真实地反映 Airbnb 的房源供应情况。伦敦酒店的位置数据来自 OpenStreetMap 网站，收集于 2019 年 5 月。

为了探索区位因素与两种住宿类型之间的关系，收集了每个 ward 单元的人口特征以及社会经济环境数据(数据来自 www.ukdataservice.ac.uk/)。

10.2.2 变量选择

基于先前关于 Airbnb 和酒店区位的文献(Fang et al., 2020; Jiao & Bai, 2020; Quattrone et al., 2016)，本书纳入八类区位因素(表 10-2)。随着 Airbnb 的快速发展，大伦敦地区对短期租赁的管制逐渐放松(Ferreri & Sanyal, 2018)。伦敦相关管理机构实施了房屋每年可用于对外出租的最大天数的限制，而未对房屋出租的地点进行限制(Crommelin et al., 2018; Nieuwland & van Melik, 2020)，因而本研究中没有包含监管因素。

表 10-2 变量列表

类别 Category	变量 Variable	释义 Definition
人口 Population	人口密度 Population Density	每平方公里人数，2018 年 Number of persons per square kilometer, 2018
	种族 Melting Pot	非在英国出生的人口百分比 Percentage of population not born in UK
	收入 Income	家庭收入中位数，2012 年 Median household income 2012
	平均年龄 Average Age	平均年龄，2013 年 Average Age, 2013

（续表）

类别 Category	变量 Variable	释义 Definition
旅游流 Tourist Flows	海外消费者 Overseas Tourists	海外逗留消费者数量，2014 年 Number of overseas staying visitors in 2014
	国内消费者 Domestic Tourists	国内逗留消费者数量，2014 年 Number of domestic staying visitors in 2014
交通 Transportation	可达性 Accessibility	公共交通可及性平均得分，2014 年 Average public transport accessibility score, 2014
就业 Employment	就业率 Employment Rate	2015 年的就业率（%） Employment rate （%） in 2015
	自营职业 Self Employment	工作人数（自由职业者） Number of people in work(self-employed)
	工作数量 Number of Jobs	按工作场所划分的工作数量，2014 年 Number of jobs by workplace ， 2014
环境质量 Environment Quality	接近大自然 Access to Nature	能接触到大自然的住宅百分比，2012 年 Percentage of homes with access to nature, 2012
	绿地 Green Space	绿地面积的百分比，2015 年 Percentage of area that is green space, 2015
	大气质量 PM	颗粒物（PM10）的年平均值，2011 年 Annual mean of particulate matter (PM10), 2011
环境安全 Environment Safety	犯罪率 Crime Rate	2014/15 年度每千人犯罪率 Crime rates per thousand population 2014/15
	火灾 Fires	每千人中的火灾数量，2014 年 Fires per thousand population, 2014
	救护车 Ambulance	每百人的救护车事件，2014 年 Ambulance incidents per hundred population, 2014
社区健康 Community Health	福祉 Wellbeing	2014 年居民幸福感和福祉的得分情况 Score of residents' happiness and wellbeing, 2014
房屋 Houses	房价 House Price	房价中位数，2014 年 Median house price, 2014

（续表）

类别 Category	变量 Variable	释义 Definition
房屋 Houses	出售的房屋 Properties Sold	出售的房产数量，2014 年 Number of properties sold, 2014
	自有房屋 House Owned	自有的房产比例，2011 年 Proportion of households owned, 2011

资料来源：作者整理

人口类影响因素包括四个变量：人口密度、种族、收入和平均年龄。Quattrone 等（2016）论证了人口密度、种族和平均年龄对 Airbnb 租赁的显著影响。Balampanidis 等（2019）指出雅典高收入社区的 Airbnb 集中指数几乎是低收入社区的 4 倍。Shabrina 等（2017）表明在年轻居民居住的地区，Airbnb 租赁更加常见。

旅游流类因素中，国内外消费者数量直接影响住宿需求（Zhang et al.，2012）。公共交通可达性对住宿行业至关重要（Gutiérrez et al.，2017）。就业类因素中，就业率和工作数量与酒店数量密切相关（Freedman & Kosová，2012），自由职业者与 Airbnb 的供给存在显著的正相关关系（Yang & Mao，2018）。

幸福感反映了居民的地方感，也被纳入分析中。在地理和旅游领域，“地方感”或“依恋感”是影响当地社区行为的关键因素。场所感被定义为人们对一个地方和环境的情感纽带和依恋。积极的场所感是指场所带来的幸福感等积极情绪。居民的幸福感和归属感可能会降低他们出租房屋的意愿。

房屋类因素包括房价、出售的房屋数量和自有的房屋（Gyódi，2019）。共享住宿是基于居民闲置房产的交换，因此住房因素直接影响 Airbnb 的供应（表 10-3）。

表 10-3　变量描述性统计

变量 Variable	均值 Mean	标准差 Standard Deviation	观察值 Observations	方差膨胀 系数 VIF
Airbnb 房源数量 Airbnb Number	84.330	107.369	625	
Airbnb 房源密度 Airbnb Density	0.765	1.240	625	

（续表）

变量 Variable	均值 Mean	标准差 Standard Deviation	观察值 Observations	方差膨胀系数 VIF
人口密度 Population Density	8 243. 209	4 865. 829	625	5. 357
种族 Melting Pot	0. 360	0. 137	625	1. 617
收入 Income	39 263. 696	7 454. 236	625	8. 940
平均年龄 Mean Age	35. 958	3. 075	625	4. 057
海外游客 Overseas Tourists	466. 776	967. 186	625	8. 718
国内游客 Domestic Tourists	307. 612	615. 863	625	7. 644
可达性 Accessibility	3. 769	1. 400	625	5. 107
就业率 Employment Rate	69. 473	6. 477	625	3. 637
自主就业 Self Employment	0. 335	0. 087	625	1. 133
职位数量 Number of Jobs	7 563. 724	22 016. 075	625	3. 623
亲近自然 Access to Nature	25. 612	30. 321	625	1. 216
绿地 Green Space	27. 155	17. 633	625	2. 357
大气质量(颗粒物) PM	18. 490	0. 880	625	4. 916
犯罪率 Crime Rate	83. 072	74. 411	625	6. 235
火灾 Fires	0. 482	0. 457	625	1. 523

(续表)

变量 Variable	均值 Mean	标准差 Standard Deviation	观察值 Observations	方差膨胀系数 VIF
救护车 Ambulance	124.309	53.244	625	3.257
福祉 Wellbeing	7.709	0.458	625	1.103
房价 House Price	434 450.747	268 205.632	625	6.410
已售房产 Properties Sold	188.307	83.893	625	1.503
拥有的房屋 Houses Owned	49.675	18.773	625	7.405

资料来源：作者整理

10.2.3 分析方法

数据分析流程如下：(1)为了揭示 Airbnb 和酒店的空间特征，将位置数据汇总到每个 ward 单元，生成数量和密度图；(2)为了研究两种住宿类型之间的空间关系，使用局部莫兰指数分析了每个单元 Airbnb 和酒店的数量。局部莫兰指数能够反映一个空间单位内的一个变量与其相邻单位内的另一个变量之间的相关性，表示为：

$$I_{lm}^{i}=z_{l}^{i}\cdot\sum_{j=1}^{n}W_{ij}\cdot z_{m}^{j} \qquad (式\ 10\text{-}1)$$

$$z_{l}^{i}=\frac{X_{l}^{i}-\bar{X}_{l}}{\sigma_{l}} \qquad (式\ 10\text{-}2)$$

$$z_{m}^{j}=\frac{X_{m}^{j}-\bar{X}_{m}}{\sigma_{m}} \qquad (式\ 10\text{-}3)$$

式中 I_{lm}^{i} 为双变量 Local Moran 's I；X_{l}^{i} 是空间单元 i 的属性 l 的值；X_{m}^{j} 为空间单元 j 的属性 m 的值；$\bar{X}_{l}$ 和 $\bar{X}_{m}$ 分别为属性 l 和 m 的平均值，即为属性 l 和 m 的平均值；σ_{l} 和 σ_{m} 是属性 l 和 m 的方差；W_{ij} 是基于空间邻接效应建立的权重矩阵。

3）为探讨社会经济、环境因素与居住供给的关系，本书采用空间计量模型。空间滞后模型和空间误差模型用于研究具有空间依赖效应的变量之间的关系。Anselin 等(2006)指出有必要在一般的线性回归模型中引入空间相关性，即利用空间权重矩阵对基本线性模型进行修正。空间滞后模型的基本形式为：

$$y = \rho W y + x\beta + \varepsilon \qquad \text{（式 10-4）}$$
$$\varepsilon \sim N(0,\ \sigma^2 I_n)$$

式中，y 为因变量，x 为自变量，ρ 是空间回归系数；W 是空间权重矩阵；Wy 是空间滞后因变量，β 为待估系数，ε 为随机误差。

10.3　Airbnb 和酒店的空间分布及其影响因素

10.3.1　Airbnb 和酒店的空间分布

从图 10-1 和图 10-2 可以看出，Airbnb 的数量和覆盖范围远远超过了酒店。存在 20 多家酒店的行政区分布在传统 CBD，包括伦敦金融城（City of London）、西敏寺（Westminster）、卡姆登（Camden）。拥有 383 个 Airbnb 房源的行政区包括西敏寺（Westminster）、卡姆登（Camden）、哈克尼（Hackney）、陶尔哈姆莱茨（Tower Hamlets），这些地方都是著名的旅游景点。根据密度图，

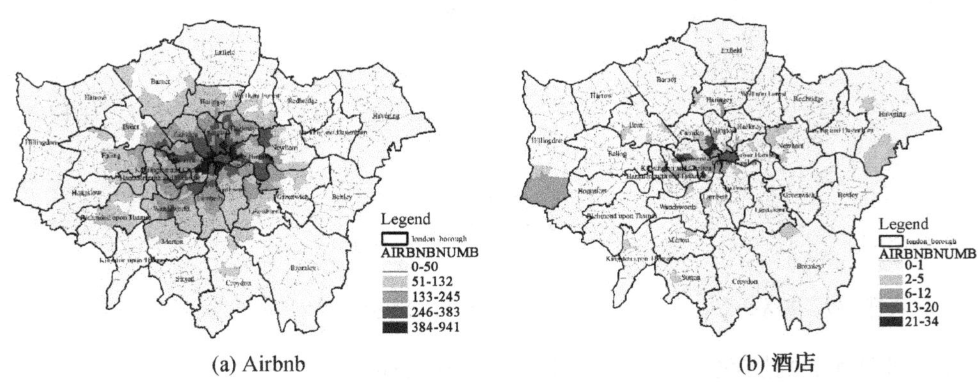

图 10-1　伦敦 Airbnb 和酒店的数量空间分布

（图源：作者自绘）

(a) Airbnb　　(b) 酒店

图 10-2　伦敦 Airbnb 和酒店的密度空间分布

（图源：作者自绘）

酒店集中在卡姆登(Camden)、西敏寺(Westminster)、肯辛顿(Kensington)和切尔西(Chelsea)的几条街道。Airbnb 的出租房屋集中在内伦敦,包括陶尔哈姆莱茨(Tower Hamlets)、哈克尼(Hackney)、伊斯灵顿(Islington)、卡姆登(Camden)、西敏寺(Westminster)、肯辛顿(Kensington)和切尔西(Chelsea)、哈默史密斯(Hammersmith)和富勒姆(Fulham)。Airbnb 在整个城市层面的空间分布表现出明显的中心—边缘特征。

Airbnb 的集聚状况与单中心模型一致(Yokeno, 1968)。Airbnb 房源集中在城市中心,位于最内层的 CBD 之外,并根据到市中心的距离呈现环形结构,这符合单中心模式的土地利用模式。此外,Airbnb 分布存在空间集聚现象,这一现象可能受到外部性的影响,如需求溢出、闲置物业和管理成本节约(Xie et al., 2020),这验证了 Yang 和 Mao(2018)的发现,即当 Airbnb 位于高端酒店附近时,会受益于需求溢出效应。因此,集聚模型可以应用于 Airbnb 情境,但对 Airbnb 集聚的原因及机制需要进一步研究。

10.3.2　Airbnb 与酒店的空间关系

图 10-3 展示了双变量空间自相关的结果。高—高相关主要位于市中心地区,包括伦敦金融城(City of London)、西敏寺(Westminster)、卡姆登(Camden)、肯辛顿(Kensington)和切尔西(Chelsea),这些地区都是 Airbnb 房源和酒店较多的地方。高—低相关主要位于历史旅游区,相对于酒店而言,Airbnb 在该区域的住宿供应占主导地位。换句话说,在市中心地区 Airbnb 与

酒店供应是重叠的，但在旅游景点周边地区 Airbnb 比酒店供应更广泛。

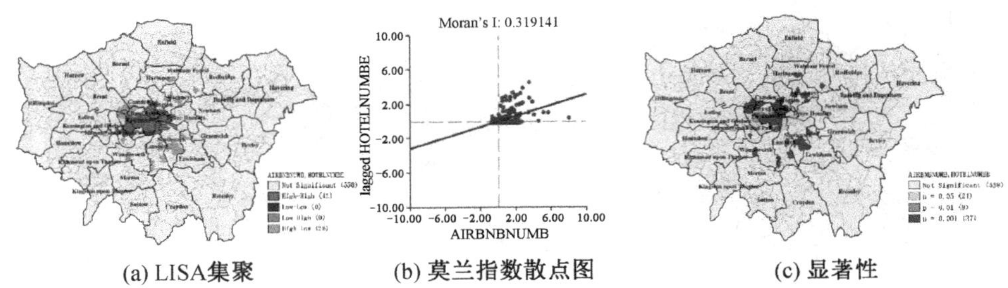

(a) LISA集聚　　(b) 莫兰指数散点图　　(c) 显著性

图 10-3　Airbnb 和酒店数量的双变量空间自相关

（图源：作者自绘）

很难判断市中心地区 Airbnb 和酒店是处于竞争还是互补关系，因为 Airbnb 和酒店可能会针对不同的细分市场。酒店和 Airbnb 的房源可能同时存在竞争效应和集聚效应（Yang & Mao，2018）。然而，Airbnb 确实补充了旅游景点周边地区的住宿供应，这一结果与 Dogru 等（2020c）的研究发现一致，他们认为 Airbnb 的扩张已经威胁到酒店的业绩。

10. 3. 3　区位因素与两种住宿分布的关系

对因变量 Airbnb 房源数量（Airbnb_number）的空间相关性进行诊断，全局莫兰指数值为 7. 64 且显著（$p<0.01$），说明结果变量存在空间自相关（表 10-4），这意味着普通最小二乘（OLS）模型中因变量未被解释的部分可能由于忽略了空间自相关引起的。因此，建立了空间计量模型来估算 Airbnb 的空间分布。两个拉格朗日乘数检验表明，Robust LM（lag）和 Robust LM（error）均显著，且 Robust LM（lag）比 Robust LM（error）更显著，因此选择空间滞后模型。通过在每一次回归中剔除最不显著的因素，直到得到所有因素都显著的最终模型。酒店的模型估计采用与 Airbnb 相同的方法。表 10-6 和表 10-7 给出了 Airbnb 和酒店的空间滞后模型的结果。

与一般线性回归模型（OLS）模型（表 10-4 和表 10-5）相比，空间滞后模型的 R 方值和对数似然值都有所增加。信息量准则（Akaike，AIC）和施瓦兹准则（Schwarz，SC）均降低，表明空间滞后模型比 OLS 模型具有更好的拟合优度。

表 10-4　Airbnb 的一般线性回归模型(OLS)的结果

模型诊断结果 Model Diagnosis Results			
因变量 Dependent Variable	Airbnb 房源数量 Airbnb Number	观察值个数 Number of Observations	625
因变量均值 Mean Dependent Var	84.329 6	变量个数 Number of Variables	16
因变量标准差 S. D. Dependent Var	107.283	自由度 Degrees of Freedom	609
平方 R-squared	0.687 296	F-statistic	89.235 4
调整后的平方 Adjusted R-squared	0.679 594	Prob(F-statistic)	0
残差平方和 Sum Squared Residual	2.25E+06	LogLikelihood	−3 445.72
标准差 Sigma-square	3 693.65	AkaikeInfo Criterion	6 923.45
回归误差 S. E. of Regression	60.775 4	SchwarzCriterion	6 994.45
极大似然估计 Sigma-square ML	3 599.09		
回归标准差 S. E of Regression ML	59.992 4		

模型估计结果 Model Estimation Results

变量 Variable	**系数 Coefficient**	**标准误差 Std. Error**	**统计量 t-Statistic**	**概率 Probability**
常量 Constant	−1 070.36***	123.660	−8.656	0.000
酒店数量 Hotel Number	2.453 31***	0.923	2.658	0.008
人口密度 Population Density	0.005 964 27***	0.001	5.476	0.000
海外游客 Overseas Tourists	−0.153 028***	0.045	−3.384	0.001
国内游客 Domestic Tourists	0.229 361***	0.071	3.209	0.001

（续表）

可达性 Accessibility	8.757 87**	3.892	2.250	0.025
就业率 Employment Rate	1.561 72***	0.585	2.669	0.008
自主就业 Self Employment	−53.876 8*	30.606	−1.760	0.079
平均年龄 Average Age	3.708 79**	1.515	2.448	0.015
职位数量 Number of Jobs	0.000 241 809*	0.000	1.698	0.090
亲近自然 Access to Nature	0.215 815**	0.087	2.474	0.014
绿地 Green Space	1.060 05***	0.209	5.081	0.000
大气质量 PM	45.212 8***	6.134	7.371	0.000
房价 House Price	0.000 028 273 3**	0.000	2.126	0.034
已售房产 Properties Sold	0.138 456***	0.034	4.050	0.000
拥有的房屋 Houses Owned	−1.268 9***	0.326	−3.893	0.000

注：*** 表示在 0.01 置信水平上显著，** 表示在 0.05 的置信水平上显著，* 表示在 0.1 的置信水平上显著

空间依赖性诊断 Diagnostics for spatial dependence

TEST	MI/DF	VALUE	PROB
Moran's I (error)	0.169 8	7.641 1	0
Lagrange Multiplier (lag)	1	94.904 1	0
Robust LM (lag)	1	52.005 6	0
Lagrange Multiplier (error)	1	49.197 6	0
Robust LM (error)	1	6.299 1	0.012 08
Lagrange Multiplier (SARMA)	2	101.203 2	0

资料来源：作者整理

表 10-5 酒店的一般线性回归模型(OLS)的结果

模型诊断结果 Model Diagnosis Results			
因变量 Dependent Variable	酒店房源数量 Hotel number	观察值个数 Number of Observations	625
因变量均值 Mean Dependent var	0.792	变量个数 Number of Variables	9
因变量标准差 S. D. Dependent var	3.143 75	自由度 Degrees of Freedom	616
平方 R-squared	0.307 364	F-statistic	34.1696
调整后的平方 Adjusted R-squared	0.298 369	Prob(F-statistic)	1.12E−44
残差平方和 Sum Squared Residual	4 278.38	Log likelihood	−1 487.95
标准差 Sigma-square	6.945 43	Akaike info criterion	2 993.91
回归误差 S. E. of Regression	2.635 42	Schwarz criterion	3 033.85
极大似然估计 Sigma-square ML	6.845 41		
回归标准差 S. E of Regression ML	2.616 37		

模型估计结果 Model Estimation Results				
变量 Variable	**系数 Coefficient**	**标准误差 Std. Error**	**统计量 t-Statistic**	**概率 Probability**
常量 Constant	−1.263 61**	1.386 83	−0.911 147	0.362 58
Airbnb 房源数量 Airbnb Number	0.004 630 25***	0.001 562 81	2.962 77	0.003 17
海外游客 Overseas Tourists	0.000 513 778***	0.000 126 667	4.056 12	0.000 06
可达性 Accessibility	0.901 345***	0.140 891	6.397 48	0
就业率 Employment Rate	−0.076 449 6***	0.021 710 9	−3.521 26	0.000 46
职位数量 Number of Jobs	0.000 038 974***	8.232 32E−06	4.734 27	0

（续表）

犯罪率 Crime Eate	−0.010 087 7***	0.003 330 17	−3.029 18	0.002 55
救护车 Ambulance	0.010 082 1***	0.003 185 51	3.164 98	0.001 63
拥有的房屋 Houses Owned	0.052 919***	0.010 768	4.914 47	0

注：*** 表示在 0.01 置信水平上显著，** 表示在 0.05 的置信水平上显著，* 表示在 0.1 的置信水平上显著

空间依赖性诊断结果 Diagnostics for spatial dependence			
TEST	MI/DF	VALUE	PROB
Moran's Ⅰ (error)	0.093 4	4.194 9	0.000 03
Lagrange Multiplier (lag)	1	23.782 5	0
Robust LM (lag)	1	11.686 5	0.000 63
Lagrange Multiplier (error)	1	14.873	0.000 11
Robust LM (error)	1	2.777	0.095 63
Lagrange Multiplier (SARMA)	2	26.559 5	0

资料来源：作者整理

表 10-6　Airbnb 的空间滞后模型结果

模型诊断结果 Model Diagnosis Results			
因变量 Dependent Variable	Airbnb Number	观察值个数 Number of Observations	625
因变量均值 Mean Dependent Var	84.329 6	变量个数 Number of Variables	11
因变量标准差 S. D. Dependent Var	107.283	自由度 Degrees of Freedom	614
滞后系数 Lag coeff. (Rho)	0.499 386		
平方 R-squared	0.740 045	Log Llikelihood	−3 404.29

(续表)

平方相关性 Sq. Correlation	—	Akaike Info Criterion	6 830.59
标准差 Sigma-square	2 991.98	Schwarz Criterion	6 879.4
回归误差 S. E. of Regression	54.699		

模型估计结果 Model Estimation Results

变量 Variable	**系数 Coefficient**	**标准误差 Std. Error**	**z 值 z-value**	**概率 Probability**
W_Airbnb_Number	0.499 386***	0.041 828 7	11.938 8	0
常量 Constant	−625.898***	100.514	−6.226 98	0
酒店数量 Hotel Number	1.843 53**	0.807 004	2.284 42	0.022 35
人口密度 Population Density	0.002 247 69**	0.000 873 395	2.573 5	0.010 07
可达性 Accessibility	6.664 02**	3.367 49	1.978 93	0.047 82
就业率 Employment Rate	1.215 24**	0.496 708	2.446 59	0.014 42
亲近自然 Access to Nature	0.201 124***	0.076 255 3	2.637 51	0.008 35
绿地 Green Space	0.598 639***	0.181 106	3.305 46	0.000 95
大气质量 PM	28.153 7***	5.224 35	5.388 95	0
已售房产 Properties Sold	0.116 793***	0.029 806 9	3.918 33	0.000 09
拥有的房屋 Houses Owned	−0.517 08**	0.241 265	−2.143 2	0.032 1

注：*** 表示在 0.01 置信水平上显著，** 表示在 0.05 的置信水平上显著，* 表示在 0.1 的置信水平上显著

资料来源：作者整理

表 10-7　酒店的空间滞后模型结果

模型诊断结果 Model Diagnosis Results			
因变量 Dependent Variable	Hotel_number	观察值个数 Number of Observations	625
因变量均值 Mean Dependent Var	0.792	变量个数 Number of Variables	10
因变量标准差 S. D. Dependent Var	3.143 75	自由度 Degrees of Freedom	615
滞后系数 Lag Coeff.（Rho）	0.308 646		
平方 R-squared	0.347 377	Log Likelihood	−1 475.11
平方相关性 Sq. Correlation	—	Akaike Info Criterion	2 970.21
标准差 Sigma-square	6.449 96	Schwarz Criterion	3 014.59
回归误差 S. E. of Regression	2.53 968		

模型估计结果 Model Estimation Results

变量 Variable	**系数 Coefficient**	**标准误差 Std. Error**	**z 值 z-value**	**概率 Probability**
W_Hotel Number	0.308 646***	0.053 358 5	5.784 38	0
常量 Constant	−1.300 77*	1.336 49	−0.973 273	0.330 42
Airbnb 房源数量 Airbnb Number	0.003 234 77**	0.001 530 28	2.113 84	0.034 53
海外游客 Overseas Tourists	0.000 342 835***	0.000 125 866	2.723 81	0.006 45
可达性 Accessibility	0.737 791***	0.138 457	5.328 67	0
就业率 Employment Rate	−0.058 383 4***	0.021 102 5	−2.766 65	0.005 66
职位数量 Number of Jobs	0.000 034 489***	7.966 61E−06	4.329 2	0.000 01

（续表）

犯罪率 Crime Rate	−0.009 835 06***	0.003 209 74	−3.064 13	0.002 18
救护车 Ambulance	0.009 164 13***	0.003 070 99	2.984 1	0.002 84
拥有的房屋 Houses Owned	0.042 432 6***	0.010 484 7	4.047 08	0.000 05

注：*** 表示在 0.01 置信水平上显著，** 表示在 0.05 的置信水平上显著，* 表示在 0.1 的置信水平上显著

资料来源：作者整理

空间滞后项（W_Airbnb_number 和 W_hotel_number）在 0.01 水平上显著，Airbnb 和酒店的系数分别为 0.499 和 0.309。这说明，一个行政单元内的住宿供应数量多，对其周边地区的住宿供应数量有正向影响，即 Airbnb 和酒店存在空间集聚效应。引入空间滞后项后，每个变量的系数绝对值下降，表明每个地区的住宿供应数量不仅与该地区的社会经济特征有关，也与周边地区住宿供应有很强的正相关关系。

根据空间滞后模型的系数，Airbnb 的分布主要受大气质量（PM）、可达性（Accessbility）、酒店数量（Hotel Number）、就业率（Employment_Rate）、绿地（Greenspace）、拥有的房屋（House Owned）和酒店数量滞后项（W_Hotel Number）的影响，而酒店的分布主要受可达性（Accessbility）和酒店数量滞后项（W_hotel number）的影响。酒店数量（Hotel Number）与 Airbnb 数量有显著的正相关关系，这与 Gutiérrez 和 Domènech（2020）的研究结果一致，Airbnb 倾向于集中在酒店数量较多的地区。可达性对 Airbnb 和酒店都有显著的正向影响，因为市场和接近客户在酒店和 Airbnb 集群中发挥了关键作用。拥有的房屋（House Owned）与酒店呈正相关，与 Airbnb 呈负相关。可以理解的是，Airbnb 已经成为一种常见的做法，它为个人提供了将长期租赁转变为短期租赁的机会（Domènech & Zoğal，2020）。此外，就业率（Employment Rate）与 Airbnb 供应呈正相关，这与 Quattrone 等（2016）的研究结果不一致。这可以解释为越来越多的 Airbnb 房源被专业公司控制（Balampanidis et al.，2019）。专业公司的发展可以增加当地的就业。此外，环境因素（Access to Nature、Green Space、PM）显著影响 Airbnb 的集群化，但对酒店的影响较小。可能的

原因是环境因素影响了居民的租房意愿。

10.4 本章小结

以 Airbnb 和酒店的空间分布为研究对象，研究发现单中心模型和集聚模型可以用来解释 Airbnb 单元的空间分布。Airbnb 与市中心的酒店存在共生关系，在热门旅游区存在替代关系（Blal et al.，2018）。关于区位因素对 Airbnb 和酒店的相对重要性，可达性在住宿供应中发挥关键作用；酒店区位主要受集聚效应的影响（Woo & Mun，2020），而 Airbnb 主要受环境因素、酒店数量和出租房屋数量的影响。Airbnb 与酒店数量之间的正相关关系，印证了 Gutiérrez 和 Domènech（2020）的研究结果，即 Airbnb 倾向于聚集在酒店数量较多的地区，并加重了当地的旅游压力。

本章通过提供 Airbnb 与酒店之间的空间关系的知识，丰富了 Airbnb 相关研究。首先从空间角度确定了 Airbnb 与传统酒店的共存或替代状态，证明了 Airbnb 的竞争区位优势。其灵活性和接近旅游景点的特点威胁了酒店收入，并加重了旅游压力。

其次，将酒店区位理论扩展到共享住宿环境。研究结果表明，单中心和聚集模型可以用来解释 Airbnb 单元的空间分布。通过将社会经济和环境因素纳入研究框架，本章对 Airbnb 和酒店的区位因素进行了整体调查。区位因素对 Airbnb 和酒店影响的差异，丰富了人们对这两种住宿类型区别的认识。

最后，本章利用空间计量经济学模型对 Airbnb 的区位研究做出了贡献。空间计量经济学模型通过考虑模型的空间相互作用而有所改进。研究结果表明，空间计量经济模型优于一般回归模型。

在实践意义上，研究结果为地方政府提供了一些启示。Airbnb 利用了旅游景点的邻近性，在酒店数量较多的地区聚集，从而加速了这些地区的中产阶级化。地方机构应该批准某些地区的酒店建设，或限制某些地区的短期出租，以缓解地方绅士化现象。研究结果也为专业房东选择 Airbnb 的位置提供了参考。正如 Balampanidis 等（2019）所指出的，专业公司控制了 Airbnb 的大部分房源。区位因素，如邻近已建成的酒店、景点和市中心、高人口密度和周边环境是投资决策成功的重要因素。

本章有几个局限性。第一,由于数据的可获得性,本章仅基于二手数据进行分析。未来的研究可以使用原始数据(问卷或访谈)来验证结果。第二,使用的有一些二手数据,如人口普查数据是在几年前收集的。但由于伦敦的人口近年来并没有太大的变化,不会对结果的准确性产生太大的影响。第三,由于缺乏详细的数据,本章仅呈现了每平方公里 Airbnb 房源数量和酒店数量。由于酒店通常比 Airbnb 提供的房间更多,未来的研究可能会基于房间数量进行比较。第四,研究只使用了单一的城市案例——伦敦。未来的研究可以比较其他目的地,以提供不同的见解。

第十一章

共享住宿房源价格影响因素研究：北京案例

11.1 理论基础

纵观国外有关共享住宿的研究发现，经济学、社会学、地理学等不同学科视角的交流与互动，促进了研究的不断深入，研究内容包括参与动机(Guttentag et al.，2017)、顾客体验(Xu et al.，2019a；Bao et al.，2022)、定价与收益管理(Chen & Xie，2017；Faye，2021)、空间分布(La et al.，2021；Xu et al.，2020)、监管(Yeon et al.，2022)等方面。国内研究相对有限，主要涉及动机与体验(卢东 等，2021；刘颖洁，2020；)、空间分布(夏馨颖 等，2020；梅林和姜洪强，2021)、定价(牛阮霞和何砚，2020；王春英和陈宏民，2018；吴晓隽和裘佳璐，2019)、发展策略(岳鑫，2021)等方面。

作为国内外研究的重要主题之一，共享住宿房源价格问题对平台持续发展尤为重要。价格首先是消费者选择共享住宿的重要衡量指标。Guttentag等(2017)指出性价比是共享住宿产品区别于传统酒店的竞争性优势，消费者往往能以更低的价格享受更好的住宿体验。合理的定价机制也是共享住宿平台房东获利的关键。与传统酒店管理者不同，个人房东因缺乏专业的收益管理培训和必要的价格决策信息的支持，而难以做出合理的定价决策(吴晓隽和裘佳璐，2019)。现实层面，我国的共享住宿市场形成时间短且发展速度快，平台定价机制和政府的价格管控机制都还很不完善，在疫情的冲击下，共享住宿行业的发展更是面临不确定性加大、住宿需求减少、盈利难度增加等挑战，对房东的经营管理能力和定价策略提出了更高要求。因此，从机理上阐明共享住宿房源价格影响因素及其作用机制对于行业持续发展、房东经营管理，以及政府监管具有重要现实意义。

目前国内仅有少数学者对共享住宿房源价格进行研究。如王春英和陈宏民(2018)基于小猪短租上 10 个城市的 12 527 个房源为研究对象，采用 OLS 回归和分位数回归的方法，发现了房源类型、房间设施、到市中心的距离、房东房源数量、评分、订单量、评论数对价格的显著影响。吴晓隽和裘佳璐(2019)以中国 36 个城市的 51 874 个 Airbnb 房源为研究对象，采用 OLS 回归和分位数回归分析了房源特征、房间设施、出租规则、到市中心的距离、是否为专业房东、二手房价、酒店数量、信任度、社交度等因素的作用。牛阮霞和何砚(2020)基于蚂蚁短租平台的 31 个城市房源数据发现一、二线城市的价格影响因素存在差异。可以看到现有国内研究有关共享住宿价格的影响已有一定论证，但还存在以下不足：①研究内容上，既有研究探究了包括房源特征、房东特征、区位特征，以及声誉特征等因素对价格的作用，但在一定程度上忽视了顾客评分、交通可达性和旅游景点的同步考察和比较，削弱了定价所需信息的完整性。②研究方法上，主要使用普通线性回归方法和分位数回归方法等传统的计量分析方法，忽略了空间相关性这一重要指标。③研究尺度上，国内研究主要以多个城市为案例进行研究，对于单个城市的研究相对较少，而细化的区域尺度由于能更好体现区域差异性而成为研究的发展趋势。④研究数量上，针对国内案例的调查研究数量较少，导致对我国共享住宿房源价格的本土化规律的认识非常有限，亟待学者予以更多的关注。

11.2 研究设计

本章以共享住宿发展较为成熟、Airbnb 房源数量较多、具有代表性的北京市为例，以 2021 年北京市 Airbnb 房价数据为基础，综合使用 OLS 回归和空间计量模型对共享住宿房源价格影响因素进行研究。本研究试图在理论上识别我国共享住宿房源的定价规律，通过纳入空间相关性、与旅游景点的距离、交通可达性、顾客评分等因素构建更为完整的共享住宿定价指标体系，弥补学术界有关国内共享住宿研究的不足。方法上将空间计量模型引入共享住宿房源价格研究，拓展该领域现有研究方法。实践上为共享住宿平台定价机制、房东价格决策、政府监管策略提供科学依据。

11.2.1 研究区域与数据概况

根据《中国共享住宿发展报告 2020》，北京市共享住宿房源数量排名全国第一，以北京为案例具有一定代表性。北京市行政区划底图数据来自天地图网站，北京市下辖 16 个区，总面积 16 410.54 km^2。共享住宿房源数据来源于 Airbnb 网站，与其他平台相比，Airbnb 平台房源大多来自普通个人而非专业公司，更符合共享经济 P2P 的本质（牛阮霞和何砚，2020）。数据获取时间为 2021 年 3 月，数据为 Inside Airbnb 网站的共享数据，包括了 Airbnb 网站上收集的房源位置、价格、评分、房东属性等信息。剔除变量缺失数据和存在异常值的数据后，得到的样本量为 10 363 套房源。此外，北京市酒店数据通过北京市文化和旅游局官网获取名单，并通过百度地图拾取坐标数据；公交站点数据通过百度地图获取；旅游景点数据通过北京市交通旅游图获取信息，并通过百度地图拾取坐标数据。表 11-1 展示了北京市 Airbnb 房源数据的基本情况。

表 11-1 样本概况

		频数	比例/%	累积比例/%
房屋类型	整套房屋/公寓	7 001	67.56	67.56
	独立房间	3 074	29.66	97.22
	分享房间	288	2.78	100.00
房东拥有房源数量	拥有 1 套房源	2 254	21.75	21.75
	拥有 2～5 套房源	3 268	31.54	53.29
	拥有 6～10 套房源	2 065	19.93	73.21
	拥有 10 套房源以上	2 776	26.79	100.00
评分/分	20～29	75	0.72	0.72
	30～39	1	0.01	0.73
	40～49	65	0.63	1.36
	50～59	19	0.18	1.54

（续表）

		频数	比例/%	累积比例/%
评分/分	60～69	207	2.00	3.54
	70～79	138	1.33	4.87
	80～89	842	8.13	13.00
	90～100	9 016	87.00	100.00
超级房东	是	4 272	41.22	41.22
	否	6 091	58.78	100.00
行政区	东城区	347	3.35	3.35
	西城区	284	2.74	6.09
	朝阳区	3 360	32.42	38.51
	丰台区	811	7.83	46.34
	石景山区	125	1.21	47.55
	海淀区	989	9.54	57.09
	门头沟区	155	1.50	58.58
	房山区	348	3.36	61.94
	通州区	490	4.73	66.67
	顺义区	468	4.52	71.19
	昌平区	550	5.31	76.49
	大兴区	373	3.60	80.09
	怀柔区	608	5.87	85.96
	平谷区	111	1.07	87.03
	密云区	753	7.27	94.30
	延庆区	591	5.70	100.00

资料来源：作者整理

可以看到，Airbnb 房源类型以整套房屋/公寓为主，占比 67.56%，独立房间次之，占比 29.66%，分享房间的比例最小，仅占 2.78%；就房东拥有房源数量而言，拥有 2～5 套房源的比例最高，占比 31.54%，拥有 10 套以上房源的大多为置业公司和中介，占比 26.79%；房源评分偏高，评分为 90～100 的房源占比 87.00%；超级房东占比约为 41.22%；就空间分布而言，朝阳区的房源最多，占比 32.42%，远超其他区域。

11.2.2 模型说明及变量选择

学者经常采用特征价格模型估计城市住宅特征的隐含效应，揭示消费者对不同特征的偏好和支付意愿(朱传广 等，2014；夏秋月 等，2020)。特征价格理论认为所有异质性商品都具有一系列特征，商品是作为内在特征的集合来出售的，消费者对产品的需求实质上是对产品隐含特征的需求(Tong & Gunter，2020)。根据特征价格模型，共享住宿房源作为异质性商品，其价格是包含所有隐含特征在内的回归函数。根据以往研究(Chen & Xie，2017；Faye，2021；Dudás et al.，2020)共享住宿房源价格的特征变量可分为房源特征、房东特征、声誉特征和邻里特征四类(表 11-2)。

表 11-2 共享住宿房源价格影响因素

类别	因素	效应	文献
房源特征	房屋类型(以分享房间为对照组)、房间设施(卧室数量、浴室数量、可容人数、无线网络、允许做饭、免费停车)、上线时间、照片数量	正相关	Wang 和 Nicolau(2017)；Chen 和 Xie(2017)；Faye(2021)；吴晓隽和裘佳璐(2019)；牛阮霞和何砚(2020)；王春英和陈宏民(2018)
	即时预订、灵活取消	负相关	Wang 和 Nicolau(2017)；吴晓隽和裘佳璐(2019)
房东特征	专业房东、身份信息、照片、回复速度、房源数量、好评率	正相关	Wang 和 Nicolau(2017)；Chen 和 Xie(2017)；吴晓隽和裘佳璐(2019)；牛阮霞和何砚(2020)
	接受率	不显著	Chen 和 Xie(2017)
声誉特征	平均评分、性价比评分、清洁度评分、位置评分、好评率	正相关	Wang 和 Nicolau(2017)；Chen 和 Xie(2017)；吴晓隽和裘佳璐(2019)
	评论数量	负相关	Wang 和 Nicolau(2017)；Gibbs 等(2018)；吴晓隽和裘佳璐(2019)

（续表）

类别	因素	效应	文献
邻里特征	到市中心的距离、周边酒店数量	负相关	Chen 和 Xie（2017）；Gibbs 等(2018)；吴晓隽和裘佳璐(2019)
	租金水平、周边 Airbnb 数量、周边 POI 数量、与城市旅游中心的距离、交通可达性	正相关	Chen 和 Xie （2017）；Önder 等(2019)；王春英和陈宏民(2018)

资料来源：根据以往文献整理

房源特征强调房源的物理属性，如房源类型、卧室数量、浴室数量等。相关研究表明房源特征对房源价格和需求产生重要影响。Chen 和 Xie(2017)通过对美国奥斯汀市 5 779 个 Airbnb 房源的研究发现房间设施、房屋类型与价格显著相关。Wang 和 Nicolau(2017)对美国 33 个城市 Airbnb 房源的研究表明房源类型、可容人数、卧室数量、浴室数量、无线网络、早餐服务对房价有显著影响。对国内城市的共享住宿房源价格的研究也发现了类似的结论（牛阮霞和何砚，2020；吴晓隽和裘佳璐，2019）。

房东特征主要包括是否是超级房东、身份验证信息、拥有房源数量等房东信息。Gunter 等(2020)对纽约市 32 142 个 Airbnb 房源的研究发现个人房东和拥有多套房源的专业房东在定价和收益上存在显著差异，专业房东凭借明智的经营策略和动态定价手段获得更高的收益。Cai 等(2019)对香港 Airbnb 房源的研究发现房东注册时间、超级房东标识、拥有房源数量影响其可信度和顾客预定意愿，进而对价格产生影响。

声誉特征指已入住的消费者群体对该房源的评价（牛阮霞和何砚，2020）。共享住宿平台紧密依赖在线平台，顾客评分显著影响潜在消费者的预订意愿，从而影响房价。评分对价格的影响存在争议性观点。Wang 和 Nicolau (2017)、牛阮霞和何砚(2020)、吴晓隽和裘佳璐(2019)等研究发现顾客评分与 Airbnb 价格呈显著正相关，而 Ert 等(2016)的研究发现二者不存在显著相关。

邻里特征包括到市中心的距离、到旅游景点的距离、交通设施可达性等区位属性，以及周边酒店供应等竞争属性。邻里特征通过改变供需关系对价格产生影响。Faye(2021)对法国波尔多市 13 991 个房源的研究指出到地铁站和火车站的距离对共享住宿房源价格有显著影响。旅游需求也显著影响酒店定价，Cai 等(2019)表明离旅游景点越近房源价格越高。Airbnb 和传统酒店存在竞争关系，Zervas 等(2017)发现，Airbnb 使奥斯汀的酒店收入平均下降了 8%～10%，尤其威胁到低价酒店和非商务酒店。Chen 和 Xie(2017)的研究表明竞争者的数量对 Airbnb 价格有显著影响。

基于上述讨论，综合考虑数据可获得性、变量量化的难易和变量间的相关性，最终确定了 26 个特征变量。特征变量指标含义及描述性统计如表 11-3 所示。

表 11-3　变量说明

变量名称	含义	均值	标准误	数据来源
价格 Price	Airbnb 房源每晚的价格(元)	750.350	940.570	Inside Airbnb 官网
浴室数量 Bathroom	房源的浴室数量(间)	1.476	1.048	
卧室数量 Bedroom	房源的卧室数量(间)	1.671	1.231	
可容人数 Accommodate	房源可供入住的最大人数(人)	3.832	3.161	
整套房屋 Room type1	整套房子/公寓，为对照组(虚拟变量 DV)	0.618	0.486	
独立房间 Room type2	独立房间	0.347	0.476	
分享房间 Room type3	分享房间	0.035	0.185	
即时预订 Instant Booking	提供即时预订服务，则取 1(DV)	0.555	0.497	
超级房东 Super Host	房东为超级房东，则取 1(DV)	0.257	0.437	
年数 Years	截至 2021 年房东注册时间(年)	3.047	1.569	
身份验证信息 Verifications	房东提供的身份验证信息(项)	4.123	2.664	
回复时间 Response Time	房东的回复时间(1 小时以内＝1；几小时以内＝2；1 天以内＝3；1 天以上＝4)	3.636	1.703	

(续表)

变量名称	含义	均值	标准误	数据来源
接受率 Acceptance Rate	房东的接受率	0.889	0.249	
拥有房源数量 Listing Number	房东拥有的 Airbnb 房源数量	9.595	19.526	
总评分 Rating	总评分	94.810	11.622	
描述准确 Accuracy	“描述准确”项的评分	9.659	1.045	
干净卫生 Cleanliness	“干净卫生”项的评分	9.569	1.076	
入住顺利 Check in	“入住顺利”项的评分	9.719	0.977	
沟通交流 Communication	“沟通交流”项的评分	9.751	0.932	
位置 Location	“位置”项的评分	9.633	0.959	
性价比 Value	“性价比”项的评分	9.520	1.133	
所在街道的酒店数量 Hotel Number	所在街道的酒店数量	16.546	35.966	北京市 百度地图
所在街道 Airbnb 房源数量 Airbnb Number	所在街道的 Airbnb 房源数量	260.772	275.435	Inside Airbnb 官网
周边公交站点数量 Bus Stops Number	房源周边 500 m 范围内公交站点的数量	10.751	11.423	北京市 百度地图
旅游景点 Tourist Attraction	距离最近的旅游景点的距离(km)	0.628	0.642	北京市百度地图和北京市交通旅游图
到市中心的距离 City Center	房源离市中心(天安门广场)的距离(km)	31.734	31.299	ArcGIS 计算获得

资料来源：作者整理

11.2.3 数据分析方法

国内外学者大多采用最小二乘法(OLS)来分析价格与特征变量之间的关系。特征价格模型的函数形式包括线性函数、对数函数和半对数函数 3 种形式，函数的形式选择依据模型拟合程度来确定。根据 3 种函数的估计结果(表 11-4)，本研究选取拟合程度最高的半对数函数来刻画共享住宿的特征价格模型。

表 11-4　三种函数形式拟合结果

	线性函数	半对数函数	对数函数
$F(24,10\,338)$	650.38	671.74	125.47
Prob > F	0	0	0
R-squared	0.601 6	0.609 3	0.531 9
Adj R-squared	0.600 6	0.608 4	0.527 7
Root MSE	518.81	0.5084 6	0.421 6

资料来源：作者整理

半对数函数即为因变量以对数形式进入模型，公式如下：

$$\ln P = a_0 + \sum a_i X_i + \varepsilon \qquad (式\ 11\text{-}1)$$

式中：P 为房源价格；X_i 为房源的第 i 个属性；a_i 为第 i 个属性对应的特征价格；a_0 为特征变量之外影响价格的常量之和；ε 为误差项。需要注意的是，这里的回归系数的含义是对价格影响的百分比。

Faye(2021)指出共享住宿房源价格呈现空间依赖性，而以往研究大多忽略了对空间效应的考量。传统计量方法已不能够满足价格拟合的需要，为了探索更深层次房源价格的影响因素，研究方向逐渐转入空间计量模型（张玉山等，2019）。考虑到价格存在的空间依赖性，空间计量模型能够为共享住宿定价规律的认识提供更加全面的了解。

空间计量模型主要分为空间滞后模型（Spatial Lag Model，SLM）和空间误差模型（Spatial Error Model，SEM）。空间滞后模型（SLM）探讨被解释变量 Y 在一个地区是否受其周边地区被解释变量的影响（空间溢出效应）：

$$y = \alpha + \rho W y + x\beta + \varepsilon \qquad (式\ 11\text{-}2)$$
$$\varepsilon \sim N(0,\ \sigma^2 In)$$

式中，W 表示空间权重矩阵，α 为常数项，β 为回归系数，ρ 为空间滞后自回归系数，度量地理上的邻近地区被解释变量的空间溢出效应，X 为解释变量，ε 为随机扰动项，服从独立同分布。

空间误差模型（SEM）。如果某一地区的被解释变量还受一组局域特征及忽略掉的在地理空间上相关的某些重要变量（称其误差项）的影响，那么 SEM 则反映了被解释变量受其他地区相互依赖的随机误差冲击的影响。公式如下：

$$y = \alpha + x\beta + \varepsilon \qquad (式\ 11\text{-}3)$$

$$\varepsilon = \lambda W\varepsilon + \mu$$
$$\mu \sim N(0,\ \sigma^2 In) \qquad (式\ 11\text{-}4)$$

式中，ε 表示空间自相关误差项，λ 表示空间误差项自回归系数，度量样本观察值的误差项对被解释变量的影响程度。对于空间权重矩阵，本文以反距离权重矩阵作为空间权重矩阵，该矩阵可以更好地体现在地理空间上，不邻接的单元也会有要素的流动等相互作用和影响的实际情况。

11.3 价格模型检验和空间效应分析

11.3.1 Airbnb 房源价格的特征价格模型检验

OLS 模型中，依次纳入房源特征、房东特征、声誉特征区位特征和邻里特征等以检验不同类型特征对价格的作用，模型估计结果见表 11-5。

表 11-5 北京市 Airbnb 价格的 OLS 模型与空间计量模型估计结果

		OLS				SLM	SEM
		模型(1)	模型(2)	模型(3)	模型(4)	模型(5)	模型(6)
房源特征	浴室数量 Bathroom	0.104***	0.109***	0.095***	0.088***	0.025***	0.012**
		(−15.388)	(−15.172)	(−11.484)	(−10.829)	(4.791)	(2.431)
	卧室数量 Bedroom	0.109***	0.126***	0.151***	0.146***	0.082***	0.091**
		(−13.635)	(−14.301)	(−14.167)	(−14.01)	(10.416)	(12.072)
	可容人数 Accommodate	0.099***	0.099***	0.092***	0.079***	0.091***	0.098***
		(−34.178)	(−31.208)	(−23.68)	(−20.513)	(27.711)	(30.303)
	独立房间 Roomtype2	−0.222***	−0.210***	−0.304***	−0.350***	−0.359***	−0.422***
		(−22.946)	(−20.213)	(−25.029)	(−29.032)	(−30.432)	(−33.016)
	分享房间 Roomtype3	−0.842***	−0.993***	−1.011***	−1.009***	−1.025***	−1.151***
		(−34.734)	(−35.594)	(−31.406)	(−32.210)	(−35.887)	(−39.045)
	即时预订 Instant Booking	0.011	0.051***	0.020*	0	−0.008	−0.008
		(−1.293)	(−4.899)	(−1.683)	(−0.027)	(−0.733)	(−0.703)

（续表）

		OLS				SLM	SEM
		模型(1)	模型(2)	模型(3)	模型(4)	模型(5)	模型(6)
房东特征	超级房东 Superhost		−0.031***	−0.007	−0.003	−0.002	0.002
			(−3.006)	(−0.640)	(−0.304)	(−0.230)	(0.186)
	年数 Years		0.002	0.009**	0.009**	0.009***	0.006
			(−0.534)	(−2.381)	(−2.420)	(2.649)	(1.647)
	身份验证信息 Verifications		0.014***	0.007***	0.010***	0.005**	0.002
			(−7.127)	(−3.431)	(−4.634)	(2.398)	(0.952)
	回复时间 Response Time		−0.040***	−0.030***	−0.018***	0.015**	0.013**
			(−11.672)	(−7.046)	(−4.455)	(2.433)	(2.057)
	接受率 Acceptance Rate		0.003	0.031	−0.013	0.011	0.018
			(−0.136)	(−1.211)	(−0.532)	(0.980)	(1.560)
	拥有房源数量 Listing Number		0.002***	0.001*	0.001***	0.000	0.000
			(−7.435)	(−1.696)	(−2.606)	(0.779)	(0.752)
声誉特征	总评分 Rating			0.006***	0.005***	0.005***	0.004***
				(−5.543)	(−4.969)	(4.614)	(4.345)
	描述准确 Accuracy			0.020*	0.016	0.019*	0.013
				(−1.873)	(−1.567)	(1.796)	(1.352)
	干净卫生 Cleanliness			0.057***	0.046***	0.047***	0.045***
				(−6.551)	(−5.362)	(5.538)	(5.550)
	入住顺利 Check in			0.016	0.015	−0.017	−0.013
				(−1.501)	(−1.443)	(−1.603)	(−1.291)
	沟通交流 Communication			−0.044***	−0.043***	−0.037***	−0.028***
				(−4.027)	(−4.097)	(−3.576)	(−2.843)
	位置 Location			0***	0.056***	0.050***	0.033***
				(−6.64)	(−6.889)	(6.140)	(4.241)
	性价比 Value			−0.126***	−0.109***	−0.083***	−0.066***
				(−12.767)	(−11.327)	(−8.736)	(−7.374)
邻里特征	所在街道的酒店数量 Hotel Number				0.002***	0.001***	0.002***
					(−15.449)	(8.988)	(7.147)
	Airbnb 房源数量 Airbnb Number				−0.000***	0.000***	0.000***
					(−8.393)	(−2.193)	(−6.684)

（续表）

		OLS				SLM	SEM
		模型(1)	模型(2)	模型(3)	模型(4)	模型(5)	模型(6)
邻里特征	周边公交站点数量 Bus				5.210***	0.001	0.000
					(−6.958)	(1.317)	(−0.549)
	旅游景点 Tourist Attraction				0.002***	0.001***	0.002***
					(−12.824)	(4.981)	(5.399)
	到市中心的距离 City Center				0.004***	0.000	0.005***
					(−16.102)	(1.103)	(10.150)
空间效应	因变量 W_Lnprice					0.404***	
						(42.547)	
	λ						0.565***
							(49.064)
	Cons	5.559***	5.566***	5.135***	5.098***	2.862***	5.247***
		−532.829	−232.72	−72.587	−73.826	33.344	76.409
	N	22 049	17 456	10 379	10 363	10 363	10 363
	R^2	0.45	0.507	0.586	0.609	0.682	0.705
	R^2_a	0.45	0.507	0.585	0.608	—	—
	F	3 011.64	1 496.69	772.416	671.742	—	—
	ll					−7 243.540	−7 040.089 729
	AIC					14 539.100	14 130.2

注：OLS 模型括号内为 t 统计量，SLM 和 SEM 模型括号内为 z 统计量；$*\ p<0.1$，$**\ p<0.05$，$***\ p<0.01$

资料来源：作者整理

结果显示，所有模型的 F 检验通过，拒绝了模型没有解释力的零假设，表明回归方程有意义。变量中 VIF 值最大的为 6.16，小于 10 的阈值，说明自变量之间不存在严重共线性。因变量（LnPrice）的正态 Q-Q 图表明因变量基本服从正态分布。模型 R^2 值代表了影响因素对价格的解释力和模型拟合优度。可以看到，房源特征对价格对数的解释力为 45%。根据 R^2 值的变化，不同类型特征变量的解释力从高到低依次为：房源特征（45%）>声誉特征（7.9%）>房东特征（5.7%）>邻里特征（2.3%）。

房源特征方面，模型（1）的估计结果表明除即时预订外的房源特征与价格显著相关。房间类型对价格的影响最大，独立房间和分享房间的系数分别为－0.222和－0.842，说明与对照组（整套房屋）相比，独立房间的价格降低22.2％，分享房间的价格降低84.2％。这一现象符合常理推断，共享住宿的房源价格很大程度上是由房源物理空间决定的，这与以往研究结论一致（吴晓隽和裘佳璐，2019）。房源设施方面，卧室数量、浴室数量和可容人数的系数显著为正，说明卧室数量、浴室数量、可容人数越多，房源价格越高。这符合常识推断，卧室数量和浴室数量与房源面积挂钩。值得注意的是房源特征对价格方差的解释力最高，达45％，即房源价格在很大程度上是由房源类型和设施决定的。可见，尽管共享住宿的社交功能被认为是区别于传统酒店的独特优势，但房源的基本设施和功能仍然是消费者支付意愿和房源价格的决定因素。房源特征的显著性支持了以往研究的结论（Chen & Xie，2017；Gibbs et al.，2018）。

房东特征方面，模型2的估计结果表明超级房东、身份验证信息、回复时间、拥有房源数量与房源价格显著相关，而年数和接受率没有显著影响。身份验证信息的系数显著为正（0.014），说明房东提供的身份验证信息越多，房价也越高。房东披露的身份信息越多，越有利于顾客信任的建立，吴晓隽和裘佳璐（2019）表明可信度对房价有显著积极影响。这也反映出顾客对信任和安全的支付意愿较高，他们愿意接受由可信度带来的房源溢价。拥有房源数量的系数为0.002，说明房源每增加一项，价格溢价增加0.2％，这与以往研究一致（Xie & Mao，2019），表明拥有多套房源的职业房东在定价策略和收益管理方面拥有更加专业的经验。超级房东的系数显著为负，（－0.031）说明总体上超级房东的房价要低于其他房东。就超级房东的作用而言，北京市的房源价格规律与国外城市的研究结果存在差异：Wang和Nicolau（2017）对美国33个城市的实证研究指出超级房东与Airbnb价格存在显著正相关；Chen和Xie（2017）对美国奥斯汀市的研究表明超级房东与Airbnb房价不存在显著相关。根据北京市Airbnb房源数据，产生这一现象的原因在于北京市超级房东提供的房源以面积较小、价格相对低廉的酒店式公寓或独立房间为主，而面积较大、价格较高的整套别墅或住宅类房源中超级房东的数量较少。回复时间的系数也显著为负（－0.040），即房东回复时间越短，房价也越高，这与以往研究一致（Chen & Xie，2017），说明房东在顾客服务方面付出努力越多，越能实现价格溢价。

声誉特征方面，模型(3)的估计结果表明“入住顺利”和“位置”项外，其他变量对价格有显著影响，根据影响力从高到低排序，依次为性价比(−0.126)、干净整洁(0.057)、沟通交流(−0.044)、描述准确(0.020)总评分(0.006)。关于房源总评分对价格的影响，部分学者的研究表明顾客评分显著正向影响房源价格(牛阮霞和何砚，2020；吴晓隽和裘佳璐，2019；Wang & Nicolau, 2017)，而部分研究认为房源价格与评分并无显著相关关系(Ert et al., 2016)。OLS模型结果表明总评分显著正向影响价格，但影响系数较小(0.006)。一方面，价格较高的房源往往拥有更好的区位优势或者提供高品质的设施及服务，有利于提高顾客满意度，其评分也较高，且顾客评分作为已入住消费者对该房源的集体评价，会对潜在顾客需求和房东定价行为产生影响；另一方面，总评分的影响系数较小表明顾客评分对房源价格的影响有限，不是房东决定价格的主要因素。

与以往研究仅考虑房源平均评分不同(牛阮霞和何砚，2020；吴晓隽和裘佳璐，2019)，本研究进一步考察了不同项目评分对价格的影响，证明了其作用的显著差异。首先，可以理解性价比评分对价格有显著负面相关且影响最为显著，因为性价比高的房源往往有更低的价格。这一结果支持了以往的研究结论(Guttentag et al., 2017)，即性价比是共享住宿房源相较于传统酒店的竞争优势，顾客可以通过支付更少的金钱而享受到更好的服务和设施。其次，干净整洁评分与价格积极正相关，其影响力居第二，表明显然消费者非常重视房源的干净程度，愿意为干净整洁支付更高的价格。最后，沟通交流评分和价格呈现显著负相关，这一现象可能是由于相较于高价房源的房东，低价房源的房东更善于通过良好的沟通交流推销自己的房源。

邻里特征方面，所有变量对价格都有显著影响。其中，周边公交站点数量对房源价格的影响最大，系数为5.210，表明交通可达性是Airbnb房源价格最重要的决定因素。交通可达性是Airbnb房源区位优势和消费者出行成本的重要体现，很大程度上影响顾客对房源的选择(Faye, 2021; Cai et al., 2019)。公交车作为消费者出行的重要方式，公交站点数量越多的地区交通可达性越好，潜在顾客需求越高，Airbnb房源价格也相应越高。旅游景点的系数也显著为正(0.002)，说明离旅游景点越近，Airbnb房源的价格越高。这是由于旅游景点对消费者有吸引力，靠近旅游景点能够为共享住宿带来大量潜在客源，从而对房源价格有显著积极影响，符合供需规律和以往研究结论（Cai et al.，2019）。到市中心的距离系数显著为正，说明离市中心越远，房价越高，与以往研究结论一致（Faye，2021；Wang & Nicolau，2017）。这是由于在远离市中心的区域，整套房屋/公寓（如别墅）的分布比例较高，此类房源的房价也相应较高。所在街道的酒店数量与 Airbnb 房价显著正相关，由于酒店集聚区通常是在位置和可达性比较便利的住宿需求旺盛的区域，因而这些区域的 Airbnb 房价也相对较高。这一结果与以往研究结论不一致，表明不同尺度上酒店供应量对 Airbnb 房价的影响可能存在差异：吴晓隽和裘佳璐（2019）基于 36 个城市的研究发现各市的酒店供应量与房源价格存在显著负相关；本文对北京市 Airbnb 的实证研究表明各个街道的酒店数量与房源价格呈现显著正相关。模型（4）的估计结果表明邻里特征解释了 2.3%的价格差异。尽管以往研究将位置和可达性视为住宿业价格的关键影响因素（Chica-Olmo et al.，2020），但本文表明邻里特征对共享住宿价格的影响要弱于其他因素。

11.3.2 Airbnb 房源价格的空间效应分析

为进一步了解北京 Airbnb 房源价格是否存在空间依赖性，本文利用 ArcGIS 软件对 Airbnb 价格进行空间自相关分析。经计算，全局莫兰指数显著为正（Global Moran's $I=0.075$，$z=16.713$，$p=0.001$），说明 Airbnb 房源价格存在显著的空间相关性，因此可以采用空间计量模型进行分析。局部空间自相关分析采用基于反距离法的默认距离阈值（17.351 km）。LISA 集聚图（图 11-1）显示中心城区（西城区、东城区、海淀区、朝阳区、丰台区、石景山区）的房价处于显著的低集聚状态，属于 Airbnb 房价低值集聚区，这些区域的房源以面积较小的酒店式公寓和独立房间为主；高集聚效应区域大多分布在延庆区、昌平区、怀柔区和密云区，房源主要为面积较大的整套别墅、整套乡村小屋、客栈；仅有少量房源呈现高—低集聚和低—高集聚，其中高—低集聚区域主要是沿着低—低集聚区域的边缘分布。

根据拉格朗日乘数检验结果（表 11-6），LM（lag）与 LM（error）及其稳健统计量及伴随概率都高度显著，说明 Airbnb 房价的影响因素不仅包括被解释变量的滞后项，还包括一些不可观察的误差项。基于此，本文采用空间滞后模型（SLM）和空间误差模型（SEM）进行估计。SLM 和 SEM 模型的距离阈值设

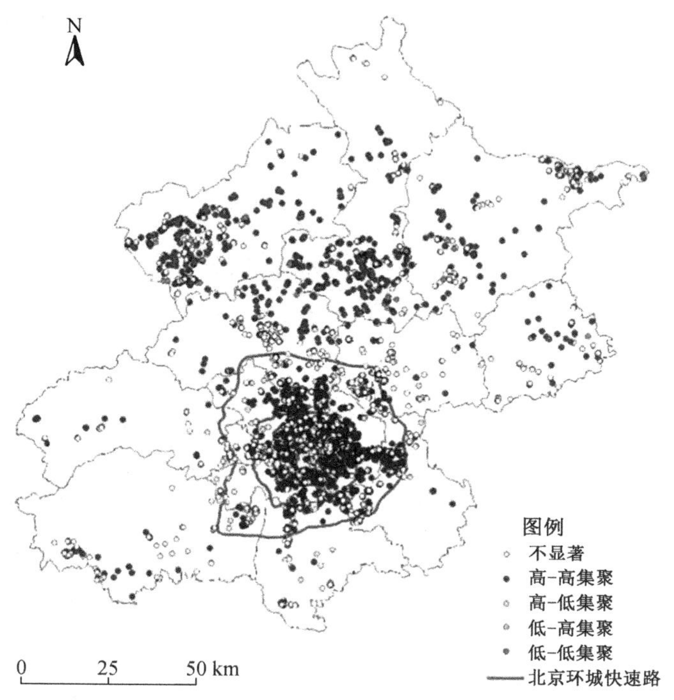

图 11-1 LISA 集聚图

（图源：作者自绘）

定与局部空间自相关分析保持一致。结果表明，空间计量模型的拟合优度较好，分别为 0.682 和 0.705，高于 OLS 模型，证明 SEM 模型和 SLM 模型比 OLS 模型具有更高的拟合优度。

表 11-6 拉格朗日乘数检验

TEST	MI/DF	VALUE	*P* 值
Global Moran's I (error)	0.314	54.033	0.000
Lagrange Multiplier (lag)	1.000	2 151.452	0.000
Robust LM (lag)	1.000	114.794	0.000
Lagrange Multiplier (error)	1.000	2 892.844	0.000
Robust LM (error)	1.000	856.186	0.000
Lagrange Multiplier (SARMA)	2.000	3 007.638	0.000

资料来源：作者整理

比较表 11-5 中三个模型的参数估计结果可知，房源特征、声誉特征、邻里特征大多数参数估计值在各类模型中较为稳健且有预期的符号，表明房源特征、声誉特征、邻里特征属性对北京市 Airbnb 房源价格有关键的影响。而房东特征相关变量（年数、身份验证信息、拥有房源数量）的参数估计值在 SEM 模型中未通过显著性检验。可能的原因是同一房东出租的房源往往在空间上相邻，导致房东特征存在空间相关性，特别是随着职业房东或专业公司的出现，这一现象愈加明显，因此该变量与误差项的空间结构存在高度相关性，其参数估计值在空间误差模型中变得不显著。

空间滞后模型中，价格对数的滞后项系数为 0.404，且显著性水平达到 1%，表明 Airbnb 房源价格存在显著的正向空间溢出效应。这符合常识推断，房东定价时往往以周边房源价格为参考，因而邻近房源价格与本房源的定价存在正向传导作用。与空间滞后模型相比，空间误差模型的对数似然值较大，AIC 值较小，表明空间误差模型拥有更好的解释能力，即 Airbnb 房源价格的误差项空间相关性强于房价本身的空间相关性。λ 系数为 0.565，显著性水平为 1%，说明观测数据确实存在误差项或者遗漏变量。关于共享住宿房源价格的形成机理，影响因素繁多且作用机制复杂，例如地区的社会经济特征、当地物价水平、租金水平等也有可能影响共享住宿房价，需要更多研究加以探讨。

11.4 本章小结

本章的重要理论贡献在于突破了以往研究仅仅考虑房源属性、房东属性和总评分的限制，纳入了交通可达性、与旅游景点的距离、不同项目评分等关键因素，为共享住宿房源价格规律提供了更为系统化深入化的理解；方法上，突破了以往仅仅运用 OLS 回归和分位数回归方法的限制，引入了空间计量模型方法，具有更强的模型拟合度。

本章提供了以下实践建议。一方面，研究结果揭示，相比于职业房东，个人房东往往缺乏专业的定价知识，对民宿经营的整体把控能力较差，在市场竞争中处于不利地位。本研究对共享住宿房源价格规律的认识为房东经营管理提供了重要的实践启示。房东特征的显著性表明房东应该从单纯的房屋所有者角色转变为住宿服务的经营者角色，可以采取提供更多的身份验证信息和更快的回复速度等手段实现价格溢价。声誉特征对价格的重要影响也表明房东应当认识到客户评价的重要性，尤其需要关注清洁度评分，房东可以通过执行严格的清洁流程、在房屋描述中强调干净卫生和位置可达性来实现价格溢价。另一方面，一些第三方服务商的出现填补了房东实际运营中遇到的诸多问题，推动了共享住宿行业的发展和成熟，比如第三方定价网站，如 Wheelhouse 向房东提供价格定制服务。本研究证明空间自相关在共享住宿定价中起重要作用，建议平台或第三方定价网站将空间自相关性纳入定价算法。

本章也为政府部门制定共享住宿行业管理政策提供参考。东城区、西城区、朝阳区等中心区域的发展主要与政治、商业、金融、科技等因素有关，共享住宿房源价格上涨可能驱使房东将用于长期租赁的房源转为短期租赁，进而引发长租市场住房供应量下降、租金上涨、生活成本提高等问题，有关部门可以对共享住宿市场价格进行适当监管以保障长期租赁住房的供应。昌平、丰台、延庆等区域凭借生态环境、传统村落、节事活动、科技等因素成为 Airbnb 后续扩张的重点。在这些区域，共享住宿有助于满足旅游旺季的消费者住宿需求，成为当地居民重要的收入来源，同时能够有效利用已建成的居民住宅，避免过度开发建设，促进当地生态环境保护，这些区域相关部门可以实施相对宽松的行业管理政策，以支持本地居民从共享住宿中获益。此外，专业化中介或公司拥有更专业的定价手段和经营管理能力，他们往往在市中心和旅游景点周边区域扩张房源，以谋取更多的利益，而共享住宿的无限制扩张可能会导致租金上涨、社区安全隐患、酒店绩效下降、绅士化等负面影响（Robertson et al.，2022；Önder et al.，2019）。因而政府在制定共享住宿监管政策时需要考虑专业房东和普通房东两种不同角色，限制特定地区房源的扩张以控制共享住宿的负面影响。

本章中样本数据采用的是截面数据，没有考虑时间因素，可能会导致模型结果不够稳健。未来研究可以收集不同时间的房源价格，使用面板数据提高模型结果的稳健性。共享住宿房源价格是多因素综合作用的结果，未来研究可以将人口统计特征和社会经济特征纳入考量，从理论角度拓展和深化对 Airbnb 房源定价的理解。

第十二章

共享住宿房东创业动机与获得感

发展乡村旅游是乡村振兴战略的重要着力点和推动中国新型城镇化的重要路径，也是提高村民满意度、幸福感的重要手段(王华和梁舒婷，2020；黄鑫 等，2020)。而乡村民宿可将乡村旅游和乡村振兴战略有机连接，是一种既能满足消费者多样化和个性化的旅游住宿需求，又能保护当地自然环境和人文资源的新兴住宿业态。民宿在共享经济推动下逐渐向共享住宿转型，并迅速发展成为乡村闲置资源活化和产业结构升级的重要载体，进而助推乡村地域系统和乡村空间的演化(王华和梁舒婷，2020)。乡村共享住宿不仅具有传统的住宿和餐饮功能，其本身也可作为旅游吸引物(刘彦随，2018)。从外在特征来看，乡村共享住宿是集房东的设计理念、文化风俗、自然生态为一体的地域性乡村新风貌(胡小芳 等，2020)，因此，研究乡村共享住宿不仅有利于推动乡村振兴和乡村旅游有效衔接，更有利于拓展新时代乡村旅游的发展途径，发掘乡村旅游的全新要素。

乡村共享住宿作为引导乡村振兴的重要路径之一，其产业在许多地方的文旅规划、文旅消费产品中已经占据了相当大的份额。然而，目前我国乡村共享住宿的相关学术研究与发展实践存在一定程度的脱节，现有研究主要集中在民宿方面，从其空间分布(张海洲 等，2019；胡小芳 等，2020；龙飞 等，2019)、开发和发展模式(乔宇，2019；赵飞 等，2019)等角度展开了较为丰富的研究，将乡村民宿的运营模式总结为农户自主经营、集体经济自营、承包经营流转和多元股份混合等模式(江燕玲 等，2017)，也有学者将民宿发展模式依据经营主体和资本来源分类(乔宇，2019；赵飞 等，2019)，并在此模式下对各利益主体进行社会学和经济学分析。与此同时，有研究也将视角转向了乡村民宿创客(吴琳 等，2020)，即民宿房东。作为推动乡村振兴和旅游新兴业态发展的重要利益群体(崔晓明和杨新军,2018),一批由小农户转型为生计非农型农户的民宿房东拥有着较多的社会资本(伍艳,2015),能促进城乡要素的双向流动(张军以和王腊春,2020)。房东对共享住宿的经营成效、消费者客流具有至关重要的影响,其经营行为将主导着共享住宿的消费特征与市场竞争力,但学界对共享住宿房东自身在经营中体现的心理和行为关注较少,对其开展共享住宿活动的生活基础、经营状态关注不多,因此,有必要从经营动机、经营获得感等主观心理的角度对其行为特征展开研究。

共享住宿房东的获得感是衡量乡村振兴战略和乡村旅游发展的重要评价标准和价值取向。了解共享住宿房东创业的动机、获得感和经营模式,有利于政府有效地引导乡村振兴,进一步落实以人为本的乡村振兴战略,真正实现共同富裕。考虑到已有研究和实践多围绕民宿展开,且加入共享平台的民宿逐渐向共享住宿转型,因此,本章将符合共享住宿特征的民宿纳入研究范围,以质性研究的方法,通过访谈和内容分析挖掘共享住宿房东的创业动机和获得感,并以此为基础归纳出不同类型的共享住宿经营模式,有利于洞悉我国共享住宿发展的内因和规律。

12.1 理论基础

(1) 乡村创业

在乡村创业研究方面,我国学者热衷于使用"农民创业"这一概念,强调农村户籍人口的创业,主要关注农民创业绩效影响因素、创业培训教育等方面(张国庆 等,2019)。西方学者将创业划分为城市创业(Urban Entrepreneurship)和农村创业(Rural Entrepreneurship),强调乡村环境对创业的重要性(孙红霞等,2010),并没有特别强调创业者的农民身份。吴琳等(2020)在研究中提到户籍差异的重要性,房东从外地进入本地创业,但并不融入乡村的社会环境。因此,将共享住宿房东创业定义为农民创业并不合适,乡村创业概念更加适合城乡人员要素双向流动的时代背景。

(2) 创业动机

动机是行为的驱动力,创业行为则受创业动机直接驱动(Amit & Muller,1995; Shane et al.,2003)。马斯洛需求层次理论从心理层面解释了动机的层次(马斯洛,2007),是创业动机重要理论基础,描述了创业动机的综合性维度(Kim et al.,2015;谢彦君,2011),体现了创业动机的层次性和递进性(窦大海和罗瑾琏,2011;肖胜和,2010),而且实践中也存在跨层次寻求更高需求的可能(马斯洛,2007)。现有研究主要依托马斯洛需求层次理论,对创业动机的层次性和递进性进行了研究。窦大海根据马斯洛需求层次论,提出创业动机分为经济性动机和社会性动机,同时,随着创业发展,创业动机会从经济性向社会性转变(窦大海和罗瑾琏,2011)。苏岚岚等(2016)依据马斯洛需求层次理论提出生存维持型、效益追求型和价值实现型三种层次的创业动机,探讨了乡村创业动机和创业绩效的关系,认为乡村创业动机需求层次越高,农民的认同感和成就感也越强。有研究探讨了创业动机影响因素,指出经济因素和对地位、成就等社会性需求是创业动机的重要影响因素(张秀娥 等,2010),也有研究指出我国实施的创业政策对农民回乡创业并无显著影响(匡远凤,2018)。然而,关于乡村创业动机的研究仍较少(范波文和应望江,2020),且多采用定量问卷的方法,缺乏理论建构。

(3) 获得感

大量研究表明,获得感、幸福感、满意度会受到个人动机的影响(吴琳 等,2020;王华和马志新,2020;黄和平 等,2020)。根据动机理论的概念和理论内涵,动机会影响对需求满足的感知。获得感,是一个极具中国特色的概念,由习近平总书记在2015年中央全面深化改革领导小组第十次会议上提出。区别于西方学术界更侧重于人自身主观感受的"幸福感",获得感是衡量我国社会发展和人民生活水平的相对客观的概念(郑风田和陈思宇,2017),具有时代意义和本土化特征。但获得感并不完全脱离西方的学术研究,仍然可以与满意度、幸福感的相关研究对话(周盛,2018)。学者们主要从显性和隐性的角度测量获得感(苏岚岚 等,2016;黄和平 等,2020),对应到乡村振兴则是具体的生活改善和村民的主观获得感知。目前显性获得感的研究集中在经济生活获得、生态环境获得,隐性获得感的研究集中在政治感知、民生感知和个人发展感知等方面。由此可见,在"以人为本"的乡村振兴背景下,乡村共享住宿房东的获得感和动机是值得关注的话题。房东作为乡村旅游的"主人",其动机和获得感能进一步推动乡村旅游和乡村振兴的可持续发展,促进乡村旅游质量提升,然而既有研究却鲜有涉及。

12.2 研究设计

12.2.1 案例地选择

乡村民宿的开发与经营同区域的自然环境、文化积淀、经济发达程度和乡村现代化有着密切的关系，其旅游体验、产品品质、环境氛围对消费者的选择意愿具有决定性影响(张培和喇明清，2017)，因此江浙地区发展民宿有着得天独厚的优势。本章选择江苏南京江宁区黄龙岘和浙江温州泰顺县作为案例地，选取属于共享住宿范畴的民宿房东作为调研对象。南京江宁作为"以高质量城乡融合促进全域乡村振兴"典型案例，被选入农业农村部和国家发展改革委牵头组织的《乡村振兴战略规划实施报告(2018—2019 年)》，"江宁美丽乡村西环线"是江宁区乡村振兴和乡村旅游开展的重要基地，而黄龙岘是该环线上的最重要节点，是江苏省五星级乡村旅游区和首批全国乡村旅游重点村，有"金陵茶文化休闲旅游第一村"的美誉。近年来，江宁政府搭建项目平台，营造良好的创业环境，在黄龙岘及附近重点发展乡村旅游和乡村民宿产业。2018 年以来，黄龙岘民宿产业营收效果明显，成为南京市民周边休闲度假的重要选择。温州泰顺县由于地形地貌限制了第一、第二产业，近年来区域内以旅游发展立县，乡村民宿处于蓬勃发展阶段。"十三五"期间，泰顺旅游业快速增长，民宿起到了至关重要的作用，截至 2020 年底，泰顺县共建成办证民宿 136 家。此外，县域内有大量本地人在外谋生，而近几年由于乡村振兴战略和当地政府的大力倡导，"泰商"回归已然成为当地主流，因此，泰顺县的民宿产业也形成了与江宁截然不同但颇具特色的发展模式。

12.2.2 研究方法

为深入解读和探讨共享住宿房东的创业动机和获得感，本章采用了质性研究方法。一般认为质性方法比定量方法有着更强的解释性和探索性(Matson-Barkat & Robert-Demontrond，2018)。虽然目前已有文献探索了乡村民宿主创业动机和创业绩效感知之间的关系(吴琳 等，2020)，但是绩效感知变量量表的开发局限在创业的物质层面，对精神层面仅用"感到满意"以概之，在量化动机对绩效感知的影响时缺乏深入的解释。考虑到本章旨在探索共享住宿房东创业动机、获得感，以及经营管理模式，因此质性研究更加适合。本章采用了半结构化访谈方法，尽量避免诱导房东做出回答，主要了解房东创业动机、创业和经营情况及其创办共享住宿以来的获得感。

12.2.3 数据来源和处理

研究人员在 2020 年 11—12 月和 2021 年 4—5 月分别前往泰顺和江宁进行了调研，与房东开展面对面访谈。采用了访谈研究中的可接近性抽样（林煦丹和陈晓亮，2019）和滚雪球式的抽样方法（Xu et al.，2014），以获得更多的样本，在进行到第 25 份访谈后达到理论饱和，因此停止访谈。具体访谈样本见表 12-1。每个访谈时长 15—50 分钟，征求受访者同意后将访谈过程录音并转为文本，共有 6 万余字。

表 12-1 受访者信息

编号	性别	年龄	学历	身份	户籍	采访地
P1	男	50	高中	个体房东	江苏南京	南京江宁
P2	男	56	大专	个体房东	江苏盐城	南京江宁
P3	男	46	硕士	个体房东	江苏南京	南京江宁
P4	男	60	大专	个体房东	上海	南京江宁
P5	男	42	本科	个体房东	江苏南通	南京江宁
P6	男	29	大专	个体房东	江苏南京	南京江宁
P7	男	45	小学	企业管理人员	浙江温州	南京江宁
P8	男	31	本科	个体房东	南京六合	南京江宁
P9	女	24	高中	个体房东	江苏南京	南京江宁
P10	女	40	专科	个体房东	江苏南京	南京江宁
P11	女	34	本科	个体房东	安徽某地	南京江宁
P12	男	50	初中	混合股房东	江苏南京	南京江宁
P13	男	46	小学	混合股房东	江苏南京	南京江宁
P14	男	56	大专	个体房东	浙江温州	温州泰顺
P15	男	—	大专	个体房东	浙江温州	温州泰顺
P16	男	43	大专	个体房东	浙江温州	温州泰顺
P17	男	27	本科	企业管理人员	浙江温州	温州泰顺

（续表）

编号	性别	年龄	学历	身份	户籍	采访地
P18	女	45	小学	个体房东	浙江温州	温州泰顺
P19	男	55	高中	个体房东	浙江温州	温州泰顺
P20	男	29	大专	企业管理人员	浙江温州	温州泰顺
P21	男	48	初中	个体房东	浙江温州	温州泰顺
P22	男	46	本科	个体房东	浙江温州	温州泰顺
P23	男	49	小学	个体房东	浙江温州	温州泰顺
P24	男	50	初中	个体房东	浙江温州	温州泰顺
P25	男	49	大专	个体房东	浙江温州	温州泰顺

注：混合股房东是指企业和农户混合股共享住宿模式中的农户；企业管理人员是指共享住宿开发中的企业管理层，由于研究对象是房东，所以专访管理层中的参股人员

资料来源：作者整理

内容分析法可以非常灵活地探索文本资料（Hsieh & Shannon，2005），是构建理论框架和验证既有理论的重要分析方法。遵循 Hsieh 和 Shannon（2005）提出的内容分析编码过程，将所有文本导入至 Nvivo 10 软件进行内容分析。研究者在全面阅读访谈文本之后，发现房东的动机和获得感符合马斯洛需求层次理论（马斯洛，2007）和既有文献对获得感的研究（周盛，2018；苏岚岚 等，2016；郑风田和陈思宇，2017；黄和平 等，2020），并基于动机和获得感的研究理论构建编码类别，通过文本的编码、归纳合并，构建了一个包含一级节点、二级节点和自由节点的结构。对编码结果进行 Kappa 一致性检验，分别由两名作者检验结果，同意编码结果占比达到 86.8%和 88.8%，Kappa 系数检验为 73.7%，说明有较强的一致性。

12.3 乡村共享住宿房东的创业动机和获得感

12.3.1 乡村共享住宿房东的创业动机

马斯洛需求层次理论提供了动机的编码基本结构，编码结果显示共享住宿房东创业动机可分为内部动机和外部动机（表 12-2），其中内部动机包括经济动机、情感归属动机、幸福生活动机和情怀动机，具有一定的层次性。外部动机主要为发展优势驱动。

表 12-2　乡村共享住宿房东创业动机

一级节点	二级节点	自由节点	参考点资料
内部动机	情怀动机	发展家乡	我就想能不能快速把我们的这个自然村带动起来(P19) 刚好能带动一下家乡的经济发展(P22) 打造一个乡村，美丽宜居的，乡村文明的，治理有效的，或者是带动农民致富的，打造这样一个共赢的模式(P14)
		实现梦想	我在中学时代就有个打造“世外桃源”的想法，并记录在案(P15) 怀着梦想怀着理想来做，但是现实可能还不尽如人意(P4)
	幸福生活动机	幸福生活	给自己的一个未来的幸福生活，可以一起来打造(P14) 我以后的想法就是与客人和家人一起过慢生活(P18)
	情感归属动机	乡土依恋	个人能够再回农村(P19) 因为我们这是老宅是祖辈留下来的一个地基(P21) 我一个朋友一直说一句话，他说我是一个离土地不能太远的人，因为你小时候在田间地头长大的，自然而然到了这个年纪，对这种乡村自然会有一种情感在里面(P5)
		结交朋友	约起一帮志同道合的朋友一起生活(P15) 还能认识很多客人朋友(P3) (创办共享住宿的原因)有两个原因，其中一个是自己的朋友比较多，当时就打造了几个房间(P25)
		回归家庭	我们以前也是上班的，后来把工作辞了，做这个的话就能照顾到一家人，省得在外面跑(P10) 因为当时想做共享住宿的时候刚好孩子快生了(P11)
	经济动机	回乡发展	因为想回老家发展，刚好南京这边没有人做这样的课程(中医药＋共享住宿)，我们算是一种比较创新的模式，在江宁找不到第二家，只有我们是这么做的(P8) 因为我认为改革开放之后，三十年河东三十年河西，现在是回来农村发展的最佳时机(P16)

（续表）

一级节点	二级节点	自由节点	参考点资料
内部动机	经济动机	就业	想着开个共享住宿赚些收入(P3) 我主要是想在家里就业(P21)
		投资转业	自己原来做的行业，现在就是发生些变化，也需要寻找新的投资方向(P3) 一个是职业规划，就是做摄影师除非是一个“大牛”，你能做到很厉害，但大部分也是普通水平。其实到了这个年纪以后，会到很大的瓶颈期，那你这个时候就会考虑去做什么，是去选择摄影做下去……后来就开始转到这个上面(P5)
外部动机	发展优势驱动	职业经历驱动	我们原来是做宾馆，后来十月改做共享住宿(P24) 我们做户外运动很多年……最初想打造一个地方：不出远门就可体验异域风情(P15)
		景点旅游发展驱动	我住的地方是南浦溪景区，那时候马上也要开发(P19) 就是刚好我们这边搞旅游开发(P24)
		政策驱动	正好响应我们镇里的政策(P19) 当时我们这里有个镇长(呼吁)，我们是从成都回来，泰商回归温州(P14) 就是我们政府发展创业，相当于共享住宿是领导发展的，赞助我回来，叫我跟他们在一起投资(P12)
		资本闲置	我自己的老房子刚好空在那里，我就把老房子拆掉，建起来搞共享住宿(P23) 另外的话就是家里房子闲在那里(P12)

资料来源：根据以往文献整理

(1) 内部动机

经济动机是共享住宿房东最普遍、最基础的创业动机(苏晓华 等，2018；马斯洛，2007)，通常房东将置办共享住宿作为“回乡发展”“转业投资”和就业的实现路径。情感归属动机是经济基础之上的动机，属于马斯洛需求层次中的情感和归属的需要(谢彦君，2011；马斯洛，2007)。房东非常重视通过共享住宿结交朋友，部分房东甚至将客人成为“家人”；对于在外务工的本地人，回乡置办共享住宿则是出于“乡土依恋”，体现了在外工作的部分本地人对乡村的归属感和依恋感。

在较高的层面，幸福生活动机成为房东对生活方式的一种追求，属于马斯洛需求层次中的尊重需要，即尊重自我。“慢生活”“乡村生活”和“快乐的农民”等都是一种生活方式的选择，房东通过共享住宿实现对生活品质的追求。情怀动机是马斯洛需求层次中的自我实现的需要：实现梦想和发展家乡，体现了对自我价值实现的追求。房东将共享住宿视作梦想，并不断为之奋斗，而一些房东将共享住宿视作乡村振兴的重要路径，将个人的发展融入乡村振兴中来。

P10：我主要是想把家里闲置的房子利用起来(资本闲置)，也能获得一些收入(经济动机)。

P14：借助乡村振兴这个战略(政策支持)，打造一个乡村，美丽宜居的，乡村文明的，治理有效的，或者是带动农民致富的，打造这样一个共赢的模式(情怀动机)。

(2) 外部动机

不少房东将自己置办共享住宿的动机归结于外部因素。当被问及置办共享住宿的动机是什么，房东以景点旅游发展驱动、政策驱动、资本闲置等为动机，实则由外部动机驱动，自外向内触发内部动机，如资本闲置、景点旅游发展驱动等自外而内触发经济动机，政策驱动自外而内触发房东产生借助政策谋生、带动家乡发展的想法，激发内部的经济动机和情怀动机(表 12-2)。

12.3.2 乡村共享住宿房东的获得感

通过访谈文本分析得知，房东的获得感也具有从基础到高阶的变化，并与动机相对应：经济性收获是房东的基础性收获，与房东经济性动机相对应；社交关系收获、健康生活收获、精神性收获和社会地位收获是更高阶的收获层次，与情感归属动机、幸福生活动机和情怀动机对应(表 12-3)。学习性收获是创业动机驱动下产生的额外收获，一般共享住宿房东不会产生学习动机。

表 12-3　乡村共享住宿房东的获得感

一级节点	二级节点	自由节点	参考点资料
获得感	社会地位收获	影响力	他们想做共享住宿就来我们这里取经，我们就告诉他们怎么做，告诉他们明确共享住宿的定位，怎么运营管理等等……我们已经算是一个标杆了。我们有个专门的会议，一般在每年的 7 月和 10 月举办(P7) 通过这样的共享住宿，或者农家乐这种载体，嫁接着乡村振兴，跟我们乡村旅游形成协同作用，(作为协会会长)通过协会把大家的资源能够归拢到一起，然后建立行业的服务标准(P14)
	精神性收获	自我价值实现	(个人)价值体现出来了，并且得到人家认可，这是最大的收获，它远远高于金钱(P4) 当做出一个共享住宿，一个实体的东西，实际上能感受到自己的价值所在(P16)
		成就感	还作为女性创业的代表加入了妇联组织，代表我们共享住宿参加各式各样的活动，自己的成就感和荣誉就会多一些(P6) 只能说做点自己喜欢做的事情，这样的话自我的成就感就更强，有点价值和意义(P8)
		幸福感	还是觉得在做自己有兴趣的一个事情，想做的事情，你的内心会有幸福感(P5) 因为过上了自己向往的这种生活，所以幸福感会越来越强，就是回归内心(P14)
	社交关系收获	友情收获	我们平时举办培训课程跟客人打交道比较多，也会结交很多朋友(P8) 我认识了五湖四海的人，真的超棒，越来越爱这边(P18)
		亲情收获	赚不到钱赚个亲情吧(P1) 满足了孩子的这种撒撒野的需求。家里有两个小孩，一个小学一年级一个小学六年级……能和家人其乐融融(P3)
	健康生活收获	转变为农民生活	当然因为时间比较多，可以当个农民，可以种种花种种菜(P3) 当个快乐的农民挺好的(P18)

（续表）

<table>
<tr><th>一级节点</th><th>二级节点</th><th>自由节点</th><th>参考点资料</th></tr>
<tr><td rowspan="6">获得感</td><td rowspan="2">健康生活收获</td><td>生活心态转变</td><td>你整个人会相对地沉下来和静下来（P5）
与客人的交往过程对自己的心态和个性的影响是比较大的（P6）</td></tr>
<tr><td>生活环境优化</td><td>最主要的一个收获就是生活在这地方环境比较好（P2）
每天早上起来运动的时候能呼吸最好的空气和环境好一些（P3）
感觉收获最大，还是健康。怎么说？一个是心理健康，没有什么太多繁杂的事情，第一没有烦躁事情，第二，不会有城市里弄压迫感，心里就非常开心了（P20）</td></tr>
<tr><td rowspan="2">学习性收获</td><td>视野开阔</td><td>我们是感悟的是，我在这个共享住宿方面，原来我也不懂，我们到丽水，到景宁，去看、去参观、去学习，到目前他们比较早开发共享住宿的地方学习经验（P17）
接触了日本、中国台湾的共享住宿比较多，后来还去厦门参加一些论坛学习，增长了自己的见识（P25）</td></tr>
<tr><td>技能提升</td><td>从最基本的一套到最后的运营，都是从自己手里整个过了一遍，所以我觉得是有能力帮人家去做这个事情的（P5）
在和他们相处的过程中，自己随机应变的能力和因人而异提供服务的能力就会有所提升（P8）</td></tr>
<tr><td>经济性收获</td><td>收入增加</td><td>另外的话，经济收入也有增加（P8）
经济收入比上班肯定也多一些（P10）
经济方面也只是赚点小钱养家糊口，收入上比之前多一些（P23）</td></tr>
</table>

资料来源：根据以往文献整理

生计资本的状态和发展趋势是可持续生计的前提（崔晓明和杨新军，2018），房东获得显性的物质回报或隐性的个人提升都意味着资本的积累，将进一步驱动需求层次的递进式满足（肖胜和，2010）。房东在有经济性收获和学习性收获后，积累了一定的生计资本（金融资本、人力资本和社会资本等），有扩大经营、创办连锁共享住宿、打造品牌经营的规划，进一步满足其经济动机、情怀动机。

P3：所以这赚钱是第一，说难听点、直白一点就赚钱（经济动机），说得高大上点，也可以说是一个事业，比如说一边先干个一年，如果说总结的经验觉得还不错（学习性收获），那我还可以再做第二家去复制，做连锁店的，对吧。

P5：今年的规划就是把那栋楼给弄完，就去帮人家运营，或者就挂我们的牌子之类，说白了，你得挣钱（经济动机）。其实最早做这个事情的时候，我和我的合伙人是想做品牌的（实现梦想）……从最基本的一套到最后的运营，都是从自己手里整个过了一遍，所以我觉得是有能力（学习性收获）帮人家去做这个事情的。

P18：（赚钱了后）那就是把人家的地基买过来，然后越建越大越建越大嘛，面积就越来越广了。

其中，一位从城里来乡村创业的房东提到：可以当个农民，可以种种花种种菜（P3）。在共享住宿创业和经营的过程中，他将自己城市人的身份重新定位为农民，但其将农民身份转变的具体表现表述为做农活，与当地人交际较少，实质上转变的是生活方式（吴琳 等，2020），而不是转变心理状态，没有真正意义上融入当地乡土社会。

另一位作为泰商回归的房东，同时担任当地民宿协会会长（P14），当谈到收获，他从当地民宿业、乡村旅游发展的层面去考虑，认为通过民宿协会能整合民宿资源，建立行业标准。和收获感相对应，其具有“打造一个美丽宜居的、乡村文明的、治理有效的，或者是带动农民致富的乡村，打造这样一个共赢模式”的发展家乡的动机，这样的情怀动机感染了公司员工跟随其回乡创业（P22），因此可以认为这样的群体在当地乡村振兴中具有“新乡贤”的模范带头作用（周倩和许传新，2018）。

P22：（回乡创业动机）我主要是受董事长（指 P14 共享住宿协会会长）影响，他对家乡情结比较重。

12.3.3 三种共享住宿个体经营模式：基于创业动机和获得感

从上述结果可以看出，房东动机和获得感在个人身上产生了强烈的人格画像，而这种人格画像又将反作用于经营共享住宿的行为，形成不同的个体经营模式，同时拥有的生计资本决定了房东采取不同生计方式（伍艳，2015）。结合访谈结果和相关学者的研究(乔宇,2019;江燕玲 等,2017;赵飞 等,2019),本节将经营模式聚类为三种类型：粗放自营模式、创业情怀模式和样板精品模式。

粗放自营模式主要为本地人创业,内部分化为两种群体：一直居住于此的本地人和回乡创业的本地人。总体而言,其发展层次较为低级,利用自有房屋进行开发,以“住宿”为主要甚至唯一功能,属于依赖自然资本和物质资本的生计非农型农户群体(张军以和王腊春,2020)。房东受教育水平相对较低,多为小学、初中毕业。此类共享住宿一般价位不高,房东将经济动机放在主要位置。虽然都是以经济动机和经济收获为主,但比起本地村民创业,回乡创业的本地人在动机方面还包括情感归属动机、幸福生活动机,取得社交关系收获和精神性收获。

创业情怀模式,主要由商人回乡创业和外地人创业,是建立在房东具备一定的审美风格和个人追求基础上的共享住宿模式,投资具有一定规模。房屋以租赁为主,房东一般学历较高。房东个人素养决定了房东对生计资本的运用方式,即生计策略(赵雪雁 等,2011),因此,此类共享住宿设计具有一定的风格,定位在中高档市场,有发展品牌连锁的趋向,发展空间广阔。房东通常将经济动机作为基础,混杂着情感归属动机、幸福生活动机和情怀动机,甚至高阶层次的动机超越一切动机成为决定性的动机。房东获得感层次较为丰富,一般以经济收获为基础,甚至出现了社会地位收获,如通过培训会和协会等方式参与乡村治理,助力乡村共享住宿的发展和乡村振兴的深入,不断提高自己社会地位,扩大影响力。

样板精品模式以规模化、集群化的形式出现,多数为企业投资、企业混合股,以及企业和农户混合股。这类模式的企业资本较为雄厚,共享住宿以样板形式出现,风格上较为统一,成为乡村的精品酒店,一般由专业的管家经营。在动机上,本模式中的房东以经济动机为主,目的是为游乐项目、旅游目的地配套相应的住宿设施,但不同于个体房东,这些房东创业兼具乡村振兴性质(部分共享住宿创业由地方政府控股的企业主导,本地村民参股),获得感以经济收获为主,同时有精神性收获和社会地位收获。

12.3.4 研究结果

研究发现,动机和获得感都体现出层次性,动机推动个人通过行为满足其需求。与马斯洛需求层次理论(马斯洛,2007)不同的是,乡村振兴背景下的房东置办共享住宿的动机除内部动机之外，还包括政策驱动、景点旅游发展驱动等外部动机，但这些外部性动机也是通过触发内部动机作用于房东的行为，这与匡远凤(2018)得出的创业政策对创业行为影响不显著的结论不一致。随着创业政策宣传的深入，且由于案例地和研究范式具有差异性，不同研究得出不同的结论是可能的，但本章的研究结果肯定了创业政策对激发乡村创业活力的重要性。

房东的获得感与创业动机相对应，这与苏岚岚等(2016)得出的结果一致：乡村创业动机影响创业绩效，创业动机需求层次越高，带给创业者的精神层次获得就越高，也进一步印证了既往关于动机会影响获得感的研究结论(Kim et al., 2015；吴琳 等，2020)。值得注意的是，共享住宿创业群体中，有来自城市的非本地人，共享住宿创业给他们带来的是生活方式的转变(健康生活收获)，虽然认同农民身份，但并不想真正融入本地(吴琳 等，2020)，这也说明了乡村共享住宿创业不局限于“农民创业”。房东是一个多元化的群体，新农民的身份并没有真正融入到乡土社会中，但要发展乡村旅游和乡村共享住宿，这类群体拥有着更具优势的人力资本、金融资本等资源，需要积极引导他们融入乡村振兴中。

不同的房东具有不同的动机、获得感的组合模式。粗放自营模式发展程度较低，房东创业多以经济性动机为主；创业情怀模式多与房东本人的生活理想和个人经验相关联；样板精品模式多由资本扶持，房东创业动机兼具乡村振兴性质和个人价值实现色彩。根据英国国际发展部(Department for International Development, DFID)的研究结论，在不同的可持续生计组合限制决策下(DFID, 2000)，不同的生产决策个体(伍艳，2015)及决策衍生的个人收获会形成不同的模式，同时也面临不同的问题。共享住宿个体经营模式的出现是可持续生计组合的衍生(图 12-1)，动机影响房东的获得感，获得感的产生意味生计资本的一定积累，将进一步驱动房东采取行动满足其更高层次的需求(肖胜和，2010)，因此资本的获得也催生了生计策略的演化(陈佳 等，2017)。这也印证了随着创业的发展，创业者动机会发生转变甚至是动机层次的提升(窦大海和罗瑾琏，2011)，但粗放自营模式更倾向于扩大经营，而创业情怀模式更倾向于打造品牌连锁。不同的经营模式会导致不同的资本积累，进一步催生出不同的可持续生计策略，最终形成房东创业动机和获得感的经营组合模式。

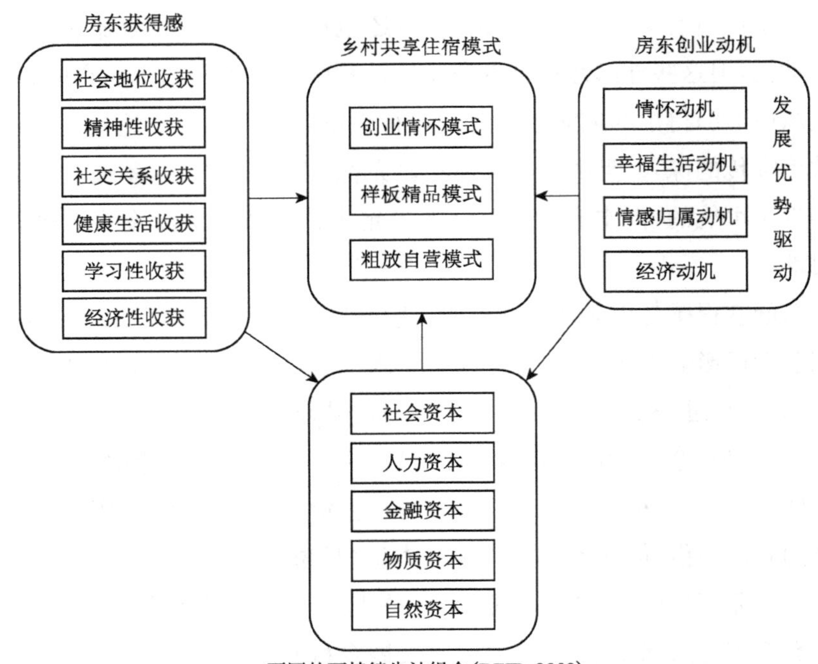

图 12-1　房东创业动机与获得感的经营组合模式

（图源：作者自绘）

同时，粗放自营模式受限于人力资本（教育水平低）和金融资本（赵雪雁等，2011），依赖自然资本和物质资本，有必要推动这类生计非农型农户群体（张军以和王腊春，2020）的生计转型深化；创业情怀模式和样板精品模式受限于物质资本，但用金融资本弥补了短板（通过租赁农户房屋的方式弥补乡村房屋缺乏的劣势）；样板精品模式在生计资本上较为齐全，但受限于高水平的人力资本，缺乏特色的旅游核心吸引物，即极具房东个人特征的服务体验（张海洲 等，2019），往往打造了一批服务无差异的乡村精品酒店。与此同时，创业情怀模式和样板精品模式常以金融资本来解决自然资本上的匮乏。由此可见，获得感意味着资本的积累，催生了生计策略的演化，不同的经营模式会出现不同的演化路径。在今后的地方共享住宿管理过程中，应针对三类不同的房东经营模式，有针对性解决其生计问题。

研究还发现，房东中出现了一些在共享住宿发展、乡村旅游和乡村振兴方面具有一定影响力的领头人，这类人群通常深受城市文明的影响，可以被认为是乡村中有才能、有声望且为民众所尊重的社会主义新乡贤（韦幼玲 等，2018），在乡村治理中发挥着模范带头作用（周倩和许传新，2018）。这类群体作为能力强、学识高的创业示范者，有着更高层次的创业动机（发展家乡的情怀动机），这也验证了返乡创业群体动机在经济动机之外，还有社会性动机（张秀娥 等，2010）。新乡贤在村民中已经形成了一定的影响力，获得了一定的社会地位，在获得感方面更深入。

12.4 本章小结

12.4.1 结论

乡村旅游不能仅仅从消费者的层面来考量，更重要的是要落实到乡村振兴的发展、乡村人民的收获中。本章采用质性研究方法，结合动机需求理论，探讨了乡村共享住宿房东的创业动机、获得感与经营模式之间的关系，拓展了房东这个创业新群体的相关研究，也是对发展乡村旅游、实现乡村振兴战略过程中乡村人民获得感的积极探索。研究发现，房东创业动机存在内部动机（经济动机、情感归属动机、幸福生活动机和情怀动机）和外部动机（发展优势驱动），并体现出层次性，验证了创业动机的层次论。房东的获得感有经济性收获、学习性收获、健康生活收获、社交关系收获、精神性收获和社会地位收获，与创业动机相对应。不同的创业动机和获得感形成不同的经营组合模式：粗放自营模式、样板精品模式和创业情怀模式，这与不同群体的可持续性生计成本决策相关。获得感的产生意味着一定生计资本的积累，会进一步激励房东再创业或推动创业深入发展。据此提出房东创业动机、获得感、经营模式与可持续生计之间的组合模式（图 12-1），拓展了乡村创业动机和创业获得感的理论研究。

12.4.2 启示

（1）理论启示

本章将马斯洛需求层次理论和获得感运用于乡村共享住宿房东的研究中，通过质性研究的探索性分析，在微观层面对房东动机和获得感进行了深入挖掘，提出了乡村共享住宿房东创业动机与获得感的组合模式，是对乡村共享住宿研究中“主—客”关注不均衡的有益补充，也有助于了解乡村振兴战略的实施效果和乡村共享住宿发展的动力和内在机制。

(2) 实践启示

本章对引导乡村创业和乡村共享住宿科学合理发展也具有一定的实践启示。

第一，充分利用外部动机激发内部动机作用：政府可完善配套设施，加以政策指引，营造良好的创业环境，强化政策驱动、旅游驱动的外部动机，以此激发创业者内部动机。

第二，对于不同的创业群体，应根据不同生计策略和经营模式加以干预、引导。对于粗放自营模式中的房东群体，应充分认识到他们是处于低层次创业动机的广大农民(范波文和应望江，2020)中的一份子，还停留在经济动机、情感归属动机层面，受限于生计资本和认知，因此要逐步推动这类群体创业动机层次的提升，通过专业化培训、宣传引导和新乡贤的引领示范，引领其向更高层次的动机和获得感发展；对于样板精品模式和创业情怀模式，往往受限于物质资本和人力资本，对此应大力支持，合理有效规划共享住宿集群，将闲置房屋集中规划，统筹乡村治理，并对村民加强培训，建立本土高水平的特色管家团队。

第三，对房东中的社会主义新乡贤，要充分认识到他们在乡民中具有话语权和领头作用，是政府和乡民之间的重要纽带，也是乡村振兴和乡村治理过程中的重要力量。要以新乡贤为中心，培养扶持共享住宿示范点，以点带面引导乡村共享住宿创业，先富带后富，最终实现共同致富。

第四，转变思路，扩大创业群体，推动新农民在身份上和心理上实现转变。在获得感中，城市人新农民身份的转变，意味着有些来自城市的共享住宿创业者对于新身份的认同。对此，政府应当转变思路，在吸引农民工、本地商人回乡的同时，要向有动机、有资本的城市群体推广共享住宿创业，比如有针对性地对周边大城市有资本、有时间、有养老需求的人士宣传推广，并促使这类群体积极融入到乡村振兴中，推动新农民身份实现真正意义上的转化，加强群体心理认同和归属感，切实提升创业获得感。

12.4.3 局限与展望

(1) 研究展望

目前，学术界有关共享住宿房东的研究主要集中在房东的供给动机和行为等角度，尚且处于研究局限明显的初期阶段，其研究内容和理论基础方面仍存在着较大的研究空间。

在研究内容上，本章受限于案例地的现实情况和乡村共享住宿的多样性、复杂性，仅选取了江浙地区两个案例地的乡村民宿展开房东视角的研究，后续可以对不同类型、不同区域、城乡不同环境的共享住宿做更进一步的对比研究。此外，除了动机和获得感之外，房东置办共享住宿的影响因素（如法律风险、经济风险、信任基础）、决策行为（如平台选择、定价策略）、评级机制（如超赞房东）等内容也是值得研究的话题。

在理论基础方面，已有研究多采用定量方法，忽略了共享住宿研究的基础理论。一方面，共享住宿在概念上尚未统一，永久居民（Permanent Residential）、分享住宿（Sharing Accommodation）、点对点住宿（Peer-to-peer Accommodation）、共享短租（Sharing Short-term Rental）、在线短租（Online Short-term Rental）等相近概念混淆，一定程度上阻碍了相关学术研究和行业的发展，后续研究应该注重厘清共享住宿的内涵和外延，规范概念的界定和使用。另一方面，共享住宿涉及互联网、交通、餐饮、娱乐等多个行业，关联消防、文旅、卫生防疫、劳动局和居委会等多个部门，应该关注不同领域的特点，综合运用管理学、心理学、旅游学、经济学等不同学科的理论来构建共享住宿的研究基础，为其发展提供理论引导。

（2）发展展望

在乡村振兴战略和共享经济的共同推动下，乡村共享住宿呈现出广阔的发展前景，但仍需要从多个角度加以引导，使共享住宿、乡村振兴、共享经济之间形成互相促进的良性闭合循环。

在共享住宿方面，要为乡村共享住宿推动乡村振兴战略的落实而不断助力。乡村振兴战略规划将乡村民宿列为乡村旅游精品工程的重要内容，而乡村共享住宿相较于传统乡村民宿具有更强大的惠农强村功能。除了为消费者提供基础的食宿服务，乡村共享住宿还可以循着“住宿资源化—资源产品化—产品市场化—市场品牌化—品牌个性化—个性效益化”的创新路径不断优化乡村闲置资源配置，将乡村资源优势转化为经济优势和社会效益，促进生产要素的城乡流动，为乡村产业兴旺、社会治理、文化传播、生态建设、人才培养提供了“造血式”的内生动力，全方位落实乡村振兴战略总要求。

在房东方面，要打造特色民宿 IP，改善房东社区生态。在行业标准化、房东职业化的主流趋势下，共享住宿逐渐陷入同质化困境，打造文旅融合的特色 IP、塑造房东个人魅力成为共享住宿跨界布局的重要路径。从产品打造来看，共享住宿房东可将传统建筑特色与现代设计理念相结合，加强消费者在民俗节庆、生产生活、传统服饰、地域饮食等方面的文化体验，通过外在建筑表征与内在精神体验彰显浓烈的地域特征和风土人情；从房东自身来看，可在消费者“住前”通过发布房间真实照片、认证“超级房东”徽章、加快信息回复速度来提高成交率，在“住时”提供贴心服务、加强主客互动以发展回头客，在“住后”提供评价渠道并根据反馈及时作出调整，增强消费者粘性。此外，非职业房东可以利用专业的共享住宿定价系统进行“智能定价”，减少定价效率较低、获利空间有限的问题。职业房东可通过“房东学院”等社区平台开展经验分享的主题课程，释放信息和资源沟通的裂变效应，形成兼职房东和专职房东共生共赢的社区生态。

第十三章

总结与展望

13.1 总结

本书对共享住宿的理论内涵和实证研究进行了梳理，通过文献梳理、理论建构、实证分析，运用问卷调查、访谈、GIS时空技术和计量经济学等多元分析方法，从消费者和房东、乡村与城市、共享住宿与酒店、价格、时空演变等主题进行了全方位分析。主要结论有以下几方面：

（1）厘清了共享住宿研究进展，总结出共享住宿研究的框架体系（图13-1），从核心利益相关者（房东、消费者、平台），次级利益相关者（政府、目的地、其他），宏观国内外环境分析梳理了共享住宿研究的相关议题，构建了系统的研究体系。

（2）城市和乡村共享住宿的体验要素共包括13个维度，分别是订购过程、入住流程、对比体验、地理位置、风格环境、住宿设施、配套体验、对外互动、娱乐活动、景观欣赏、安全顾虑、心灵感悟、居家感体验。这些体验维度可进一步划分为基础性体验和特色性体验两部分，它们共同作用构成了消费者参与共享住宿的整体体验。其中，订购过程、入住流程、对比体验、地理位置、住宿设施、安全顾虑属于基础性体验；风格环境、配套体验、对外互动、娱乐活动、景观欣赏、心灵感悟、居家感体验属于特色性体验。根据派恩（Pine）和吉尔摩（Gilmore）提出的体验经济理论框架，美感体验包括风格环境和景观欣赏，逃避体验包括配套体验和对外互动。娱乐活动属于娱乐体验，而教育体验则包括心灵感悟和部分对外互动。

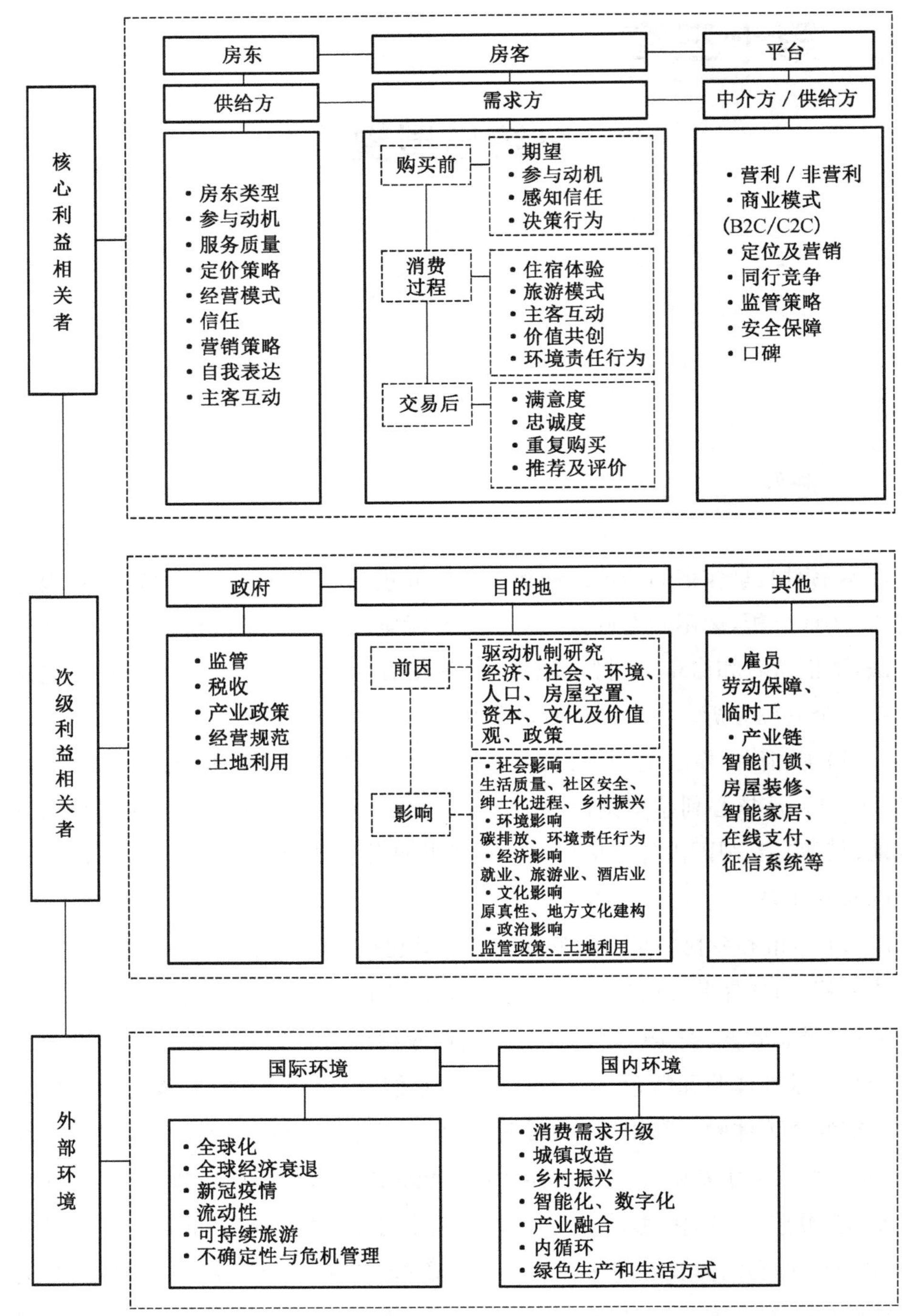

图 13-1　共享住宿研究框架体系

（图源：作者自绘）

通过共享住宿体验维度的大数据分析显示，以上共享住宿体验维度可以进一步凝练为住房、位置、公寓、设施、主客互动、整体感觉、其他等 7 类要素。这些要素中，根据赫兹伯格双因素理论，保健因素主要包括公寓卫生因素，它的存在不一定会提高顾客高满意度，但卫生因素的缺失或质量差必然会导致顾客不满。因此，评论中提到的设施质量差往往和低评分相关联。分析结果表明，如果卫生因素不满足消费者的期望或需求，尽管有激励因素的存在，提高顾客满意度也是相当困难的。而激励因素的存在对顾客满意度有正向贡献。结果显示，家的体验是一种独特的享受，给顾客情感和心理上的满足，有助于提高消费者满意度，是消费者住宿体验中的激励因素。

在共享经济影响下，民宿在城乡不同的发展环境中分化出城市共享住宿和乡村共享住宿两种新模式，对城乡社区的经济、政治、社会、文化和环境等方面影响显著。这两种发展模式的最大区别在于前者以城市人文风光为体验要素，以共享经济为主要动力；后者则以乡村自然生态为体验要素，以乡村旅游为主要动力。城市和乡村共享住宿体验在心灵感悟、地理位置、风格环境、配套体验、景观欣赏、安全顾虑等方面表现出不同。乡村共享住宿的消费者体现出心灵感悟上的怀旧感，他们看重房屋的外观风格，以及房屋和自然环境的融合程度，更加积极地参与当地体验，其主要目的是品尝当地美食，欣赏当地景观，而住宿只是一种选择性的行为。他们喜欢欣赏乡村共享住宿周边的自然景观，更容易与自然环境产生交互的行为和活动，偶尔也会有安全方面的顾虑。而城市共享住宿的消费者体验则包括出行便利和食、购、娱便利，房屋内部设计的创新性，城市人文景观及夜景观的欣赏。

(3) 以 Airbnb 和酒店的空间分布为研究对象，本书发现单中心模型和集聚模型可以用来解释 Airbnb 单元的空间分布。Airbnb 房源集中在城市中心，位于最内层的 CBD 之外，并根据到市中心的距离呈现环形结构，这符合单中心模式的土地利用模式。此外，Airbnb 分布存在空间集聚现象，这一现象可能受到外部性的影响，如需求溢出、闲置房源和管理成本节约。Airbnb 与市中心的酒店存在共生关系，在热门旅游区则存在替代关系。在市中心地区，Airbnb 与酒店供应是重叠的，但在旅游景点周边地区，由于酒店的建设受到土地利用等因素的限制，Airbnb 的住宿供应占主导地位。区位因素，如邻近已建成的酒店、景点和市中心、高人口密度和周边环境是 Airbnb 房源分布的重要因素。

Airbnb 利用了旅游景点的邻近性，在酒店数量较多的地区聚集，从而加重了旅游压力以及地方绅士化。

（4）以北京市为例，本书综合运用 OLS 回归和空间计量模型方法对北京市 Airbnb 房源价格影响因素进行了深入研究。结果表明，①不同类型特征变量对房源价格的解释力从高到低依次为：房源特征、声誉特征、房东特征、邻里特征，房源物理属性是消费者支付意愿和 Airbnb 房价的决定性因素；②房东特征是房源价值的重要组成部分，更多的身份验证信息和更短的回复时间有助于实现 Airbnb 房源溢价；③不同项目评分对价格的影响存在显著差异，其中性价比和干净整洁的评分影响最为显著；④交通可达性、旅游景点、周边酒店供应量对价格有显著积极影响；⑤空间计量模型的拟合优度优于传统 OLS 模型，Airbnb 房价存在显著的空间溢出效应。

（5）在共享经济的影响下，民宿作为一种既能满足消费者多样化和个性化的旅游住宿需求，又能保护当地自然环境和人文资源的新兴旅游业态，迅速发展成为乡村振兴战略中闲置资源活化和产业结构升级的重要载体。乡村民宿是落实乡村振兴战略的重要实践，其对乡村社区的影响主要体现在以下方面：①重塑乡村社区“三生空间”。②吸纳乡村精英和城市资本。③加速村民生计可持续性转型。④推动落实乡村振兴战略。因此，研究乡村民宿主的创业动机和获得感对推进乡村旅游产业振兴具有重要的理论和实践意义。本书通过乡村共享民宿主的深度访谈发现，民宿主创业动机体现出层次性，与马斯洛需求层次理论相吻合，在经济、情感归属等内部动机之外，外部动机也驱动着民宿的置办。获得感对应相应的动机，同样具有层次性。同时，存在着三种动机和获得感的组合模式，这与不同群体的可持续性生计成本决策相关。获得感的产生会进一步驱动共享民宿主采取行动满足其更高层次的需求。根据民宿主动机和获得感的组合类型，应针对性地解决其生计问题。

（6）共享住宿的快速发展，不仅改变了城市旅游消费行为模式，也对城市环境和空间结构产生了深远影响。通过对南京的案例研究发现：南京的共享住宿在空间分布上主要呈现出“核心—边缘”集聚、南北纵向分布的空间特征，空间异质性显著，与地理学第二定律（空间异质性）相吻合。同时，这种分布特征与南京的城市空间结构相吻合。整体上，共享住宿呈现出从高度集聚趋向于均衡分布的特征。通过地理探测器等方法进一步分析发现，南京的共享住宿在空间分布上倾向于选择生活服务、交通便利的地区。

而伦敦的案例显示，共享住宿主要集中在城市中心和旅游景点周边，并向外围延伸。中心区域和旅游区域，如西敏寺（City of Westminster）、肯辛顿（Kensington）、切尔西（Chelsea）、哈克尼（Hackney）和陶尔哈姆雷茨（Tower Hamlets），Airbnb 房源密度最高。周边因素（水域、植被、人文艺术景观、交通、夜生活场所）是影响 Airbnb 分布的重要因素。

此外，Airbnb 在伦敦的空间分布是不均匀的，有些区域中 Airbnb 房源数量较高是因为交通可达性高，有些区域中则是因为景点或夜生活场所更多，这说明不同因素在不同地区的作用有所差异，证明了 Tobler 的地理学第一定律，即空间相关性。

此外，本书还对长三角、珠三角、京津冀的 18 个共享住宿的典型城市进行了对比，结果发现：各大城市普遍存在共享住宿集聚发展的空间分布特征，依照城市规模、功能和发展阶段的不同大致可分为“单核集聚”“多核集聚”和“点轴发展”型，且在城市发展过程中出现了与商业综合体、高铁站、大学城及国家级开发区耦合演进的特征。

通过对长三角 3 个不同层级城市，即上海、苏州、镇江的进一步对比发现，3 个城市共享住宿的发展阶段呈现出相似性，即迅速起步阶段和平稳发展阶段，空间上都存在不均衡性。不同层级城市共享住宿的时空演变格局差异明显。上海由“单核强集聚”到“单核多中心”再到“双核多中心”格局，苏州由“单核多飞地”到“单核多中心”格局，镇江由“单核小集聚”到“单核多飞地”格局。不同层级城市共享住宿分布格局的影响肌理差异明显。高等级城市的影响因素最为复杂，旅游休闲特征突出。低等级城市的影响因素较为简单，商业特征突出。共享住宿的空间分布格局及影响肌理与城市等级密切相关。共享住宿分布格局的先进性和独立性、影响因素的复杂性和休闲性随城市等级的升高而增强。

13.2 实践建议

对比国内外案例，发现我国共享住宿发展呈现出不同的特点。首先，我国共享住宿发展的起步时间较晚，但共享住宿市场已形成一定的规模，具有巨大的市场空间和发展潜力。《中国共享住宿发展报告2020》指出，2019年我国共享住宿市场交易规模约为225亿元，同比增长36.4%，参与人数达到2亿人，其中服务提供者人数约618万人，消费者人数约1.9亿人。在疫情的冲击下，增长速度有所放缓。其次，我国共享住宿发展必须放在我国宏观经济政治环境中加以认识。党的二十大报告强调，“高质量发展是全面建设社会主义现代化国家的首要任务”，提出双循环是推进中国式现代化战略的必然要求和关键路径。国内大循环是双循环新发展格局的主体部分，二十大报告指出要“把实施扩大内需战略同深化供给侧结构性改革有机结合起来，增强国内大循环的内生动力和可靠性”。疫情冲击导致共享住宿市场全面转向国内市场后，面对内循环主导下的发展格局，我国共享住宿行业要创新思维，调整发展战略和方向，提升软硬件水平，充分利用资本、人才、文化、技术等力量，塑造一个协同共享、繁荣健康的新生态。

本书通过综合国外城市共享住宿发展案例和国内城市及乡村的共享住宿发展案例，归纳出可供我国共享住宿产业发展的具体建议，具体如下：

1. 为共享住宿的经营管理者提供经营管理建议

(1) 区分激励因素和保健因素有助于提升顾客满意度，助力成功经营。如果顾客对保健因素的缺失感到失望，那么他们很难对其他方面的体验产生兴趣，也很难有较高的评价。产品质量和设施质量是保健因素，产品质量差会直接导致顾客不满意。因此，共享住宿的经营管理首要的是提高房屋设施的质量，满足顾客的基本需求，确保顾客能够得到可靠的帮助，及时解决顾客的问题。

(2) 激励因素的缺失不会导致顾客不满，但激励因素的满足能够显著提升顾客的满意度。实证研究表明，家庭体验、友好的房东态度和良好的主客互动是获得高水平的顾客满意度、忠诚度和良好口碑的重要激励因素。因此，对于有更高追求的经营者来说，为顾客营造一种家的归属感、提供与房东互动的机会、保持良好热情的服务态度是取得成功的关键。

(3) 消费者对共享住宿产品的感知体验不再仅仅局限于对产品特征和服务质量的理性认知，还融入了审美体验和情感流露。因此，共享住宿经营者可以通过主题风格的营造、配套设施细节的准备等满足消费者的审美和情感需求。

(4) 乡村和城市共享住宿具有不同的特征，在运营管理过程中应注重因地制宜、突出优势，结合良好的地理位置、景观特色或配套活动等形成共享住宿的差异化产品亮点，进行精准营销。

2. 为城市空间规划和优化共享住宿空间布局提供参考

（1）不同等级城市的共享住宿时空格局呈现差异，相应地，不同等级城市应制定针对性的发展政策。高等级城市应优化共享住宿核心区与外围的空间关系，在巩固提升核心区地位的同时，加大对外围集聚区共享住宿的特色发掘、政策扶持、专业指导和基础设施建设，引导各集聚区内共享住宿的差异化运营，促进城市内部的区域平衡。中等级城市应推进现有分布格局的升级优化，优先以政策手段引导共享住宿的选址分布，推动城市核心区外围的旅游休闲区域的空间集聚，促进多核分布格局的形成与发展。低等级城市应采取积极的共享住宿发展政策，积极融入都市圈规划建设，利用较高等级城市的辐射能力，开拓共享住宿的分布空间，引导促进核心区外围的集聚区形成。

（2）政府部门应制定监管和准入机制，限制共享住宿集聚区的房源无限扩张，以缓解共享住宿带来的负面经济社会文化影响。市中心和旅游热门景点等区域是共享住宿在城市内部的集聚空间，这些地方的共享住宿房源扩张可能诱使房东将用于长期租赁的房源转为短期租赁，进而引发长租市场住房供应量下降、租金上涨、生活成本提高等问题。特别是一些专业化中介或公司往往在市中心和旅游景点周边区域扩张房源，以谋取更多的利益。有关部门可以对共享住宿市场价格进行适当监管，以保障长期租赁住房的供应，限制特定地区房源的扩张，以控制共享住宿的负面影响。

（3）为缓解核心区压力，有关部门可以引导共享住宿在乡村旅游区扩散。为缓解城市中心压力，需要积极引流核心区的房源，这可以引导共享住宿往乡村旅游地区发展，例如通过政策宣传、财政补贴和相关培训，引导村民出租闲置房屋，从而实现核心区旅游流的分流，带动乡村旅游经济的发展、推动乡村产业转型，助推乡村地域系统和乡村空间的演化，助力乡村振兴战略发展。

3. 为乡村创业和乡村共享住宿发展提供实践启示

（1）生态环境、传统村落、节事活动等因素是乡村地区共享住宿体验的特色。共享住宿在乡村的发展能够成为当地居民重要的收入来源，同时能够有效利用已建成的居民住宅，避免过度开发建设，促进乡村生态环境的保护。相关部门可以实施相对宽松的行业管理政策，完善配套设施，营造良好的创业环境，激发本地居民的创业动机，支持本地居民从共享住宿中获益。

(2) 乡村地区共享住宿的发展需要有关部门进行统筹规划和治理，合理有效规划共享住宿发展集群，通过专业化培训、宣传引导和新乡贤的引领示范，逐步推动粗放自营模式向精品发展模式转变，促进共享住宿的服务质量和服务水平不断提升。

(3) 乡村共享住宿的发展应当成为一个承载乡村文化、展现传统文化、传播特色文化的载体。共享住宿的发展离不开对本地文化的挖掘和运用，要用文化讲好品牌故事，用文化打造乡村特色民宿品牌，让消费者接触、认知、认同乡村本土文化。

(4) 充分发挥社会主义新乡贤的领头作用。要充分认识到新乡贤在乡民中的话语权和领头作用，新乡贤是政府和乡民之间的重要纽带，也是乡村振兴和乡村治理过程中的重要力量。要以新乡贤为引领，培养扶持共享住宿示范点，提升其经营管理能力，发挥榜样模范的作用，以点带面引导乡村共享住宿创业，通过共享住宿产业的发展吸引农民工回乡，以先富带动后富，最终实现共同致富。

13.3 研究展望

在现有研究基础上，未来对共享住宿的研究需要重点关注以下几个方面的问题：

(1) 房东群体的异质性及其行为差异。越来越多职业房东的加入使共享住宿从C2C的商业模式转变为B2C。拥有多套房源且从业多年的职业房东的经验可能会使他们的位置选择、定价策略和绩效优于一般房东。不同房东群体在位置选择、服务质量、定价策略、绩效和收益管理方面有何差异有待学者进一步探究。

(2) 跨文化视角下参与者动机及行为研究。共享经济浪潮的兴起不仅仅是一种经济形式和商业模式的创新，更代表着人类文化和价值观的转变。其节俭的生活方式与社会成员互动的追求承载着当代人对资源浪费的反思和对集体生活的怀念。而共享住宿不仅是区别于酒店的居住空间，更是一种文化景观，契合了后现代主义思潮下人们对商品化、标准化、“无差别的原子式存在”的反叛，交织着去商品化、个性化、浪漫主义的追求。文化与价值观的转变催生新的经济形式，与此同时，文化的异质性也会影响到具体的生产实践。欧美等地存在颇受欢迎的单个房屋共享，而在中国却是整屋共享占主导，缺乏真正意义上的主客互动。因此，对不同文化背景下共享住宿参与者动机与行为的比较研究有助于深入理解共享住宿文化，并在此基础上管窥当代人的文化愿景与精神追求。

（3）社会阶层流动与社区参与研究。Airbnb、途家等共享住宿与浪漫、小资、格调、品味、怀旧、自然等词汇相联系，体现了新兴中产阶级的文化诉求与身份认同建构。共享住宿促进了一定社会阶层成员的交流互动，但同时也可能将低收入阶层排斥在外。未来研究中，从人文地理学、社会学、政治学、人类学等学科视角考虑共享住宿对社会阶层流动或阻隔的影响，对共享住宿实践进行解读和批判，从社区参与方面构建共享住宿发展策略，对共享住宿的可持续发展、乡村振兴功能的实现、贫富差距的缩小具有一定意义。

（4）对共享住宿区位分布及演化规律的探索。区位论是人文地理学的核心理论之一。从区位论出发，研究共享住宿的区位分布，探究不同类型旅游目的地、不同等级城市、城市与乡村共享住宿的集聚特征与规律，分析其形成条件与驱动机制，为政府的土地利用规划、监管政策、产业政策提供知识贡献与参考。

（5）空间生产与乡村振兴战略研究。近年来，英美等发达国家以及北京等大都市的共享住宿已呈现向乡村地区沉降的特征，共享住宿在乡村地区的扩张成为未来的发展趋势。共享住宿的建筑风格、地方文化表征符号的展示、主客互动实践正重塑大众对乡村的认知与想象，共享住宿成为美丽乡村建设的重要途径之一。未来研究应更多地关注共享住宿在乡村的扩张，从空间理论、地方理论探讨共享住宿发展带来的乡村人居空间演变、空间生产与地方建构、村民参与、村民福祉与生态保护等议题，助推新时代乡村振兴战略的成功实施。

（6）新冠肺炎疫情影响下共享住宿发展研究。新冠肺炎疫情影响下住宿业遭受重创，短租公寓和民宿纷纷转为长期租赁，以应对疫情带来的挑战。危机管理、标准化、企业社会责任、智能技术、服务创新成为共享住宿发展的关键词，消费者更加重视安全、清洁与自身健康，绿色、可持续、和谐的发展理念深入人心。危机管理体系构建、服务标准化建设、虚拟体验、企业社会责任、人工智能技术应用成为亟需探讨的话题。

参考文献

Adam I, Amuquandoh F E, 2013. Dimensions of hotel location in the Kumasi Metropolis, Ghana[J]. Tourism Management Perspectives, 8: 1-8.

Adam I, Amuquandoh F E, 2014. Hotel characteristics and location decisions in Kumasi Metropolis, Ghana[J]. Tourism Geographies, 16(4): 653-668.

Adamiak C, 2018. Mapping Airbnb supply in European cities[J]. Annals of Tourism Research, 71(c): 67-71.

Adamiak C, 2019. Current state and development of Airbnb accommodation offer in 167 countries[J]. Current Issues in Tourism, 25(19): 3131-3149.

Adamiak C, Szyda B, Dubownik A, et al. , 2019. Airbnb offer in spain — spatial analysis of the pattern and determinants of its distribution[J]. ISPRS International Journal of Geo-Information, 8(3): 155.

Akarsu T N, Foroudi P, Melewar T C, 2020. What makes Airbnb likeable? Exploring the nexus between service attractiveness, country image, perceived authenticity and experience from a social exchange theory perspective within an emerging economy context [J]. International Journal of Hospitality Management, 91: 102635.

Aksoy S, Yetkin-Ozbuk M, 2017. Multiple criteria decision making in hotel location: does it relate to postpurchase consumer evaluations? [J]. Tourism Management Perspectives, 22: 73-81.

Amit R, Muller E, 1995. "push" and "pull" entrepreneurship[J]. Journal of Small Business & Entrepreneurship, 12(4): 64-80.

Anselin L, 1989. What is special about spatial data? Alternative perspectives on spatial data analysis, Technical Report 89 - 4 [R]. Santa Barbara, CA: National Center for Geographic Information and Analysis .

Anselin L, Syabri I, Kho Y, 2006. GeoDa: an introduction to spatial data analysis[J]. Geographical Analysis, 38(1): 5-22.

Arbel A, Pizam A, 1977. Some determinants of urban hotel location: the tourists' inclinations[J]. Journal of Travel Research, 15(3): 18-22.

Ashworth G J, 1989. Urban tourism: an imbalance in attention[J]. Progress in tourism, recreation and hospitality management, 1: 33-54.

Ashworth G J, Tunbridge J E, 1990. The tourist-historic city[J]. Transactions of the Institute of British Geographers, 18(1): 156.

Assaf A G, Josiassen A, Agbola F W, 2015. Attracting international hotels: locational factors that matter most[J]. Tourism Management, 47:329-340.

Bai Q, Xiong G, Zhao Y, et al., 2014. Analysis and detection of bogus behavior in web crawler measurement[J]. Procedia Computer Science, 31(C): 1084-1091.

Balampanidis D, Maloutas T, Papatzani E, et al., 2019. Informal urban regeneration as a way out of the crisis? Airbnb in Athens and its effects on space and society[J]. Urban Research & Practice, 14(3): 223-242.

Bao Y, Ma E, La L, et al., 2022. Examining the Airbnb accommodation experience in Hangzhou through the lens of the Experience Economy Model[J]. Journal of Vacation Marketing, 28(1): 95-116.

Batista E Silva F, Barranco R, Proietti P, Pigaiani C, Lavalle C, 2020. A new European regional tourism typology based on hotel location patterns and geographical criteria[J]. Annals of Tourism Research, 89(8):103077.

Baum J A C, Haveman H A, 1998. Errata: love they neighbor? differentiation and agglomeration in the Manhattan hotel industry, 1898—1990[J]. Administrative Science Quarterly, 43(2): 506.

Belarmino A, Koh Y, 2020. A critical review of research regarding peer-to-peer accommodations[J]. International Journal of Hospitality Management, 84: 102315.

Belk R, 2014. You are what you can access: sharing and collaborative consumption online[J]. Journal of Business Research, 67(8): 1595-1600.

Benítez-Aurioles B, 2017. The role of distance in the peer-to-peer market for tourist accommodation[J]. Tourism Economics, 24(3): 237-250.

Benítez-Aurioles B, 2018. Estrategias de comunicación: Airbnb versus hoteles/Communication strategies: Airbnb versus hotels[J]. Revista Internacional de Relaciones Públicas, 8(16): 47-66.

Benítez-Aurioles B, 2019. Is Airbnb bad for hotels? [J]. Current Issues in Tourism, 25 (19): 3076-3079.

Bie Y, Wang J, Wang J, 2018. Airbnb in China: the impact of sharing economy on Chinese tourism[C]. International Conference on Applied Human Factors and Ergonomics. Springer, Cham, 11-19.

Blal I, Singal M, Templin J, 2018. Airbnb's effect on hotel sales growth[J]. International Journal of Hospitality Management, 73: 85-92.

Blau P M, 1964. Exchange and power in social Life[M]. New York: Wiley.

Blei D M, Lafferty J D, 2007. A correlated topic model of science[J]. The Annals of Applied Statistics, 2007, 1(1): 17-35.

Boros L, Dudás G, Kovalcsik T, et al., 2018. Airbnb in Budapest: analysing spatial patterns and room rates of hotels and peer-to-peer accommodations[J]. GeoJournal of Tourism and Geosites, 10(1): 26-38.

Bostrom R P, Heinen J S, 1977. MIS problems and failures: a socio-technical perspective, part II: the application of socio-technical theory[J]. MIS Quarterly, 1(4): 11.

Brauckmann S, 2017. City tourism and the sharing economy - potential effects of online peer-to-peer marketplaces on urban property markets[J]. Journal of Tourism Futures, 3 (2): 114-126.

Buhalis D, Andreu L, Gnoth J, 2020. The dark side of the sharing economy: balancing value co-creation and value co-destruction[J]. Psychology & Marketing, 37(5): 689-704.

Bégin S, 2000. The geography of a tourist business: hotel distribution and urban development in Xiamen, China[J]. Tourism Geographies, 2(4): 448-471.

Cadotte E R, Turgeon N, 2016. Key factors in guest satisfaction [J]. Cornell Hotel and Restaurant Administration Quarterly, 28(4): 44-51.

Cai Y, Zhou Y, MA J, et al., 2019. Price determinants of airbnb listings: evidence from Hong Kong[J]. Tourism Analysis, 24(2): 227-242.

Callan R J, Bowman L, 2000. Selecting a hotel and determining salient quality attributes: a preliminary study of mature British travellers [J]. International Journal of Tourism Research, 2(2): 97-118.

Casais B, Fernandes J, Sarmento M, 2020. Tourism innovation through relationship marketing and value co-creation: a study on peer-to-peer online platforms for sharing accommodation[J]. Journal of Hospitality and Tourism Management, 42: 51-57.

Cesarani M, Nechita F, 2017. Tourism and the sharing economy. an evidence from airbnb usage in Italy and Romania[J]. Symphonya Emerging Issues in Management, 3: 32-47.

Chan J, Baum T, 2007. Some new thoughts in researching consumer satisfaction: an extension of Herzberg's motivator and hygiene factor theory[J]. Journal of Travel & Tourism Marketing, 23(1): 71-83.

Chasin F, Hoffen V M, Hoffmeister B, et al., 2018. Reasons for failures of sharing economy businesses[J]. MIS Quarterly Executive, 17(3): 185-199.

Chen H, Chiang R H L, Storey V C, 2012. Business intelligence and analytics: from big data to big impact[J]. Management Information Systems, 36(4): 1165-1188.

Chen Y, Xie K, 2017. Consumer valuation of Airbnb listings: a hedonic pricing approach[J]. International Journal of Contemporary Hospitality Management, 29(9): 2405-2424.

Cheng M, 2016. Sharing economy: a review and agenda for future research[J]. International Journal of Hospitality Management, 57: 60-70.

Cheng M, Zhang G, Wong A I, 2020. Spanning across the boundary of Airbnb host community: a network perspective[J]. International Journal of Hospitality Management, 89: 102541.

Cheng X, Fu S, Sun J, et al., 2019. An investigation on online reviews in sharing economy driven hospitality platforms: a viewpoint of trust[J]. Tourism Management, 71: 366-377.

Chica-Olmo J, González-Morales J G, Zafra-Gómez J L, 2020. Effects of location on Airbnb apartment pricing in Málaga[J]. Tourism Management, 77: 103981.

Chua E L, Chiu J L, Chiu C L, 2020. Factors influencing trust and behavioral intention to use Airbnb service innovation in three ASEAN countries[J]. Asia Pacific Journal of Innovation and Entrepreneurship, 14(2): 175-188.

Crecente J M, Santé I, Díaz C, et al., 2012. A multicriteria approach to support the location of thalassotherapy (seawater therapy) resorts: application to Galicia region, NW Spain [J]. Landscape and Urban Planning, 104(1): 135-147.

Crommelin L, Troy L, Martin C, et al. 2018. Is Airbnb a sharing economy superstar? Evidence from five global cities[J]. Urban Policy and Research, 36(4): 429-444.

Cró S, Martins A M, 2018. Hotel and hostel location in Lisbon: looking for their determinants[J]. Tourism Geographies, 20(3): 504-523.

DFID, 2000. Sustainable Livelihoods Guidance Sheets[R]. Department for International Development: 45-56.

Dogru T, Hanks L, Mody M, et al., 2020a. The effects of Airbnb on hotel performance: evidence from cities beyond the United States[J]. Tourism Management, 79: 104090.

Dogru T, Hanks L, Ozdemir O, et al., 2020b. Does Airbnb have a homogenous impact? Examining Airbnb's effect on hotels with different organizational structures [J]. International Journal of Hospitality Management, 86: 102451.

Dogru T, Mody M, Line N, et al., 2020c. Investigating the whole picture: comparing the effects of Airbnb supply and hotel supply on hotel performance across the United States [J]. Tourism Management, 79: 104094.

Dogru T, Mody M, Suess C, et al., 2020d. Airbnb 2.0: Is it a sharing economy platform or a lodging corporation? [J]. Tourism Management, 78: 104049.

Dolnicar S, 2019. A review of research into paid online peer-to-peer accommodation: launching the Annals of Tourism Research Curated Collection on peer-to-peer accommodation[J]. Annals of Tourism Research, 75: 248-264.

Domènech A, Larpin B, Schegg R, et al., 2019. Disentangling the geographical logic of Airbnb in Switzerland[J]. Erdkunde: 245-258.

Domènech A, Zoğal V, 2020. Geographical dimensions of Airbnb in mountain areas: The case of Andorra[J]. Journal of Rural Studies, 79: 361-372.

Donthu N, Roland T, 1989. Estimating geographic customer densities using kernel density estimation[J]. Marketing Science, 8(2): 191-203.

Dudás G, Vida G, Kovalcsik T, et al., 2017a. A socio-economic analysis of Airbnb in New York City[J]. Regional Statistics, 7(1): 135-151.

Dudás G, Boros L, Kovalcsik T, et al., 2017b. The visualization of the spatiality of Airbnb in Budapest using 3-band raster representation[J]. Geographia Technica, 12(1): 23-30.

Dudás G, Kovalcsik T, Vida G, et al., 2020. Price determinants of Airbnb listing prices in Lake Balaton Touristic Region, Hungary[J]. European Journal of Tourism Research, 24: 2410.

Ert E, Fleischer A, 2019. The evolution of trust in Airbnb: a case of home rental[J]. Annals of Tourism Research, 75: 279-287.

Ert E, Fleischer A, Magen N, 2016. Trust and reputation in the sharing economy: the role of personal photos in Airbnb[J]. Tourism Management, 55: 62-73.

ESRI: How Contouring works, 2010. ArcGIS Desktop: Release 9.3 [M]. Redlands: Environmental Systems Research Institute.

Eugenio-Martin J L, Cazorla-Artiles J M, González-Martel C, 2019. On the determinants of

Airbnb location and its spatial distribution[J]. Tourism Economics, 25(8): 1224-1244.

Fang B, Ye Q, Law R, 2016. Effect of sharing economy on tourism industry employment [J]. Annals of Tourism Research, 57: 264-267.

Fang L, Li H, Li M, 2019. Does hotel location tell a true story? Evidence from geographically weighted regression analysis of hotels in Hong Kong [J]. Tourism Management, 72: 78-91.

Fang L, Xie Y J, Yao S J, et al., 2020. Agglomeration and/or differentiation at regional scale? Geographic spatial thinking of hotel distribution - a case study of Guangdong, China[J]. Current Issues in Tourism, 24: 1358-1374.

Faye B, 2021. Methodological discussion of Airbnb's hedonic study[J]. Annals of Tourism Research, 86: 103079.

Ferreira S L, Boshoff A, 2014. Post-2010 FIFA Soccer World Cup: oversupply and location of luxury hotel rooms in Cape Town[J]. Current Issues in Tourism, 17(2): 180-198.

Ferreri M, Sanyal R, 2018. Platform economies and urban planning: Airbnb and regulated deregulation in London[J]. Urban Studies, 55(15): 3353-3368.

Fornell C, 1992. A national customer satisfaction barometer: The Swedish experience. Journal of Marketing, 56(1), 6-21.

Fotheringham A S, Charlton M E, Brunsdon C, 1998. Geographically weighted regression: a natural evolution of the expansion method for spatial data analysis[J]. Environment and Planning A: Economy and Space, 30(11): 1905-1927.

Freedman M L, Kosová R, 2012. Agglomeration, product heterogeneity and firm entry[J]. Journal of Economic Geography, 12(3): 601-626.

Friedman J, 1966. Regional development policy; a case study of Venezuela[M]. Cambridge: MIT Press.

Gant A C, 2016. Holiday rentals: the new gentrification battlefront[J]. Sociological Research Online, 21(3): 112-120.

Garcia-Ayllon S, 2018. Urban transformations as an indicator of unsustainability in the P2P mass tourism phenomenon: the airbnb case in Spain through three case studies[J]. Sustainability, 10(8): 2933.

Garcia-López M, Jofre-Monseny J, Martínez-Mazza R, et al., 2020. Do short-term rental platforms affect housing markets? Evidence from Airbnb in Barcelona[J]. Journal of Urban Economics, 119: 103278.

Geiger A, Horbel C, Germelmann C C, 2017. "Give and take": how notions of sharing and context determine free peer-to-peer accommodation decisions[J]. Journal of Travel & Tourism Marketing, 35(1): 5-15.

Gibbs C, Guttentag D, Gretzel U, et al., 2017. Use of dynamic pricing strategies by Airbnb hosts[J]. International Journal of Contemporary Hospitality Management, 30(1): 2-20.

Gil J, Sequera J, 2020. The professionalization of Airbnb in Madrid: far from a collaborative economy[J]. Current Issues in Tourism, 25(20): 3343-3362.

Golledge R G, Stimson R J, 1997. Spatial behavior: a geographic perspective[M]. New York: Guilford Press.

Goodchild M F, 1986. Spatial Autocorrelation. Catmog 47[M]. Norwich: Geo Books.

Goodchild M F, 2003. The fundamental laws of geoscience[M]. Keynote Address Annual Assembly University Consortium for Geoscience.

Gundersen M G, Heide M, Olsson U H, 1996. Hotel guest satisfaction among business travelers: what are the important factors? [J]. The Cornell Hotel and Restaurant Administration Quarterly, 37(2): 72-81.

Gunter U, 2018. What makes an Airbnb host a superhost? Empirical evidence from San Francisco and the Bay Area[J]. Tourism Management, 66: 26-37.

Gunter U, Önder I, 2018. Determinants of Airbnb demand in Vienna and their implications for the traditional accommodation industry[J]. Tourism Economics, 24(3): 270-293.

Gunter U, Önder I, Zekan B, 2020. Modeling Airbnb demand to New York City while employing spatial panel data at the listing level[J]. Tourism Management, 77: 104000.

Guo Y, Barnes S J, Jia Q, 2017. Mining meaning from online ratings and reviews: tourist satisfactionanalysis using latent dirichletallocation [J]. Tourism Management, 59: 467-483.

Gutiérrez A, Domènech A, 2020. Understanding the spatiality of short-term rentals in Spain: Airbnb and the intensification of the commodification of housing [J]. Geografisk Tidsskrift-Danish Journal of Geography, 120(2): 98-113.

Gutiérrez J, García-Palomares J C, Romanillos G, et al., 2017. The eruption of Airbnb in tourist cities: comparing spatial patterns of hotels and peer-to-peer accommodation in Barcelona[J]. Tourism Management, 62: 278-291.

Guttentag D, 2013. Airbnb: disruptive innovation and the rise of an informal tourism accommodation sector[J]. Current Issues in Tourism, 18(12): 1192-1217.

Guttentag D, 2019. Progress on Airbnb: a literature review[J]. Journal of Hospitality and Tourism Technology, 10(4): 814-844.

Guttentag D, Smith S, Potwarka L, et al. , 2017. Why tourists choose airbnb: a motivation-based segmentation study[J]. Journal of Travel Research, 57(3): 342-359.

Gyódi K, 2018. Airbnb and the hotel industry in Warsaw: an example of the sharing economy? [J]. Central European Economic Journal, 2(49): 23-34.

Gyódi K, 2019. Airbnb in European cities: business as usual or true sharing economy? [J]. Journal of Cleaner Production, 221: 536-551.

Hamilton L C, 1992. Regression with graphics[M]. Boston, MA: Brooks/ColePub.

Heo C Y, 2016. Sharing economy and prospects in tourism research[J]. Annals of Tourism Research, 58: 166-170.

Heo C Y, Blengini I, 2019. A macroeconomic perspective on Airbnb's global presence[J]. International Journal of Hospitality Management, 78: 47-49.

Herzberg F, 1966. Work and the nature of man[M]. Cleveland: World Publishing.

Hills T L, Lundgren J, 1977. The impact of tourism in the Caribbean[J]. Annals of Tourism Research, 4(5): 248-267.

Homans G C, 1958. Social behavior as exchange[J]. American Journal of Sociology, 63(6): 597-606.

Hosany S, Witham M, 2010. Dimensions of cruisers' experiences, satisfaction, and intention to recommend[J]. Journal of Travel Research, 49(3): 351-364.

Hsieh H F, Shannon S E, 2005. Three approaches to qualitative content analysis[J]. Qualitative Health Research, 15(9): 1277-1288.

Hu M, Lee A D, 2020. Airbnb, COVID-19 risk and lockdowns: Local and Global Evidence [J]. Coronavirus & Infectious Disease Research eJournal.

Hübscher M, Schulze J, Lage F Z, et al. , 2020. The impact of Airbnb on a non-touristic city. A case study of short-term rentals in Santa Cruz de Tenerife (Spain) [J]. Erdkunde, 74(3): 191-204.

Jiao J, Bai S, 2020. An empirical analysis of Airbnb listings in forty American cities[J]. Cities, 99: 102618.

Kathan W, Matzler K, Veider V, 2016. The sharing economy: your business model's friend or foe? [J]. Business Horizons, 59(6): 663-672.

Kemp K, 2008. Encyclopaedia of geographic information science[M]. Thousand Oaks, California: SAGE Publications, Inc.

Ki D, Lee S, 2019. Spatial distribution and location characteristics of Airbnb in Seoul, Korea [J]. Sustainability, 11(15): 4108.

Kim B, Kim S, Heo C Y, 2016. Analysis of satisfiers and dissatisfiers in online hotel reviews on social media[J]. International Journal of Contemporary Hospitality Management, 28(9): 1915-1936.

Kim H, Lee S, Uysal M, et al., 2015. Nature-based tourism: motivation and subjective well-being[J]. Journal of Travel & Tourism Marketing, 32(sup 1): S76-S96.

Knegt H J D, Langevelde F V, Coughenour M B, et al., 2010. Spatial autocorrelation and the scaling of species-environment relationships[J]. Ecology, 91: 2455-2465.

Knutson B J, 1988. Frequent travelers: Making them happy and bringing them back [J]. Cornell Hotel& Restaurant Administration Quarterly, 29(1): 82-87.

La L, Xu F, Hu M, et al., 2021. Location of Airbnb and hotels: the spatial distribution and relationships[J]. Tourism Review, 77: 209-224.

Lagonigro R, Martori J C, Apparicio P, 2020. Understanding Airbnb spatial distribution in a southern European city: the case of Barcelona[J]. Applied Geography, 115: 102136.

Leoni V, 2020. Stars vs lemons. Survival analysis of peer-to peer marketplaces: the case of Airbnb[J]. Tourism Management, 79: 104091.

Li M, Fang L, Huang X, et al., 2015. A spatial-temporal analysis of hotels in urban tourism destination[J]. International Journal of Hospitality Management, 45: 34-43.

Liang L J, Choi H C, Joppe M, 2015. Understanding repurchase intention of Airbnb consumers: perceived authenticity, electronic word-of-mouth, and price sensitivity[J]. Journal of Travel & Tourism Marketing, 35(1): 73-89.

Liang S, Schuckert M, Law R, et al., 2017. Be a"Superhost": The importance of badge systems for peer-to-peer rental accommodations [J]. Tourism Management, 60: 454-465.

Lipsman A, 2007. Online consumer-generated reviews have significant impact on offline purchasebehavior[M]. comScore.

Luo H, Yang Y, 2016. Intra-metropolitan location choice of star-rated and non-rated budget hotels: the role of agglomeration economies [J]. International Journal of Hospitality Management, 59:72-83.

Lyu J, Li M, Law R, 2019. Experiencing P2P accommodations: Anecdotes from Chinese customers[J]. International Journal of Hospitality Management, 77: 323-332.

Mahadevan R, 2018. Examination of motivations and attitudes of peer-to- peer users in the accommodation sharing economy[J]. Journal of Hospitality Marketing & Management, 27(6): 679-692.

Mao Z, Lyu J, 2017. Why travelers use Airbnb again? [J]. International Journal of Contemporary Hospitality Management, 29(9): 2464-2482.

Marchenko A, 2019. The impact of host race and gender on prices on Airbnb[J]. Journal of Housing Economics, 46: 101635.

Marco-Lajara B, Claver-Cortés E, Úbeda-García M, 2014. Business agglomeration in tourist districts and hotel performance[J]. International Journal of Contemporary Hospitality Management, 26(8):1312-1340.

Martin C J, 2016. The sharing economy: a pathway to sustainability or a nightmarish form of neoliberal capitalism? [J]. Ecological Economics, 121: 149-159.

Matson-Barkat S, Robert-Demontrond P, 2018. Who's on the tourists' menu? Exploring the social significance of restaurant experiences for tourists[J]. Tourism Management, 69: 566-578.

Mcmillen D P, 2004. Geographically weighted regression: the analysis of spatially varying relationships[J]. American Journal of Agricultural Economics, 86(2): 554-556.

Medina-Hernandez V C, Marine-Roig E, Ferrer-Rosell B, 2020. Accommodation sharing: a look beyond Airbnb's literature[J]. International Journal of Culture, Tourism and Hospitality Research, 14(1): 21-33.

Mitchell A E, 2005. The ESRI guide to GIS analysis, volume 2: spatial measurements and statistics[M]. ESRI Guide to GIS Analysis.

Mody M, Suess C, Lehto X, 2019a. Going back to its roots: can hospitableness provide hotels competitive advantage over the sharing economy? [J]. International Journal of Hospitality Management, 76: 286-298.

Mody M, Hanks L, Dogru T, 2019b. Parallel pathways to brand loyalty: mapping the consequences of authentic consumption experiences for hotels and Airbnb[J]. Tourism Management, 74: 65-80.

Morales-Pérez S, Garay-Tamajón L, Troyano-Gontá X, 2022. Beyond the big touristic city: nature and distribution of Airbnb in regional destinations in Catalonia (Spain)[J]. Current Issues in Tourism, 25(20): 3381-3394.

Mudambi S M, Schuff D, 2010. Research note: what makes a helpful online review? A study of customer reviews on amazon. com[J]. Social Science Electronic Publishing, 34: 185-200.

Murphy P E, Andressen B, 1988. Tourism development on Vancouver Island: an assessment of the core-periphery model[J]. The Professional Geographer, 40(1): 32-42.

Möhlmann M, 2015. Collaborative consumption: determinants of satisfaction and the likelihood of using a sharing economy option again[J]. Journal of Consumer Behaviour, 14(3): 193-207.

Nieuwland S, van Melik R, 2020. Regulating Airbnb: how cities deal with perceived negative externalities of short-term rentals[J]. Current Issues in Tourism, 23(7): 811-825.

Oh H, Fiore A M, Jeoung M, 2007. Measuring Experience Economy Concepts: Tourism Applications[J]. Journal of Travel Research, 46 (2).

Oppermann M, Din K H, Amri S Z, 1996. Urban hotel location and evolution in a developing country the case of Kuala Lumpur Malaysia[J]. Tourism Recreation Research, 21(1): 55-63.

Oskam J, Boswijk A, 2016. Airbnb: the future of networked hospitality businesses[J]. Journal of Tourism Futures, 2(1): 22-42.

Owyang J S A G, 2015. Sharing is the new buying: how to win in the collaborative economy [M]. Sb Business Weekly.

Pan B, MacLaurin T, Crotts J C, 2007. Travel blogs and the implications for destination marketing[J]. Journal of Travel Research, 46(1): 35-45.

Park S, Tussyadiah I P, 2019. How guests develop trust in hosts: an investigation of trust formation in P2P accommodation[J]. Journal of Travel Research, 59(8): 1402-1412.

Petruzzi M A, Sheppard V, Marques C, 2019. Positioning Airbnb and Fairbnb in the sharing-exchange continuum[J]. Current Issues in Tourism: 1-4.

Pine B J, Gilmore J H, 1998. Welcome to the experience economy[J]. Harvard business review, 76(4): 97-105.

Pine B J, Gilmore J H, 2011. The experience economy[M]. Boston: Harvard Business Review Press.

Poon K Y, Huang W J, 2017. Past experience, traveler personality and tripographics on intention to use Airbnb [J]. International Journal of Contemporary Hospitality Management, 29(9): 2425-2443.

Popovic G, Stanujkic D, Brzakovic M, Karabasevic D, 2019. A multiple-criteria decisionmaking model for the selection of a hotel location[J]. Land Use Policy, 84:49-58.

Qiu D, Lin P M C, Feng S Y, et al., 2020. The future of Airbnb in China: industry perspective from hospitality leaders[J]. Tourism Review, 75(4): 609-624.

Quattrone G, Proserpio D, Quercia D, et al., 2016. Who benefits from the "sharing" economy of Airbnb? [J]. Proceedings of the 25th International Conference on World

Wide Web.

Rhee H T, Yang S B, 2015a. How does hotel attribute importance vary among different travelers? An exploratory case study based on a conjoint analysis [J]. Electronic Markets, 25(3): 211-226.

Rhee H T, Yang S B, 2015b. Does hotel attribute importance differ by hotel? Focusing on hotel star-classifications and customers' overall ratings [J]. Computers in Human Behavior, 50: 576-587.

Rifkin J, 2014. The zero marginal cost society: the internet of things, the collaborative commons, and the eclipse of capitalism[M]. New York: Palgrave Macmillan,

Rigall-I-Torrent R, Fluvià M, 2011. Managing tourism products and destinations embedding public good components: a hedonic approach [J]. Tourism Management, 32 (2): 244-255.

Robertson D, Oliver C, Nost E, 2022. Short-term rentals as digitally-mediated tourism gentrification: impacts on housing in New Orleans [J]. Tourism Geographies, 24: 954-977.

Rodríguez-Victoria O E, Puig F, González-Loureiro M, 2017. Clustering, innovation and hotel competitiveness: evidence from the Colombia destination[J]. International Journal of Contemporary Hospitality Management, 29(11): 2785-2806.

Roelofsen M, 2018. Exploring the socio-spatial inequalities of Airbnb in Sofia, Bulgaria[J]. Erdkunde, 72(4): 313-327.

Romesburg H C, 1984. Cluster analysis for researchers[M]. Belmont, Calif. : Lifetime Learning Publications.

Sarkar A, Koohikamali M, Pick J B, 2017. Spatiotemporal patterns and socioeconomic dimensions of shared accommodations: the case of airbnb in los angeles, California[J]. ISPRS Annals of Photogrammetry, Remote Sensing and Spatial Information Sciences: 107-114.

Schmitt B H, 2003. Customer experience management: a revolutionary approach to connecting with your customers[M]. New York: John Wiley & Sons.

Schäfer P, Braun N, 2016. Misuse through short-term rentals on the Berlin housing market [J]. International journal of housing markets and analysis, 9(2): 287-311.

Sevisari U, Reichenberger I, 2020. Value co-creation in Couchsurfing - the Indonesian host perspective[J]. International Journal of Culture, Tourism and Hospitality Research, 14 (4): 473-488.

Shabrina Z, Arcaute E, Batty M, 2017. Beyond Informality: The Rise of Peer-To-Peer (P2P) Renting[R]. University College London: UCL Centre for Advanced Spatial Analysis.

Shane S, Locke E A, Collins C J, 2003. Entrepreneurial motivation[J]. Human Resource Management Review, 13(2): 257-279.

Shanka T, Taylor R, 2004. An investigation into the perceived importance of service and facility attributes to hotel satisfaction[J]. Journal of Quality Assurance in Hospitality & Tourism, 4(3-4): 119-134.

Shoval N, 2006. The geography of hotels in cities: an empirical validation of a forgotten model[J]. Tourism Geographies, 8(1): 56-75.

Shoval N, Cohen-Hattab K, 2001. Urban hotel development patterns in the face of political shifts[J]. Annals of Tourism research, 28(4): 908-925.

Smith S, Wheeler J, 2002. Managing the Customer Experience: Turning customers into advocates[M]. London: Pearson FT Press.

So K K F, Oh H, Min S, 2018. Motivations and constraints of Airbnb consumers: findings from a mixed-methods approach[J]. Tourism Management, 67: 224-236.

Song H, Xie K, Park J, et al., 2020. Impact of accommodation sharing on tourist attractions [J]. Annals of Tourism Research, 80: 102820.

Stephen L J, 1989. Tourism analysis: A handbook[M]. London: Long-man Group: 21.

Sthapit E, Björk P, Jiménez Barreto J, 2018. Exploring tourists' memorable hospitality experiences: an Airbnb perspective[J]. Tourism Management Perspectives, 28: 83-92.

Sthapit E, Björk P, Jiménez Barreto J, 2020. Negative memorable experience: north American and British Airbnb guests' perspectives[J]. Tourism Review, 76: 639-653.

Stors N, 2020. Constructing new urban tourism space through Airbnb [J]. Tourism Geographies, 24: 692-715.

Su N, Mattila A S, 2020. Does gender bias exist? The impact of gender congruity on consumer's Airbnb booking intention and the mediating role of trust[J]. International Journal of Hospitality Management, 89: 102405.

Suarez-Alvarez M M, Pham D, Prostov Y M, et al., 2012. Statistical approach to normalization of feature vectors and clustering of mixed datasets [J]. Proceedings Mathematical Physical & Engineering Sciences, 468: 2630-2651.

Sánchez-Franco M J, Navarro-García A, Rondán-Cataluña FJ, 2016. Online customer service reviews in urban hotels: a data mining approach[J]. Psychology & Marketing, 33(12):

1174-1186.

Tobler W R, 1970. A computer movie simulating urban growth in the Detroit Region[J]. Economic Geography, 46(2): 234-240.

Tong B, Gunter U, 2020. Hedonic pricing and the sharing economy: how profile characteristics affect Airbnb accommodation prices in Barcelona, Madrid, and Seville[J]. Current issues in tourism, 25(20): 3309-3328.

Toutanova K, Klein D, Manning C D, et al. , 2003. Feature-rich part-of-speech tagging with a cyclic dependency network[J]. Proceedings of the 2003 Conference of the North American Chapter of the Association for Computational Linguistics on Human Language Technology, 1: 173-180.

Tran T H, Filimonau V, 2020. The (de) motivation factors in choosing Airbnb amongst Vietnamese consumers[J]. Journal of Hospitality and Tourism Management, 42: 130-140.

Tushman M L, 1977. Special boundary roles in the innovation process[J]. Administrative Science Quarterly, 22(4): 587-605.

Tushman M L, Scanlan T J, 1981. Boundary spanning individuals: their role in information transfer and their antecedents[J]. Academy of Management Journal, 24(2): 289-305.

Tussyadiah I P, 2016. Factors of satisfaction and intention to use peer-to-peer accommodation [J]. International Journal of Hospitality Management, 55: 70-80.

Tussyadiah I P, Pesonen J, 2015. Impacts of peer-to-peer accommodation use on travel patterns[J]. Journal of Travel Research, 55(8): 1022-1040.

Tussyadiah I P, Sigala M, 2018. Shareable tourism: tourism marketing in the sharing economy[J]. Journal of Travel & Tourism Marketing, 35(1): 1-4.

Tussyadiah I P, Zach F, 2017. Identifying salient attributes of peer-to-peer accommodation experience[J]. Journal of Travel Tourism Marketing, 34(5): 636-652.

Urtasun A, Gutiérrez I, 2017. Clustering benefits for upscale urban hotels[J]. International Journal of Contemporary Hospitality Management, 29(5): 1426-1446.

Valentin M, O'Neill J, 2019. The value of location for urban hotels[J]. Cornell Hospitality Quarterly, 60(1):5-24.

Van Holm E J, 2020. Evaluating the impact of short-term rental regulations on Airbnb in New Orleans[J]. Cities, 104: 102803.

Vargo S L, Lusch R F, 2004. Evolving to a new dominant logic for marketing[J]. Journal of Marketing, 68(1): 1-17.

Volgger M, Pforr C, Stawinoga AE, et al., 2018. Who adopts the Airbnb innovation? An analysis of international visitors to Western Australia[J]. Tourism Recreation Research, 43(3): 305-320.

Walker J R, 2008. The restaurant: from concept to operation[M]. 7th ed. Hoboken, NJ: Wiley.

Wang D, Nicolau J L, 2017. Price determinants of sharing economy based accommodation rental: a study of listings from 33 cities on Airbnb. com[J]. International Journal of Hospitality Management, 62: 120-131.

Wang J, Li X, Christakos G, et al., 2010. Geographical detectors-based health risk assessment and its application in the neural tube defects study of the Heshun Region, China[J]. International Journal of Geographical Information Science, 24(1): 107-127.

Wang Y, Asaad Y, Filieri R, 2020. What makes hosts trust airbnb? Antecedents of hosts' trust toward airbnb and its impact on continuance intention[J]. Journal of Travel Research, 59(4): 686-703.

Wegmann J, Jiao J, 2017. Taming Airbnb: toward guiding principles for local regulation of urban vacation rentals based on empirical results from five US cities[J]. Land Use Policy the International Journal Covering All Aspects of Land Use(69): 494-501.

Wiles A, Crawford A, 2017. Network hospitality in the share economy[J]. International Journal of Contemporary Hospitality Management, 29(9): 2444-2463.

Woo L, Mun S G, 2020. Types of agglomeration effects and location choices of international hotels in an emerging market[J]. Tourism Management, 77: 104034.

Wooldridge J M, 2003. Introductory econometrics: A modern approach[M]. 2nd ed. Australia: South-Western College Pub.

Xiang Z, Schwartz Z, Gerdes J H Jr, et al., 2015. What can big data and text analytics tell us about hotel guest experience and satisfaction? [J]. International Journal of Hospitality Management, 44: 120-130.

Xie K, Kwok L, Chen C, et al., 2020. To share or to access? Travelers' choice on the types of accommodation-sharing services[J]. Journal of Hospitality and Tourism Management, 42: 77-87.

Xie K, Mao Z, 2017. The impacts of quality and quantity attributes of Airbnb hosts on listing performance[J]. International Journal of Contemporary Hospitality Management, 29(9): 2240-2260.

Xie K, Mao Z, 2019. Locational strategy of professional hosts: effect on perceived quality and revenue performance of airbnb listings[J]. Journal of Hospitality & Tourism Research, 43(6): 919-929.

Xu F, Fox D, Zhang J, et al., 2014. The institutional sustainability in protected area tourism—case studies of Jiuzhaigou national scenic area, China and new forest National Park, united Kingdom[J]. Journal of China Tourism Research, 10(2): 121-141.

Xu F, Hu M, La L, et al., 2020. The influence of neighbourhood environment on Airbnb: a geographically weighed regression analysis[J]. Tourism Geographies, 22(1): 192-209.

Xu F, La L, Zhen F, et al., 2019a. A data-driven approach to guest experiences and satisfaction in sharing[J]. Journal of Travel & Tourism Marketing, 36(4): 484-496.

Xu Y, Pennington-Gray L, Kim J, 2019b. The sharing economy: a geographically weighted regression approach to examine crime and the shared lodging sector[J]. Journal of Travel Research, 58(7): 1193-1208.

Yang Y, Luo H, Law R, 2014. Theoretical, empirical, and operational models in hotel location research[J]. International Journal of Hospitality Management, 36: 209-220.

Yang Y, Mao Z, 2018. Welcome to my home! an empirical analysis of airbnb supply in US cities[J]. Journal of Travel Research, 58(8): 1274-1287.

Yang Y, Mao Z, 2020. Location advantages of lodging properties: a comparison between hotels and Airbnb units in an urban environment[J]. Annals of Tourism Research, 81(C): 102861.

Yang Y, Tan K P S, Li X R, 2019. Antecedents and consequences of home-sharing stays: evidence from a nationwide household tourism survey[J]. Tourism Management, 70: 15-28.

Yang Y, Wong K K F, Wang T, 2012. How do hotels choose their location? Evidence from hotels in Beijing[J]. International Journal of Hospitality Management, 31(3): 675-685.

Yeon J, Kim S H J, Song K, et al., 2022. Examining the impact of short-term rental regulation on peer-to-peer accommodation performance: a difference-in-differences approach[J]. Current Issues in Tourism, 25(19): 3212-3224.

Yokeno N, 1968. Application of the Thünen-Weber Analysis to the Tourist Industry Location [J]. Sophia Economic Review, 15(1): 89-94.

Zervas G, Proserpio D, Byers J W, 2017. The rise of the sharing economy: estimating the impact of airbnb on the hotel industry[J]. Journal of Marketing Research, 54(5): 687-705.

Zhang H Q, Guillet B D, Gao W, 2012. What determines multinational hotel groups' locational investment choice in China? [J]. International Journal of Hospitality Management，31(2)：350-359.

Zhang Z，Chen C J R，Han D L，et al.，2017. Key factors affecting the price of airbnb listings：a geographically weighted approach[J]. Sustainability，9(9)：1635.

Zhang Z，Chen J R，2019. Assessing airbnb logistics in cities：geographic information system and convenience theory[J]. Sustainability，11(9)：2462.

Zhen Z，Li F，Liu Z，et al.，2013. Geographically local modeling of occurrence，count，and volume of downwood in Northeast China[J]. Applied Geography，37：114-126.

Zhou L，Ye S，Pearce L P，et al.，2014. Refreshing hotel satisfaction studies by reconfiguring customer review data [J]. International Journal of Hospitality Management，38：1-10.

Önder I，Weismayer C，Gunter U，2019. Spatial price dependencies between the traditional accommodation sector and the sharing economy [J]. Tourism Economics，25 (8)：1150-1166.

白雪，宋玉祥，2019. 中国生产性服务业发展水平的时空特征及其影响因素[J]. 人文地理，34(3)：118-127.

陈虎，喻乐，王颖超，等，2020. 民宿消费领域价值共创的机理推导与实证研究[J]. 旅游学刊，35(8)：117-131.

陈佳，张丽琼，杨新军，等，2017. 乡村旅游开发对农户生计和社区旅游效应的影响：旅游开发模式视角的案例实证[J]. 地理研究，36(9)：1709-1724.

陈瑾，2017. 发展民宿经济与提升乡村旅游品质研究：以江西省为例[J]. 企业经济，36(8)：142-147.

陈伟，2015. 旅游体验及其影响因素与游后行为意向的关系研究：以大湄公河次区域中国游客为例[D]. 昆明：云南大学.

陈蔚珊，柳林，梁育填，2015. 广州轨道交通枢纽零售业的特征聚类及时空演变[J]. 地理学报，70(6)：879-892.

陈晓琪，2018. 旅游者共享住宿体验研究：以 Airbnb 平台为例[D]. 广州：华南理工大学.

陈瑶，刘培学，张建新，等，2020. 远方的家：中国游客共享型住宿的入住选择与体验研究[J]. 世界地理研究，29(1)：181-191.

崔晓明，杨新军，2018. 旅游地农户生计资本与社区可持续生计发展研究：以秦巴山区安康一区三县为例[J]. 人文地理，33(2)：147-153.

窦大海，罗瑾琏，2011. 创业动机的结构分析与理论模型构建[J]. 管理世界，27(3)：182-183.

樊友猛，谢彦君，2017. “体验”的内涵与旅游体验属性新探[J]. 旅游学刊，32(11)：16-25.

范波文，应望江，2020. 农民创业动机的实证分析及其转型路径探索[J]. 现代经济探讨(7)：123-132.

范楠，陈宏民，2020. 共享住宿平台的多样化创新模式分析[J]. 管理现代化，40(2)：49-51.

郭文炯，2014."资源诅咒"的空间结构解析：核心边缘理论视角[J]. 经济地理，34(3)：17-23.

国家信息中心，2018. 中国共享住宿发展报告(2018)[EB/OL].(2018-05-10)[2020-12-23]. 北京：分享经济研究中心. http://www.sic.gov.cn/sic/93/552/557/0518/7090.

郝丽莎，王晓歌，乔文怡，等，2019. 1936 年以来南京城市空间扩展特征研究[J]. 地理研究，38(4)：911-925.

侯玉霞，吴忠军，2018. 基于国内外游客 IPA 分析的民族特色主题民宿转型升级研究：以龙胜各族自治县平安寨、大寨为例[J]. 社会科学家(5)：72-80.

胡明星，李建，2009. 空间信息技术在城镇体系规划中的应用研究[M]. 南京：东南大学出版社，82-88.

胡姗，杨兴柱，王群，2020. 国内外共享住宿研究述评[J]. 旅游科学，34(2)：41-57.

胡小芳，李小雅，赵红敏，等，2020. 民宿价格的空间分异特征及影响因素：以湖北省恩施州为例[J]. 自然资源学报，35(10)：2473-2483.

黄和平，孙晓东，邴振华，等，2020. 古镇乡村旅游发展的获得感评价与影响机制：基于上海朱家角、港西、周浦的实证分析[J]. 经济地理，40(9)：233-240.

黄薇薇，沈非，2015. 边缘型旅游地研究综述及展望[J]. 人文地理，30(4)：24-31.

黄细嘉，黄贵仁，2011. 基于核心-边缘理论的九江红色点缀型旅游区的构建[J]. 求实(11)：61-64.

黄鑫，邹统钎，储德平，2020. 旅游乡村治理演变机理及模式研究：陕西袁家村 1949—2019 年纵向案例研究[J]. 人文地理，35(3)：93-103.

贾文通，黄震方，洪学婷，等，2021. 共享民宿空间集聚特征及其影响机制研究：以北京市 Airbnb 为例[J]. 中国生态旅游，11(5)：751-766.

江燕玲，潘卓，潘美含，2017. 农用地多功能视角下乡村旅游运营模式引导决策研究：基于重庆城郊 25 个行政村的调查分析[J]. 人文地理，32(5)：147-153.

焦彦，徐虹，徐明，2017. 游客对商业性家庭企业的住宿体验：从建构主义真实性到存在主义真实性：以台湾民宿住客的优质体验为例[J]. 人文地理，32(6)：129-136.

匡远凤，2018. 人力资本、乡村要素流动与农民工回乡创业意愿：基于熊彼特创新视角的研究[J]. 经济管理，40(1)：38-55.

赖斌，杨丽娟，李凌峰，2016. 精准扶贫视野下的少数民族民宿特色旅游村镇建设研究：基于稻城县香格里拉镇的调研[J]. 西南民族大学学报(人文社科版)，37(12)：154-159.

李飞，2010. 中国经济型连锁酒店空间扩散类型及其规律：接触扩散与等级扩散的理论视角

[J]. 旅游学刊,25(8):52-58.

李甲岚,2016. 分享经济背景下我国在线短租商业模式探析[J]. 中国商论(18):130-131.

李立威,2019. 分享经济中多层信任的构建机制研究：基于 Airbnb 和小猪短租的案例分析[J]. 电子政务(2):96-102.

李莉,侯国林,冯润东,等,2021a. 共享住宿与传统住宿的时空演变对比分析：以上海市为例[J]. 地理科学进展,40(8):1310-1320.

李莉,侯国林,夏四友,2021b. 上海市共享住宿时空格局及影响因素识别[J]. 人文地理,36(1):104-114.

李鹏,陈雪钧,2020. 国内共享住宿研究综述[J]. 商业经济(6):49-53.

李桥兴,2019. 全域旅游和乡村振兴战略视域下广西阳朔县民宿业的创新发展路径[J]. 社会科学家(9):88-94.

李珊珊,林楠,2018. 城市民宿与乡村不一样的民宿[J]. 设计(16),92-95.

李少琦,孙海燕,刘苏禾,等,2020. 近 20 年中国新型实体书店的时空演变及其影响因素：基于西西弗、言几又和“猫空”数据的分析[J]. 经济地理,40(10):67-73.

李燕琴,于文浩,柏雨帆,2017. 基于 Airbnb 网站评价信息的京台民宿对比研究[J]. 管理学报,14(1):122-128.

林煦丹,陈晓亮,2019. 跨国教育流动中的刻板印象与身份建构：以在美中国留学生为例[J]. 人文地理,34(3):68-74.

凌超,张赞,2014. “分享经济”在中国的发展路径研究：以在线短租为例[J]. 现代管理科学(10):36-38.

刘婧媛,徐菲菲,何云梦,等,2022. 共享经济影响下民宿的演变、发展模式及展望[J]. 资源开发与市场,38(7):883-889.

刘彦随,2018. 中国新时代城乡融合与乡村振兴[J]. 地理学报,73(4):637-650.

刘颖洁,2020. 中美在线民宿短租购买意愿影响因素比较[J]. 经济地理,40(1):234-240.

龙飞,戴学锋,张书颖,2021. 基于 L-R-D 视角下长三角地区民宿旅游集聚区的发展模式[J]. 自然资源学报,36(5):1302-1315.

龙飞,刘家明,朱鹤,等,2019. 长三角地区民宿的空间分布及影响因素[J]. 地理研究,38(4):950-960.

卢东,曾小桥,徐国伟,2021. 基于扎根理论的共享住宿选择意愿影响因素及机理研究[J]. 人文地理,36(2):184-192.

卢慧娟,李享,2020. 基于 IPA 分析法的民宿旅游吸引力研究：以北京城市核心区四合院民宿为例[J]. 地域研究与开发,39(1):112-117.

卢长宝,林嗣杰,2018. 游客选择在线短租住宿的动机研究[J]. 经济管理,40(12):153-167.

吕晨，蓝修婷，孙威，2017. 地理探测器方法下北京市人口空间格局变化与自然因素的关系研究[J]. 自然资源学报，32(8)：1385-1397.

马斯洛，2007. 动机与人格[M]. 许金声，等译. 北京：中国人民大学出版社.

马小宾，侯国林，李莉，2021. 国家中心城市共享住宿的时空分布及影响因素：基于 DBSCAN 算法的分析[J]. 自然资源学报，36(10)：2694-2709.

梅林，姜洪强，2021. 基于 Airbnb 数据的北京市民宿空间分异过程、因素与趋势[J]. 经济地理，41(3)：213-222.

南京统计局，2020. 南京市统计年鉴[EB/OL]. (2020-3-5)[2020-12-23]. http://tjj. nanjing. gov. cn/material/njnj_2020/duiwaimaoyi/index. htm.

牛阮霞，何砚，2020. 基于特征价格模型的共享住宿平台房源价格影响因素研究[J]. 企业经济，39(7)：27-36.

牛瑞花，2018. 国外民宿发展经验借鉴及国内外民宿发展对比分析[J]. 安家(8)：96-103.

乔宇，2019. 乡村振兴背景下乡村旅游民宿发展模式：以海南省为例[J]. 社会科学家(11)：102-107.

史春云，张捷，尤海梅，等，2007. 四川省旅游区域核心—边缘空间格局演变[J]. 地理学报，62(6)：631-639.

宋琳，2018. 不同运营模式下在线短租经济的博弈行为分析[J]. 东岳论丛，39(2)：96-104.

苏岚岚，彭艳玲，孔荣，2016. 农民创业能力对创业获得感的影响研究：基于创业绩效中介效应与创业动机调节效应的分析[J]. 农业技术经济(12)：63-75.

苏晓华，陈嘉茵，张书军，等，2018. 求财还是求乐?：创业动机、决策逻辑与创业绩效关系的探索式研究[J]. 科学学与科学技术管理，39(2)：116-129.

孙红霞，孙梁，李美青，2010. 农民创业研究前沿探析与我国转型时期研究框架构建[J]. 外国经济与管理，32(6)：31-37.

孙俊，潘玉君，和瑞芳，等，2012. 地理学第一定律之争及其对地理学理论建设的启示[J]. 地理研究，31(10)：1749-1763.

覃青连，李峤，颜星星，等，2021. 空间病例对照研究理论方法进展与趋势展望[J]. 中国卫生统计，38(1)：155-160.

陶虹佼，2018. 乡村振兴战略背景下发展民宿业的路径研究：以江西省为例[J]. 企业经济，37(10)：158-162.

汪宇明，2002. 核心—边缘理论在区域旅游规划中的运用[J]. 经济地理，22(3)：372-375.

王琛，2016. 在线短租行业风险投资 IPO 退出方式可行性研究：以“小猪短租”网站为例[J]. 山东社会科学(S1)：255-256.

王春英，陈宏民，2018. 共享短租平台住宿价格及其影响因素研究：基于小猪短租网站相关数据的分析[J]. 价格理论与实践(6)：14-17.

王法辉，2019. GIS 和数量方法在社会经济研究中的应用[M]. 北京：商务印书馆，190-193.

王华，梁舒婷，2020. 乡村旅游地空间生产与村民角色转型的过程与机制：以丹霞山瑶塘村为例[J]. 人文地理，35(3)：131-139.

王华，马志新，2020. 川藏线骑行者旅游动机与主观幸福感关系研究：旅游满意度的中介作用[J]. 旅游科学，34(6)：53-65.

王劲峰，葛咏，李连发，等，2014. 地理学时空数据分析方法[J]. 地理学报，69(9)：1326-1345.

王劲峰，徐成东，2017. 地理探测器：原理与展望[J]. 地理学报，72(1)：116-134.

王宁，莎拉，2020. 共享的分化与共享的逻辑：共享层级、共享单位与共享经济[J]. 学术研究(4)：49-59.

王萍，张仙锋，池毛毛，2019. 共享住宿主体间信任研究综述：基于 S-O-R 框架的分析[J]. 电子政务(12)：108-116.

王运昌，杨柳，2017. Airbnb 商业模式为中国在线短租行业带来的启示[J]. 现代商业(3)：175-176.

韦幼玲，刘海仁，史兵方，2018. 乡村振兴战略背景下民族地区农村新乡贤培育对策研究：基于广西百都乡农村新乡贤的调查[J]. 广西民族研究(6)：48-54.

吴琳，吴文智，牛嘉仪，等，2020. 生意还是生活?：乡村民宿创客的创业动机与创业绩效感知研究[J]. 旅游学刊，35(8)：105-116.

吴晓隽，裘佳璐，2019. Airbnb 房源价格影响因素研究：基于中国 36 个城市的数据[J]. 旅游学刊，34(4)：13-28.

伍艳，2015. 农户生计资本与生计策略的选择[J]. 华南农业大学学报(社会科学版)，14(2)：57-66.

夏秋月，路婕，刘超杰，等，2020. 大数据背景下郑州市中原区二手房特征价格研究[J]. 地域研究与开发，39(1)：83-88.

夏馨颖，张宏磊，田原，等，2020. 北京市 Airbnb 时空演变特征及其影响因素[J]. 经济地理，40(11)：68-76.

肖梦林，章锦河，王昶，等，2021. 共享住宿业空间分布的影响因素及扩散模式研究：以北京市为例[J]. 地理与地理信息科学，37(5)：64-70.

肖胜和，2010. 基于需求层次理论的徒步旅游动机和体验效应分析[J]. 地理与地理信息科学，26(3)：95-98.

肖岳，2015. 在线短租如何破解“水土不服”[J]. 法人(8)：32-34.

谢彦君，2011. 基础旅游学[M]. 3 版. 北京：中国旅游出版社.

新一线城市研究所，2020. 2020 城市商业魅力排行榜[EB/OL]. (2020-5-28)[2020-12-23].

http://www.199it.com/archives/1057872.html.
闫丽英，李伟，杨成凤，等，2014. 北京市住宿业空间结构时空演化及影响因素[J]. 地理科学进展，33(3)：432-440.
杨永春，冷炳荣，谭一洺，等，2011. 世界城市网络研究理论与方法及其对城市体系研究的启示[J]. 地理研究，30(6)：1009-1020.
殷英梅，郑向敏，2017. 共享型旅游住宿主客互动体验研究：基于互动仪式链理论的分析[J]. 华侨大学学报(哲学社会科学版)(3)：90-98.
于涛方，甄峰，吴泓，2007. 长江经济带区域结构："核心—边缘"视角[J]. 城市规划学刊(3)：41-48.
岳丽莹，李山，李开，等，2021. 商圈惠顾行为的空间衰减：幂律模式还是指数模式[J]. 地理科学，41(3)：446-453.
岳鑫，2021. 论共享住宿行业的问题及对策研究[J]. 中国商论(14)：31-33.
张国庆，斯晓夫，刘龙青，2019. 农民创业的驱动要素：基于扎根理论与编码方法的研究[J]. 经济社会体制比较(3)：139-148.
张海洲，陆林，张大鹏，等，2019. 环莫干山民宿的时空分布特征与成因[J]. 地理研究，38(11)：2695-2715.
张军以，王腊春，2020. 乡村振兴视域下的小农户振兴解析[J]. 人文地理，35(6)：66-75.
张培，喇明清，2017. 游客选择乡村民宿的意愿倾向及其营销启示[J]. 西南民族大学学报(人文社科版)，38(11)：132-140.
张述林，况光贤，1987. 区位理论(空间分析)[J]. 人文地理，2(2)：8-10.
张秀娥，张峥，刘洋，2010. 返乡农民工创业动机及激励因素分析[J]. 经济纵横(6)：50-53.
张一雯，周恺，和琳怡，2021. 城市共享住宿监管的路径、机制和措施研究[J]. 管理现代化，41(2)：64-69.
张玉山，邓子元，邓宏亮，2019. 中国陶艺村的发展及其对村民收入增长的影响[J]. 经济地理，39(3)：172-179.
赵春芳，2016. Airbnb 运营模式分析及对中国在线短租行业的启示[J]. 江苏商论(8)：20-22.
赵飞，姜苗苗，章家恩，等，2019. 乡村振兴视域下的乡村民宿发展研究：以增城"万家旅舍"为例[J]. 中国生态农业学报(中英文)，27(2)：218-226.
赵海溶，陆林，2021. 上海市住宿接待业的空间格局差异及影响因素：基于传统酒店与共享住宿(Airbnb)的比较分析[J]. 经济地理，41(11)：232-240.
赵雪雁，李巍，杨培涛，等，2011. 生计资本对甘南高原农牧民生计活动的影响[J]. 中国人口·资源与环境，21(4)：111-118.

郑风田，陈思宇，2017. 获得感是社会发展最优衡量标准：兼评其与幸福感、包容性发展的区别与联系[J]. 人民论坛·学术前沿(2)：6-17.

郑志来，2016. 共享经济的成因、内涵与商业模式研究[J]. 现代经济探讨(3)：32-36.

周佳宁，毕雪昊，邹伟，2020. "流空间"视域下淮海经济区城乡融合发展驱动机制[J]. 自然资源学报，35(8)：1881-1896.

周倩，许传新，2018. 农民工返乡创业与乡村振兴关系解析[J]. 中南林业科技大学学报(社会科学版)，12(6)：68-73.

周盛，2018. 大数据时代改革获得感的解析与显性化策略[J]. 浙江学刊(5)：74-81.

周婷，牛安逸，马姣娇，等，2019. 国家湿地公园时空格局特征[J]. 自然资源学报，34(1)：26-39.

朱阿兴，闾国年，周成虎，等，2020. 地理相似性：地理学的第三定律？[J]. 地球信息科学学报，22(4)：673-679.

朱传广，唐焱，吴群，2014. 基于 Hedonic 模型的城市住宅地价影响因素研究：以南京市为例[J]. 地域研究与开发，33(3)：156-160.

朱怡帆，何丹，程庆，等，2021. 都市旅游视角下上海市共享住宿空间分布特征及其影响机制[J]. 地理科学进展，40(8)：1321-1331.

邹统钎，吴丽云，2003. 旅游体验的本质、类型与塑造原则[J]. 旅游科学，17(4)：7-10.